La cuisine et le goût des épices

La cuisine et le goût des épices

Ethné et Philippe de Vienne

Illustrations originales de

Bruce Roberts

TRÉCARRÉ

Une compagnie de Quebecor Media

La cuisine et le goût des épices

Concepteurs
Ethné Grimes-de Vienne
et Philippe de Vienne

Directrice de la publication
Ethné Grimes-de Vienne

Éditeurs
Martin Balthazar et André Bastien

Chargée de projet
Annie Goulet

Directeur artistique
Jean-Philippe Gaudet

**Illustrateur des récits d'Ethné Grimes-de Vienne,
des pages liminaires et de la couverture**
Bruce Roberts

**Conception graphique, mise en pages
et illustrations des chapitres**
Geai bleu graphique

Photographes
Ethné Grimes-de Vienne, F2.8 Photo inc.
(Michel Bodson, Frédéric Coulombe,
Jean Lemieux), Julie Normandin,
Linda Rutenberg, Marika de Vienne,
Philippe de Vienne, Pierluigi et Eliane Ventura,
Rich Phalin

Traductrice
Andrée Michon (Micatraduction)

Réviseure
Anik Charbonneau

Correctrices d'épreuves
Annie Goulet et Marie Pigeon Labrecque

Crédits photos :

Boris Tarasov
57md

Brian Raisbeck
65bd

Cosmonaut Creative Media LLC
213 hg

David Lewis
213bg

Ethné et Philippe de Vienne, collection personnelle
10, 13, 16, 17, 21, 27, 28, 29, 34, 36, 37, 75, 82, 84, 87, 96, 99, 108, 111, 112, 115, 123, 130, 136, 137h, 153, 165, 189, 193, 201, 211, 213hd

Francisco Javier Alcerreca Gomez
65hd

Gianluca Di Santo - www.whitetara.org
57hg

Jean-Claude Gallard
65g

Julie Normandin
Rabat de couverture

Linda Rutenberg
177, 185

Marika de Vienne
137g, 137b, 151

Pierluigi et Eliane Ventura
57d, 57bg, 61

Rich Phalin
213 md

Studio F2.8
5, 7, 8, 9, 23, 24, 26, 30, 33, 39, 40, 42, 45, 49, 50, 51, 53, 56, 59, 62, 64, 68, 69, 72, 73, 74, 79, 83, 86, 88, 92, 93, 95, 98, 100, 104, 105, 106, 110, 114, 119, 122, 125, 129, 132, 137, 138, 142, 145, 149, 152, 155, 160, 164, 169, 173, 176, 181, 186, 188, 190, 191, 192, 195, 200, 205, 209, 212, 215, 219, 225, 227, 229, 231, 233, 235, 237, 239, couvertures 1 et 4

Catalogage avant publication de Bibliothèque et Archives nationales du Québec
et Bibliothèque et Archives Canada

Grimes-de Vienne, Ethné
    La cuisine et le goût des épices
    Comprend des index.
    ISBN 978-2-89568-352-0

    1. Cuisine (Épices). 2. Épices. 3. Tourisme gastronomique. I. Vienne, Philippe de. II. Titre.

TX819.A1G74 2007   641.6'383   C2007-941642-X

Remerciements
Les Éditions du Trécarré reconnaissent l'aide financière du gouvernement du Canada par l'entremise du Programme d'aide au développement de l'industrie de l'édition (PADIÉ) pour ses activités d'édition. Gouvernement du Québec – Programme de crédit d'impôt pour l'édition de livres – gestion SODEC.

ISBN : 978-2-89568-352-0

Dépôt légal – Bibliothèque et Archives nationales du Québec
et Bibliothèque et Archives Canada, 2007

Éditions du Trécarré
Groupe Librex inc.
La Tourelle
1055, boul. René-Lévesque Est
Bureau 800
Montréal (Québec) H2L 4S5
Tél. : 514 849-5259
Téléc. : 514 849-1388

Distribution au Canada
Messageries ADP
2315, rue de la Province
Longueuil (Québec) J4G 1G4
Téléphone : 450 640-1234
Sans frais : 1 800 771-3022

Imprimé au Canada

www.epicesdecru.com

TABLE des matières

Introduction 7
Comment utiliser cet ouvrage 9

6 goûts, 10 000 saveurs 11
Le rôle des épices en cuisine 25
L'accord des épices et l'art des mélanges 41

Recettes des quatre coins du monde

Méditerranée
    La Crète et la Provence 57
    Le Maroc et l'Andalousie 65
    Turquie 75
       Les roses rouges d'Eğirdir   *80*
    Antioche 87

Asie du Sud
    Hind 99
    La côte des épices 111
       Chikku et l'arbre à feuilles de curry   *116*
    Sri Lanka 123
       Ceylan   *126*
    Les routes du cari 133

Extrême-Orient
    Sichuan et Yunnan 143
       Sichuan   *146*
    Sumatra 153
       Pandang   *158*
    Bali 165
       Le spécial de Ibu Oka   *170*

Amérique centrale
    Oaxaca 177
       Le mole noir de Santa Ana del Valle   *182*
    Yucatan 189
       Le poisson-lune… de miel   *196*
    Les Caraïbes 201
       Bake 'N Shark   *206*
    La Louisiane 213
       Le blues du bayou   *216*

Lexique pratique des épices 224
Lexique multilingue des épices 240
Recettes de mélanges d'épices 243
Index des recettes 249
Index thématique 252

Remerciements 255

Introduction

Nous avons été longtemps partenaires, traiteur et chef, et nous nous sommes très vite rendu compte qu'il était difficile de recréer les plats que nous avions goûtés au cours de nos voyages sans avoir accès à de bonnes épices. C'est pour cette raison que nous avons commencé, il y a maintenant trente ans, à rapporter comme butin des valises pleines d'épices. Nous nous souvenons encore aujourd'hui des palpitations que nous avons ressenties le jour où nous avons découvert sous un même toit vingt chiles nouveaux (pour nous), ou savouré un poivre blanc, vraiment blanc (et non grisâtre), au goût mordant et franc. Peu à peu, nous avons bâti un réseau de petits producteurs, de marchands et surtout d'amis qui, comme nous, apprécient les meilleures épices du monde. Ce qui a commencé comme une aventure est maintenant devenu notre métier.

Cet ouvrage est né grâce aux clients de nos deux magasins du Marché Jean-Talon, à Montréal, qui nous demandaient de leur recommander un livre pouvant leur enseigner comment utiliser les épices et comment les intégrer à leur cuisine de tous les jours. Certes, il existe de nombreux livres encyclopédiques ou des recueils de recettes sur les épices, mais aucun n'explique l'art, la science et le plaisir de combiner les épices aux aliments.

Notre livre est fondé sur des principes simples, fruits de notre expérience et de la découverte de cuisines parfois très anciennes. Dans de nombreux pays, l'usage raffiné des épices va souvent de pair avec des traditions séculaires de tissage manuel. En plus de notre intérêt pour les techniques et les coutumes reliées aux épices, nous avons donc développé un amour des textiles traditionnels, d'où leur utilisation tout au long du livre. Les symboles qui apparaissent sur ces tissus ornent leurs chapitres respectifs, que nous avons aussi estampés de soleils, de lunes et d'étoiles, symboles universels de ce qui nous est cher : l'harmonie dans la diversité, le *yin* et le *yang*, l'équilibre masculin – féminin. Cette vision inclusive et le respect qu'elle nous inspire contribuent à donner son caractère à cet ouvrage.

Les recettes dans ce livre ont été choisies pour ce qu'elles enseignent sur la cuisine aux épices, et sont rehaussées de nos récits de chasseurs d'épices. Ces histoires vécues expriment notre reconnaissance pour le temps précieux que des gens inoubliables ont partagé avec nous, et qui nous a permis de les connaître tels qu'ils sont, le plus souvent en mangeant et en cuisinant avec eux.

Ethné et Philippe

comment utiliser cet ouvrage

Le but de cet ouvrage est de vous aider à découvrir toutes les possibilités offertes par les épices. La cuisine aux épices ne consiste pas à tout réinventer, mais plutôt à apprendre à intégrer de nouvelles saveurs à votre répertoire et à mettre du plaisir dans votre assiette. La plupart des livres de cuisine sont divisés selon la nature des recettes (soupes, entrées, poulet, poissons, etc.); la structure de cet ouvrage est fondée sur la compréhension des goûts et des saveurs et elle est faite de trois parties.

1) TROIS CHAPITRES D'INTRODUCTION :

- des notions théoriques;
- des encadrés pratiques et explicatifs;
- un résumé, point par point.

2) QUINZE CHAPITRES DE RECETTES VENANT DES QUATRE COINS DU MONDE :

- une liste des épices couramment utilisées dans la région;
- une introduction à caractère historique;
- des recettes classiques;
- des recettes d'inspiration qui montrent comment innover;
- dans les listes d'ingrédients, des épices regroupées en blocs qu'on peut reprendre tels quels dans d'autres recettes;
- beaucoup de conclusions de recettes permettant de mettre en pratique la théorie des trois premiers chapitres;
- des encadrés sur les particularités d'une épice moins connue ou d'une technique de cuisson.

3) LES ANNEXES :

- un lexique pratique des épices avec photo, description du goût et de la saveur, meilleurs crus et combinaisons pratiques;
- un lexique multilingue des 500 noms d'épices les plus utilisés dans le commerce et les ouvrages culinaires;
- un lexique des recettes de mélanges cités dans ce livre;
- un index de recettes;
- un index thématique.

6 goûts,
10 000 saveurs

Sucré, acide,
amer, piquant,
tous doivent être appréciés.
- Proverbe chinois

Pour mieux comprendre la cuisine, il est essentiel de prendre conscience du rôle joué par nos sens. Ceux-ci nous permettent de juger de ce que nous mangeons, en suscitant l'extase devant un plat particulièrement réussi ou encore la répulsion devant ce qui menace d'être impropre à la consommation.

Que sont le goût et la saveur ?

Lorsque nous mâchons nos aliments, nous percevons un ensemble de sensations. Notre langue nous permet d'éprouver la texture et la chaleur, en plus de percevoir plusieurs sensations comme le sucré, le salé, l'acide ou l'amer. Par rétro-olfaction, nous percevons les odeurs qui remontent à l'arrière de la bouche jusqu'à notre cavité nasale. Ainsi, lorsque nous mangeons une pomme, notre sens du toucher nous permet d'évaluer la température et la texture de la chair. La langue nous signale que la pomme est sucrée, avec une pointe d'acidité rafraîchissante. Enfin les odeurs caractéristiques de la pomme parviennent par notre palais jusqu'à notre cavité nasale, qui reconnaît des notes plus subtiles nous permettant d'identifier la variété, MacIntosh ou Golden, par exemple. Mais quels sont les mots qui définissent ces différentes fonctions ? Il règne une certaine confusion lorsqu'on tente de démêler ces sensations perçues par notre langue et notre nez. Par exemple, quand nous portons un citron à notre nez, nous reconnaissons tout de suite son odeur caractéristique. Par contre, le nez ne peut pas nous indiquer que le citron est acide. Inversement, si notre nez est bouché et que nous mordons dans un morceau de citron, notre langue reconnaîtra l'acidité du citron, mais pas son odeur.

Cette confusion vient probablement du fait qu'en français il n'existe pas de mot pour décrire exclusivement les sensations perçues par nos papilles gustatives ni pour désigner celles que le nez perçoit par rétro-olfaction. Les mots « goût » et « saveur » viennent à l'esprit mais, en pratique, ils sont presque synonymes et souvent confondus. Cette imprécision de notre vocabulaire nous complique la tâche quand vient le temps de chercher ce qui manque à un plat, et nous empêche de comprendre facilement pourquoi une recette a du succès. Il faut pourtant trouver les mots précis, puisque les concepts qui s'y rattachent sont essentiels à notre compréhension de la cuisine.

Les mots « goût » et « gustatif » ont la même racine (du latin *gustare*) et, puisque les papilles gustatives sont situées sur la langue, on devrait logiquement utiliser le mot « goût » exclusivement pour désigner les sensations perçues par celle-ci. Le mot « flaveur », oublié depuis longtemps mais tendant à revenir dans l'usage, décrit l'ensemble des sensations gustatives, tactiles et olfactives. Réservons donc le mot « saveur » aux sensations perçues par le nez. Cette distinction est d'ailleurs plus claire dans plusieurs langues, notamment en anglais.

Dans les pages de ce livre, nous utiliserons donc les deux définitions suivantes pour distinguer le goût et la saveur. Maintenant que ces deux concepts sont établis, faisons un tour d'horizon de ce que nous savons sur le goût et la saveur, ainsi que sur les différents « systèmes de goût » de quelques grandes cuisines du monde.

GOÛT
Sensation perçue par les papilles gustatives de notre langue.

SAVEUR
Sensation perçue par la cavité nasale lorsque nous mangeons.

Le rôle du goût et de la saveur

La nature nous a dotés de la capacité de goûter et de savourer les aliments. Or, le premier rôle du goût est de nous permettre de reconnaître ce qui est comestible, de choisir les aliments désirables tout en nous protégeant contre les poisons détectables. Les bébés apprécient naturellement les aliments sucrés comme le lait. Par contre, ils rejettent d'instinct ceux qui sont trop amers. Cela dit, avec le temps, nous arrivons à apprécier les aliments amers bénéfiques comme le chocolat, le thé ou le café. L'acide est associé à beaucoup d'aliments (la plupart des fruits entre autres) et nous apprenons très vite à l'apprécier en quantité raisonnable. Cependant, nous rejetons les aliments trop acides comme le citron, à moins que leur acidité soit diluée par d'autres aliments.

Notre capacité de reconnaître les odeurs et les saveurs nous protège également des expériences culinaires hasardeuses. Dans le cerveau humain, les fonctions olfactives sont intimement liées à celles de la mémoire. Cela fait en sorte que les odeurs et les saveurs évoquent souvent des souvenirs enfouis ; nous pouvons ainsi rapidement juger si une odeur ou une saveur est bonne ou mauvaise pour nous. Par exemple, lorsqu'on sent pour la première fois un poulet à la provençale qui sort du four, avec ses parfums d'ail, d'herbes, de citron et d'huile d'olive, on a instinctivement envie d'y goûter, même si on ne connaît pas le plat, parce que toutes ces odeurs nous sont familières, et qu'elles sont liées à des expériences agréables. Par contre, nous aurons tendance à nous méfier d'une odeur nouvelle et difficile à classer, et à l'explorer plus en profondeur avant d'y goûter.

La perception des saveurs

Le système olfactif humain est le plus complexe de nos sens et possède environ 350 types de récepteurs qui nous permettent, par les combinaisons de différents signaux, de percevoir jusqu'à 10 000 odeurs ou saveurs.

De manière analogue, notre œil possède trois types de récepteurs (nous distinguons trois couleurs), ce qui nous permet, par les combinaisons de signaux envoyés au cerveau, de différencier plusieurs centaines de tons.

Mécanisme de l'odorat

Notre cavité nasale est tapissée de millions de neurones détecteurs d'odeurs. Les molécules odorantes parviennent à eux soit par le nez lorsque nous respirons l'air ambiant, soit par rétro-olfaction lorsque nous mangeons. Ces odeurs ou saveurs vont se lier à des récepteurs spécifiques qui envoient des signaux jusqu'au bulbe olfactif. Celui-ci trie en quelque sorte les signaux, qui se rendent ensuite au cortex olfactif (lié à la mémoire et aux émotions), où ils sont reconnus, puis au cortex cérébral (qui contrôle la pensée et le comportement).

C'est par ce mécanisme que nous percevons les saveurs et que la mémoire entre en jeu pour nous aider à décider qu'un aliment est bon ou mauvais. Ce processus explique aussi pourquoi les odeurs et les saveurs peuvent évoquer autant de souvenirs et d'émotions. Ainsi, chaque individu a un odorat unique, qui dépend en partie de sa génétique, mais aussi de son expérience et de l'apprentissage qu'il aura fait des saveurs et des odeurs tout au long de sa vie.

L'odorat est sans doute le sens le plus ancien, le plus complexe et le moins compris. Il est très probable que chaque type de récepteur olfactif, avec ses nombreux neurones, ne puisse reconnaître qu'une seule odeur. Si nous ne possédons que 350 types de récepteurs,

Un sixième sens?

La cavité nasale contient un deuxième organe dit vomérien, distinct du bulbe olfactif, et qui sert chez les animaux à la détection de phéromones liées aux comportements instinctifs de reproduction et d'agression. Ces composés ne sont pas perçus comme des odeurs, mais provoquent une émotion presque irrésistible. C'est peut être aussi le cas pour certains produits chez l'humain; pensons simplement à l'odeur « érotique » et indéfinissable d'une truffe fraîche, qui éveille chez certains des émotions vives. Ce sixième sens expliquerait-il le comportement irrationnel (ne serait-ce que les sommes d'argent démesurées que nous dépensons) et l'engouement que nous avons pour certains aliments comme les truffes, les champignons sauvages, les grands vins, les viandes faisandées et les meilleurs chocolats? S'agit-il en quelque sorte des ultrasons de l'odorat? Et à quel point ce sens influencerait-il l'appréciation « émotive » que nous avons des aliments? Pour le moment, nous n'en savons rien.

pourquoi pouvons-nous identifier des milliers d'odeurs ? Cette faculté nous vient peut-être du fait que nous trions simultanément les différents signaux de notre odorat. Nous associons donc de manière inconsciente un ensemble de signaux à une odeur spécifique. C'est la mémoire de ces ensembles qui nous permet de reconnaître les saveurs de notre répertoire. Ce mécanisme est subliminal ; pour identifier consciemment les saveurs, notre cerveau doit d'abord les séparer. Notre ouïe fonctionne de manière analogue en reconnaissant les sons, des paroles ou les notes d'une musique les uns après les autres. Tout comme notre ouïe peut être confondue par une cacophonie, notre odorat ne peut reconnaître consciemment une odeur que s'il réussit à la séparer des autres. Par ce processus, nous identifions les odeurs en succession, de manière discontinue.

Notre odorat peut aussi reconnaître l'intensité d'une odeur. Les odeurs fortes sont reconnues immédiatement et peuvent même saturer notre nez, comme les bruits très forts le font pour nos oreilles. Par contre, des notes subtiles parviennent à notre cerveau quand il est stimulé par un petit nombre de molécules odorantes.

Malheureusement, nous comprenons encore mal l'odorat et la façon dont le cerveau perçoit les odeurs. Il n'existe donc pas encore un système de classement des odeurs et des saveurs simple et logique qui pourrait servir aux cuisiniers.

La perception du goût

Notre langue comporte des récepteurs capables de reconnaître le salé, l'acide, le sucré, l'amer et, selon de plus en plus de chercheurs, l'umami.

Sur chacune de nos papilles gustatives se trouvent une vingtaine de récepteurs qui perçoivent simultanément les différents goûts par des mécanismes physico-chimiques. Le salé et l'acide sont perçus par des signaux qui voyagent le long de canaux réceptifs situés à l'intérieur de chacune de nos papilles gustatives. Le sucré, l'amer et l'umami sont plutôt perçus par des récepteurs en surface les papilles. Celles-ci perçoivent aussi les sensations tactiles et calorifiques.

Chaque type de récepteur de goût répond en fait à toute une classe de composés chimiques. Par exemple, le salé est plus que la perception du chlorure de sodium : notre récepteur du salé peut également percevoir plusieurs sels comme le chlorure de calcium ou de potassium. Cela explique notre appréciation différente du sel de table (chlorure de sodium pur), du sel de mer (chlorure de sodium et autres sels) et de la fleur de sel (chlorure de sodium et teneur élevée d'autres sels).

Il en va de même pour chaque goût : l'umami est en fait la perception de différents glutamates ; le sucré, la perception de différents sucres (sucrose, lactose, glucose…) ainsi que des sucres artificiels, comme l'aspartame, qui trompent les récepteurs. L'amer est la perception de plusieurs douzaines de composés différents (ce qui explique pourquoi on peut aimer les aubergines mais pas les artichauts, tous deux amers) et l'acide, de différentes molécules comme l'acide citrique (des agrumes) et l'acide acétique (du vinaigre).

Ainsi, chacune de nos papilles peut percevoir au moins cinq goûts. Et contrairement à l'odorat, qui identifie consciemment les saveurs en succession, les goûts se perçoivent simultanément, comme un ensemble.

On peut d'ailleurs établir une analogie avec le sens de la vue, puisque les signaux qui sont transmis de notre langue ou de nos yeux jusqu'à notre cerveau le sont par des mécanismes neurologiques similaires. Contrairement à l'odorat et à l'ouïe, qui interprètent notre environnement de manière discontinue, la vue et le goût le font de manière continue. Par exemple, quand nos yeux voient du vert, ils ne voient pas ses composantes, qui sont le bleu et le jaune. Une combinaison comme le sucré – salé est goûtée de manière similaire, même si elle est plutôt sucrée ou plutôt salée (tout comme un orange peut tirer vers le rouge ou le jaune).

Au-delà des différents goûts, nos papilles nous permettent également de distinguer l'intensité des goûts, ce qui nous aide à déterminer si leurs concentrations sont désirables ou non. Pensons par exemple au plaisir de croquer un grain de sel et au déplaisir d'en avaler une grosse cuillerée. Nos papilles peuvent aussi ressentir simultanément

le goût, la chaleur et le toucher, au même titre que nos yeux perçoivent la couleur, la forme, le mouvement et la luminosité comme un ensemble.

Il semble que notre connaissance du goût soit plus approfondie que celle de l'odorat. Mais il nous reste tout de même beaucoup à découvrir. On estime par exemple que nos papilles comportent environ deux douzaines de récepteurs du même type que ceux qui nous permettent de goûter le sucré, l'amer et l'umami. Quel est leur rôle ? Lorsqu'on tient compte du fait que l'umami a été découvert au début du xxe siècle par des chercheurs japonais, et que ce goût a été reconnu récemment par les chercheurs occidentaux, on peut à juste titre se demander s'il reste d'autres goûts encore inconnus à identifier. L'astringence, le minéral, le métallique ou la fraîcheur seraient des candidats possibles. Et le piquant constitue-t-il un goût plutôt qu'une sensation liée au toucher ? Ou encore une combinaison à la fois tactile et gustative ? Le débat est ouvert.

Ce tour d'horizon rapide des connaissances physiologiques contemporaines nous a permis de décrire ce qui est commun à tous les êtres humains. Nous allons maintenant étudier la façon dont la culture influence notre perception du goût et de la saveur en visitant quatre grandes traditions culinaires.

Système français du goût
Quatre goûts : salé, acide, amer, sucré

Contrairement aux autres cuisines du monde, la cuisine française est basée sur des plats ayant un goût et une saveur dominante ; pensons par exemple au lapin à l'estragon ou à la crème à la vanille. Rares sont les plats, en cuisine française, qui combinent de manière égale plusieurs goûts (sucré – amer – piquant par exemple) ou qui ont des harmonies de saveurs intenses et complexes. En outre, dans un repas typique comportant plusieurs services, l'ordre selon lequel les goûts

---

L'umami

C'est certainement le goût déterminant de la cuisine japonaise (voir le système japonais du goût p. 17). Nous goûtons l'umami lorsque nos papilles détectent des acides aminés du groupe glutamate présents à l'état naturel dans les viandes, les poissons, les légumineuses, les algues, les champignons ainsi que dans certains fruits et légumes. Les glutamates se retrouvent aussi dans plusieurs aliments fermentés, fumés et conservés au sel.

L'umami, c'est ce goût qui reste longtemps en bouche après qu'on a croqué dans les petits cristaux blancs qu'on trouve dans le vieux parmesan ou le vieux cheddar, par exemple.

L'additif glutamate monosodique est un produit de synthèse équivalent au glutamate qui existe à l'état naturel dans une multitude d'aliments. C'est l'usage abusif de cet additif artificiel souvent mal fait qui cause des réactions physiologiques mineures chez certaines personnes et qui a malheureusement donné une mauvaise réputation aux glutamates. Les glutamates naturels que l'on retrouve dans beaucoup d'aliments sont sans danger et sont indispensables aux plaisirs gourmands.

doivent s'enchaîner est généralement préétabli. Ainsi, lors d'un repas typique, on commencera par le salé (l'entrée et le plat principal), que suivront l'acide (la salade) puis l'amer (les fromages), et on terminera avec le sucré (le dessert). Cet ordre tout cartésien peut sembler banal quand on sait que l'être humain s'ennuie devant une nourriture répétitive. Nos papilles transmettent le goût avec une intensité et un plaisir rapidement décroissants lorsqu'on leur présente la même nourriture bouchée après bouchée. Ce mécanisme d'adaptation sensorielle est aussi celui qui nous fait ignorer le bruit d'un ventilateur en marche. Pour contrer cet effet d'éternel recommencement, les Français boivent du vin avec les repas. Les règles gastronomiques françaises dictent de prendre une gorgée de vin après quelques bouchées de nourriture. Mais pourquoi au juste ?

Le vin, par son acidité et ses saveurs multiples, réveille et réarme en quelque sorte le nez et la langue, et cela d'autant plus efficacement que beaucoup de vins sont légèrement astringents. Consommé entre les bouchées, le vin nettoie littéralement nos papilles et les réveille.

La passion qu'ont les Français pour les mariages harmonieux entre les mets et les vins prend alors tout son sens. Contrairement au reste du monde, la France dit : « La simplicité est dans l'assiette, et la complexité, dans le verre. »

Système chinois du goût
Cinq goûts : salé, acide, amer, sucré, piquant

La cuisine chinoise est basée sur l'équilibre des cinq goûts. En plus des harmonies de saveurs, les jeux de textures, les formes et les couleurs des différents plats d'un repas jouent un rôle très important. Les Chinois croient aussi fermement au principe selon lequel chaque aliment peut avoir, selon la circonstance, un effet bénéfique ou néfaste sur la santé. Les différents plats d'un repas sont toujours sélectionnés selon ces critères. Une fois les ingrédients choisis, on développe un menu harmonieux tant au niveau des saveurs que des goûts. Autre donnée importante : tous les plats d'un repas chinois sont servis en même temps. On trouve donc sur la table un assortiment de plats aux combinaisons de goût différentes : salé, aigre-doux, acide – piquant, amer – sucré – salé… Même dans les plats où un goût domine, on voit à l'équilibre par l'ajout d'une pincée de sucre ou de piquant, ou encore d'un ingrédient amer ou acide, selon le cas. Cette variété de goûts et la présence du riz nature jouent (comme le vin pour les Français) le rôle de réarmer les papilles et d'éviter l'ennui. Par son antiquité et son raffinement, la cuisine chinoise est celle qui présente le plus de combinaisons de saveurs et de goûts. Le reste du monde a beaucoup à apprendre de cette cuisine aux

Le piquant est-il un goût?

Physiologiquement parlant, le piquant n'est pas un goût, dans la mesure où aucun récepteur du piquant n'a encore été identifié sur nos papilles. Traditionnellement, le piquant est plutôt associé au sens du toucher par un mécanisme sensoriel appelé «nociception».

Une épice peut donner une sensation de brûlure à la langue, mais aussi à la peau si la concentration est assez forte. Ce phénomène est causé par la capsaïcine du piment et la pipérine du poivre, deux molécules qui trompent notre sens du toucher en donnant l'impression de brûlure. Cela dit, les recherches récentes suggèrent que les papilles gustatives ont également la capacité du toucher. Lorsqu'on mange, cette perception tactile survient simultanément aux perceptions gustatives. Il est probable qu'un jour le reste du monde acceptera ce qui est admis depuis longtemps dans les cuisines asiatiques: le piquant est un goût! D'un point de vue strictement culinaire, le piquant agit sur nos papilles comme un goût et on peut, par conséquent, le considérer comme tel. La présence très répandue sur la plupart des tables du monde du poivre ou du piment démontre à quel point le piquant est indispensable à l'équilibre des goûts et au plaisir de manger.

milliers de plats classiques qui continue à évoluer aujourd'hui grâce la créativité de millions de cuisiniers.

Système japonais du goût
Cinq goûts : umami, salé, sucré, acide, piquant

L'expression japonaise *umami seibun* peut être traduite ainsi : goûteux, délicieux. L'umami est le goût caractéristique de la cuisine japonaise. Les quatre autres goûts sont utilisés pour rehausser l'*umami seibun* et équilibrer les plats. Au début du XXᵉ siècle, les chercheurs japonais ont été les premiers à identifier ce goût en découvrant les glutamates présents à l'état naturel dans les aliments. On parle ici de la découverte officielle, mais il faut savoir que l'umami est utilisé de manière intuitive dans les traditions culinaires du monde entier depuis des milliers d'années. En cuisine française par exemple, on se sert du mot «fond» pour nommer les bouillons de viandes (qu'on sait maintenant riches en glutamates) car ils sont la fondation de la bonne cuisine.

Les chercheurs occidentaux ont traditionnellement considéré les glutamates comme des exhausteurs (amplificateurs) de goûts. Leurs dernières recherches semblent confirmer la conception des Japonais, selon laquelle l'umami est plutôt la fondation du goût.

Système thaï du goût
Cinq goûts : salé, sucré, acide, amer, piquant

Bien qu'il n'y ait pas de système formel du goût dans la cuisine thaïe, celle-ci se caractérise généralement par des saveurs et des goûts intenses.

Intuitivement, les Thaïs recherchent l'équilibre des cinq goûts, qu'ils appellent *rotchart* (le goût juste), et qu'ils complètent avec des saveurs intenses et beaucoup de fraîcheur. Les goûts sont travaillés avec des ingrédients de base comme le sel et la sauce de poisson pour le salé, le sucre et les fruits pour le sucré, le piment et le poivre pour le piquant, le jus de lime, la pâte de tamarin et le vinaigre pour l'acide, des épices et certains légumes pour l'amer. L'umami est dosé de manière intuitive avec l'emploi de produits comme la sauce de poisson, la pâte de crevettes et d'autres ingrédients fermentés. Ce qui peut surprendre les non-initiés, c'est la quantité importante de chacun des ingrédients, qui est pourtant nécessaire à cette intensité de goût typique de la cuisine thaïe. La clé pour qu'un goût ne domine pas au point de devenir désagréable, c'est de l'équilibrer avec d'autres ingrédients goûteux de manière à créer le « goût juste ». Ainsi, le piment que l'on utilise abondamment dans certaines recettes est rendu agréable, ou certainement tolérable, par l'ajout généreux de sucre, de sauce de poisson, de sel et de jus de lime. Tout est dans l'équilibre. On laisse d'ailleurs ces ingrédients à disposition sur la table pour que chaque convive puisse ajuster et faire « à son goût ». La leçon qu'il faut retenir de la cuisine thaïe, c'est celle de l'intensité et de l'équilibre des goûts, puisqu'elle s'applique de façon générale à toutes les cuisines. La plupart du temps, si un goût est trop prononcé dans un plat donné, il est possible de rétablir un équilibre agréable par l'augmentation, dans une mesure proportionnelle, des autres goûts en présence.

Vinaigrette thaïe
Cette recette est une bonne manière de découvrir le goût juste, les quantités des ingrédients de la vinaigrette étant approximatives.

1/4 tasse	jus de lime
3 c. soupe	sauce de poisson
3	piments thaïs frais, hachés fin
2 c. soupe	sucre
	sel
3	gousses d'ail

- Mélanger tous les ingrédients de la vinaigrette dans un bol.
- Goûter et analyser les six goûts en présence : salé, sucré, amer, umami, piquant et acide.
- Décider si le goût est juste. Sinon, ajouter les ingrédients dont les goûts sont les plus faibles jusqu'à ce que vous trouviez le point d'équilibre qui vous plaît.

Salade tomate et avocat

1	avocat mur, en cubes
2	tomates moyennes, en quartiers
3	échalotes vertes, émincées
1/2 paquet	coriandre fraîche

- Mélanger tous les ingrédients avec un peu de vinaigrette et servir tout de suite.

Une nouvelle approche
Six goûts : salé, sucré, acide, amer, umami, piquant

Une fois étudiés les systèmes français, chinois, japonais et thaï, il devient clair que nos papilles gustatives reconnaissent au moins six goûts.

Les recherches récentes confirment ces faits et ont établi que nos papilles gustatives discernent plus que les six goûts, puisqu'elles perçoivent simultanément des informations tactiles et thermiques. Nous savons aussi que le goût est perçu de manière continue, comme la vue.

Notre connaissance de l'odorat est limitée, et nous n'arrivons pas encore complètement à expliquer notre sens le plus complexe. Mais nous savons que l'être humain peut discerner jusqu'à 10 000 saveurs qui sont reconnues consciemment de manière discontinue. Le mécanisme de l'odorat est intimement lié à la mémoire et aux émotions, et il est établi que notre goût et notre odorat peuvent reconnaître non seulement la nature mais aussi l'intensité d'un goût ou d'une saveur.

Prendre conscience que le goût et la saveur sont liés à deux sens indépendants, et que le goût est perçu de manière continue, a des implications profondes pour la compréhension de la cuisine. Il devient alors possible de cuisiner de manière théorique, de prévoir les résultats d'une recette avant de la faire, en travaillant l'équilibre des goûts d'abord et l'harmonie des saveurs ensuite. Cette méthode permet aussi de goûter puis de savourer un plat, de l'analyser, de reconnaître ce qu'il y a en trop ou ce qui manque, et de l'ajuster.

LE POINT D'ÉQUILIBRE DES GOÛTS

En cuisine, on travaille avec six goûts, tout comme le peintre travaille avec trois couleurs primaires. La sensation du goût est perçue comme un ensemble et le cuisinier doit veiller à créer un équilibre de goûts agréable. De la cinquantaine de combinaisons possibles avec les six goûts, certaines comme l'aigre-doux, le salé – piquant, l'amer – sucré, ou l'umami – salé – acide sont classiques et universellement appréciées. D'autres, combinaison comme l'umami – amer – piquant, le sont moins. Comme on le voit dans plusieurs cuisines du monde, il existe souvent un équilibre optimal. Prenons le sucré – salé à titre d'exemple : au Québec, nous avons chaque printemps le rituel de la cabane à sucre, avec ses plats très salés (jambon rôti, fèves au lard salé, oreilles de crisse [sic], crêpes cuites au gras de lard salé). Or, il est de mise que chaque convive sucre généreusement son repas avec du sirop d'érable et ce, dans la mesure où son goût l'y incite. Il y a un point optimal où les plats ne sont ni trop salés, ni trop sucrés. À ce point, bien que les plats soient très salés et très sucrés, nous percevons finalement un équilibre sucré – salé agréable.

La recherche de ce point optimal du dosage, où les différents goûts en présence atteignent un équilibre agréable, pourrait s'appeler «le point d'équilibre des goûts». Si l'on prend l'exemple d'un tajine d'agneau, qui peut contenir jusqu'à une tasse de miel, le plat sera trop sucré sans le sel. Mais si on ajoute du sel graduellement, on arrive à un point où le plat n'est plus trop sucré mais agréablement sucré-salé. Le tajine contient toujours autant de miel, mais l'addition de sel jusqu'au point d'équilibre sucré – salé l'a rendu plaisant. Ce point est partiellement subjectif (nous n'avons pas tous les mêmes papilles gustatives) et dépend également du discernement du cuisinier.

Il en va de même pour toutes les combinaisons de goûts, auxquelles parfois l'ajout d'une pointe d'un autre goût suffira à rétablir l'équilibre : la petite cuiller de sucre dans une sauce tomate trop acide, la pincée de sel dans un gâteau, ou la pointe de piment dans un chocolat chaud…

Profils de goûts

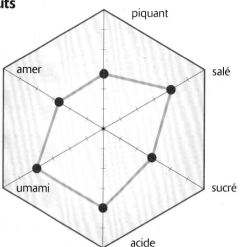

Brownies au chocolat et aux noix
PIQUANT : ●, **SALÉ** : pincée de sel, poudre à pâte, **SUCRÉ** : sucre, farine, beurre, chocolat, **ACIDE** : cacao, chocolat, **UMAMI** : ●, **AMER** : cacao, noix, chocolat

Salade César
PIQUANT : poivre, Tabasco, Worcestershire, **SALÉ** : anchois, sel, parmesan, Worcestershire, **SUCRÉ** : Worcestershire, **ACIDE** : jus de lime, Tabasco, Worcestershire, **UMAMI** : Worcestershire, anchois, parmesan, **AMER** : Worcestershire, ail cru, huile d'olive

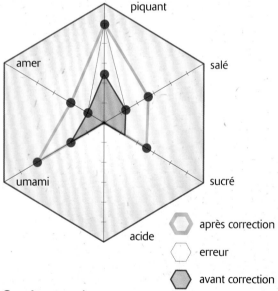

après correction

erreur

avant correction

Steak au poivre
PIQUANT : poivre, **SALÉ** : sel, **SUCRÉ** : échalotes revenues, crème, **ACIDE** : ●, **UMAMI** : viande, fond de veau, **AMER** : caramélisation de la viande

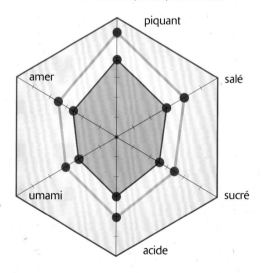

Vinaigrette thaïe
PIQUANT : piment, **SALÉ** : sel, sauce poisson, **SUCRÉ** : sucre, **ACIDE** : jus de lime, **UMAMI** : sauce poisson, **AMER** : ail

Remarquez les formes identiques : même point d'équilibre / intensité différente.

Les graphiques de profils de goûts permettent de visualiser comment il est possible de travailler les combinaisons. Prenons l'exemple du steak au poivre. Le goût dominant est d'abord le piquant, suivi de l'umami et du salé, avec une note d'amer et de sucré. Si, en goûtant la sauce, on se rend compte qu'on a mis deux fois trop de poivre, il suffit de doubler les autres goûts pour retrouver l'équilibre désiré. Une solution pour rattraper la sauce consiste à rajouter une ou deux cuillerées de sauce soya (salé – umami) une pincée de sucre et un peu d'amertume sous forme d'une herbe ou d'un trait d'Angostura. Le point d'équilibre est retrouvé même si on a doublé l'intensité des goûts. En fait, la plupart des gens apprécient les mêmes points d'équilibre. C'est au niveau de l'intensité que les préférences varient (ces divergences sont dues entre autres au fait que le nombre de papilles gustatives sur la langue varie d'une personne à l'autre). Pour plaire aux gens qui sont plus intolérants à l'amer, il ne suffit pas de réduire ce goût, mais aussi d'ajuster les autres goûts pour ne pas perdre le point d'équilibre.

Il est important de comprendre que les papilles se lassent et finissent par ne plus goûter quand on mange bouchée après bouchée une nourriture qui a le même goût. Il est donc important de palier cette adaptation sensorielle en créant des contrastes de goûts pour réveiller les papilles endormies. Cela peut être fait en accompagnant le repas de vin ou de condiments, en servant ensemble plusieurs plats contrastés ou encore en offrant des plats avec des jeux de goûts et des ingrédients préparés de façon à ce que chaque bouchée soit différente.

Un répertoire de saveurs

Nous venons de voir qu'il est relativement facile d'agencer les six goûts. Avec un peu de pratique et d'effort, le cuisinier peut certainement apprendre à manipuler les goûts de manière logique et quasi mathématique. Par contre, travailler des milliers de saveurs sans système peut, au premier abord, être assez décourageant.

Cette difficulté n'est pas seulement due à notre manque de connaissances sur l'odorat, mais aussi au fait que ce sens est très différent de celui du goût. Contrairement aux goûts perçus sur la langue, les odeurs sont d'abord reconnues de manière inconsciente par le cortex olfactif, situé dans la partie la plus ancienne de notre cerveau (siège de la mémoire et des émotions) avant d'être reconnues consciemment au niveau du cortex cérébral (siège de la pensée). Le chemin emprunté par le goût, lui, est plus direct. On peut simplifier en disant que les saveurs sont émotives et subliminales, alors que le goût est plus rationnel.

En l'absence d'un système de classement des saveurs qui simplifierait le travail du cuisinier, celui-ci doit faire

appel à sa mémoire et à ses préférences. Au cours de notre vie, nous avons tous fait l'expérience de milliers de saveurs et avons tous nos plats favoris. Chaque nouvelle saveur, ou combinaison de saveurs, est classée de manière émotive selon un système qui va de la répugnance à l'envoûtement, en passant par l'indifférence. De cette façon, nous organisons inconsciemment un vaste répertoire qui nous sert à reconnaître les saveurs. Contrairement aux goûts, les saveurs évoquent des souvenirs et des émotions parfois oubliés depuis très longtemps. Nous pouvons donc recourir à ce répertoire très personnel pour travailler avec les saveurs. Certaines associations sont classiques (le maïs et le beurre, les noix et le miel, la tomate et le basilic, par exemple). Il est donc possible de travailler de deux manières : consciemment, en utilisant son répertoire de combinaisons de saveurs, et inconsciemment, en se servant des émotions et des souvenirs évoqués par les odeurs.

Nous pouvons simplement utiliser des combinaisons connues, ou en expérimenter de nouvelles en ajoutant des ingrédients à une combinaison existante ou en jouant avec des combinaisons qui se ressemblent. Par exemple, le homard se marie bien avec les chanterelles. Et le maïs s'accorde bien lui aussi avec les chanterelles. On peut se poser la question suivante : la saveur du maïs se combinera-t-elle agréablement à celle du homard ? L'expérience décidera ensuite si l'intuition était justifiée. Dans ce cas-ci, ça fonctionne à merveille, et encore mieux si on y ajoute les chanterelles !

Inversement, on peut sentir et savourer un ingrédient et se servir des associations qu'il évoque pour le joindre à d'autres saveurs. Les souvenirs déclenchés par les saveurs sont une source d'inspiration qu'il est avantageux de reconnaître et de développer.

Les saveurs sont identifiées de manière discontinue, en succession. Pour reconnaître une saveur, notre cerveau doit d'abord l'isoler, puis se servir de la mémoire pour l'identifier consciemment. L'analogie avec la musique prend ici toute sa portée. Le cuisinier peut composer avec les saveurs comme un musicien avec les notes : en prenant conscience du fait que les saveurs les plus connues et les plus fortes sont distinguées en premier, suivies des plus faibles et des moins connues, il devient possible de structurer les saveurs dans une recette en les dosant avec attention. C'est du moins ce que font intuitivement les bons cuisiniers. De même, un compositeur organise les notes en fonction de thèmes récurrents plus familiers à l'oreille, et de mélodies ou d'harmonies secondaires. Le fait d'être conscient de ce procédé nous aide à déterminer l'ordre d'après lequel les saveurs seront reconnues et appréciées. Par exemple, si on analyse un filet de porc à la sauce moutarde, on constate que les ingrédients aux saveurs dominantes sont, dans l'ordre, le porc et la moutarde, suivis des échalotes, des fines herbes, du vin blanc et, en finale, du fruité du poivre. En prenant conscience de l'intensité des saveurs de chaque ingrédient, le cuisinier décide de l'ordre dans lequel elles seront détectées. Ces petites « symphonies » de saveurs se jouent en quelques secondes sur notre palais, et l'attention au détail fait toute la différence, surtout quand la note finale est donnée par un ingrédient moins connu, utilisé en petite quantité, et qui laisse une touche mystérieuse.

Finalement, il ne faut jamais oublier que le goût et l'odorat sont des sens indépendants l'un de l'autre. Les équilibres de goûts n'ont aucune influence sur les harmonies de saveurs, et inversement. Une fois comprise, cette notion permet de déconstruire, d'identifier et de régler les problèmes d'une recette en corrigeant d'abord l'équilibre du goût, puis l'harmonie des saveurs. Avec un peu de pratique, il devient possible de visualiser une recette sans même la faire, et d'inventer de nouveaux plats en se laissant inspirer par les odeurs et en décidant ensuite du point d'équilibre de goûts qui leur conviendrait le mieux.

En résumé

🌸 Le goût et l'odorat sont deux sens indépendants. Ils peuvent évaluer respectivement l'intensité d'un goût ou d'une saveur en plus de les identifier.

🌸 Nos papilles gustatives peuvent identifier au moins six goûts. Le salé, l'acide, l'amer, le sucré, le piquant et l'umami sont perçus simultanément, de manière continue. Les sensations tactiles et thermiques font aussi partie de l'expérience du goût.

🌸 Comme les goûts sont perçus de manière continue, il faut les travailler comme un ensemble et trouver parmi les nombreuses combinaisons de goûts possibles celles qui ont un équilibre agréable. Chaque plat réussi atteint un point d'équilibre où les goûts sont agencés de manière optimale.

🌸 Nos papilles gustatives deviennent moins sensibles à mesure qu'on mange une nourriture ennuyante et répétitive. Pour combattre cette adaptation sensorielle, il faut inclure des contrastes de goûts dans les repas et leurs accompagnements.

🌸 Analysez les goûts et ajustez-les pour trouver le point d'équilibre d'une recette. Il est possible de modifier l'intensité des goûts en augmentant ou en diminuant proportionnellement les goûts présents de façon à maintenir le point d'équilibre.

🌸 Notre odorat peut reconnaître inconsciemment des milliers de saveurs, et déclenche souvent des souvenirs qui y sont rattachés.

🌸 Les saveurs sont identifiées en succession. Notre odorat reconnaît d'abord les saveurs les plus familières et les plus intenses, puis les plus faibles et les moins connues. Servez-vous de ce principe pour faire ressortir les saveurs dans l'ordre que vous choisissez.

🌸 Le cuisinier peut travailler avec les saveurs qu'il connaît, ou combiner des accords de saveurs similaires. Il peut aussi trouver des combinaisons de saveurs en se fiant à son intuition et aux souvenirs que suscitent l'odeur des ingrédients.

🌸 Le goût et la saveur se travaillent indépendamment l'un de l'autre. Les équilibres de goûts n'influencent pas les harmonies de saveurs, et vice-versa. Pour cette raison, il est possible de changer les saveurs d'un plat sans en affecter les goûts.

Le rôle des épices en cuisine

*On mange un éléphant
une bouchée à la fois.*
- Proverbe africain

Les épices sont utilisées depuis des millénaires dans la préparation des aliments pour les relever et aider à leur conservation. De nos jours, elles sont utilisées principalement pour donner de la saveur et modifier le goût des aliments agro-industriels fades. Si leur rôle de conservateur est devenu moins important, nous sommes en revanche de plus en plus conscients de leurs effets bénéfiques sur notre santé.

Nous avons désormais accès à des centaines de variétés d'épices provenant des quatre coins du monde, et que trop souvent nous hésitons à utiliser, faute de connaissances. C'est pourquoi nous avons choisi de les classer ici selon le rôle qu'elles jouent en cuisine. Plusieurs de ces catégories nous serviront d'exemple pour apprendre à nous servir des épices. Cette classification permettra aussi de comprendre pourquoi certaines épices aux saveurs très intenses, comme la cannelle ou le girofle, devraient être utilisées en petites quantités.

Les poivres :
les vrais, les faux et les terroirs du monde

Poivre noir, poivre vert, poivre blanc, poivre rouge, poivre long, cubèbe, maniguette, poivre de Guinée, poivre sansho, poivre de Sichuan, poivre rose

Le poivre est sans aucun doute l'épice la plus populaire au monde. Les différents poivres illustrent bien la complexité des variétés et des terroirs, ce qui est valable d'ailleurs pour la grande majorité des épices. Si cette complexité peut sembler déroutante, il faut se dire que, peu importe les variétés et les arômes particuliers qu'ils peuvent présenter, tous les poivres jouent foncièrement le même rôle en cuisine, soit celui de donner du piquant aux plats.

La baie du poivrier, une plante originaire du sud-ouest de l'Inde, est appréciée depuis des millénaires pour son goût piquant et ses arômes capiteux. C'est de cette même plante (*piper nigrum*) que proviennent les poivres rouge, vert, noir et blanc. La variation de couleur vient de ce qu'ils sont cueillis à divers stades de maturité. Le poivre vert est récolté lorsque les baies sont encore immatures. Peu piquant, on l'apprécie pour ses qualités aromatiques et son parfum fruité. Le poivre noir est récolté au moment du mûrissement, juste avant que les baies ne prennent une coloration jaune. À ce stade de maturation, elles sont très parfumées. Les poivres noirs les plus aromatiques ont d'ailleurs une teinte brunâtre, ce qui indique que les baies ont été cueillies au moment précis où elles passaient du vert au jaune. Le poivre blanc est cueilli à maturité, soit lorsque les baies sont rouges. Il est aussi piquant que le poivre noir mais n'en possède pas le caractère fruité. Le poivre blanc est donc la graine de la baie mûre du poivrier débarrassée de sa pulpe. La méthode de décortication traditionnelle par trempage donne un grain gris-blanc avec un arôme de fermentation distinctif que ne possède pas le poivre blanc décortiqué mécaniquement, dont l'arôme est plutôt neutre.

Le poivre rouge, le plus rare, est cueilli à pleine maturité. Sa saveur marie le fruité du poivre noir et le piquant mordant du poivre blanc. Fragile comme le poivre vert, on le vend en saumure ou lyophilisé (déshydraté sous vide).

Le poivre long et le cubèbe (ou poivre à queue) appartiennent tous deux à la famille des poivres. Ils sont aussi piquants que le poivre noir, mais ils n'ont pas la même saveur. Le poivre long était très apprécié des Romains, qui considéraient le poivre rond comme inférieur. Ses grains étant trop longs pour les moulins, il vaut mieux les moudre au mortier. Le cubèbe est originaire de l'île de Java. Il s'utilise comme le poivre noir et son arôme distinctif donne aux plats un parfum exotique.

Certaines épices sont appelées faux-poivres parce que leur goût piquant rappelle celui du poivre, même si elles ne sont pas de la même famille. La maniguette,

par exemple, appartient à la famille du gingembre et de la cardamome, une parenté qui confère aux meilleures variétés un arôme riche et intense. Elle est plus chaude en bouche que le poivre.

Les poivres dits *fagara* comptent une trentaine de variétés de faux-poivres, dont les plus connues sont le poivre sansho japonais et le poivre de Sichuan. Chaud en bouche, le poivre sansho possède un arôme d'agrume très marqué. Plus brûlant, le poivre de Sichuan des meilleurs terroirs a la particularité d'anesthésier la langue, ce qui permet d'apprécier toute la saveur des plats très pimentés sans se brûler la bouche. Il existe beaucoup d'autres faux-poivres, comme le poivre de Tasmanie ou celui de Chang-Maï, pour n'en nommer que quelques-uns.

Ce petit tour d'horizon rapide montre bien la complexité parfois déroutante des poivres, et des épices en général. Par contre, un cuisinier a seulement besoin de connaître le rôle que joue une classe d'épices dans sa recette. Ainsi, tous les poivres, qu'ils soient vrais ou faux, donnent du piquant aux plats. Il ne vous reste plus qu'à utiliser votre favori, ou celui dont la saveur s'accorde le mieux à celle de vos ingrédients.

Les épices classiques :
les épices aromatiques

Girofle, cannelle, casse, muscade, macis, cardamome, anis étoilé, quatre-épices

Ces épices font partie du paysage culinaire depuis l'Antiquité. Elles étaient à l'époque d'autant plus appréciées qu'elles supportaient bien les longs périples dans les cales des bateaux ou sur le dos des chameaux sans perdre leurs qualités aromatiques. Très savoureuses, elles sont riches en huiles volatiles, ce qui leur confère un parfum intense.

Si l'exemple des poivres permet de bien comprendre la notion de cru aussi bien que celle de variété, les épices classiques peuvent nous servir d'exemple pour évoquer la notion d'huile volatile, qui est commune à toutes les épices.

Terroirs et savoir-faire

La qualité et le parfum d'une épice varient considérablement selon son terroir d'origine. Comme dans le cas du vin, la variété cultivée, la composition du sol, l'altitude, l'exposition au soleil, le climat et le microclimat sont des facteurs déterminants. La culture des épices requiert également un grand savoir-faire en ce qui concerne le moment de la cueillette, le séchage, le tri et l'entreposage. Le conditionnement et le transport influencent également la qualité d'une épice. Ainsi, à l'instar des vins ou des thés, il existe de très grands crus d'épices. Par exemple, le poivre cultivé dans la région de Tellicherry, dans le sud-ouest de l'Inde, bénéficie d'un excellent terroir et d'une main-d'œuvre héritière d'un savoir-faire millénaire, ce qui en fait l'un des poivres les plus appréciés au monde. Récoltés à point, ses grains sont soigneusement triés selon leur qualité et leur taille. Pour obtenir un kilogramme de la qualité *extra bold*, il aura fallu passer au crible de 300 à 500 kg de poivre de Tellicherry. Seuls les plus gros grains sans défaut méritent cette appellation, ce qui explique leur prix, dix à vingt fois plus élevé que celui du poivre standard.

Les huiles volatiles

Les huiles volatiles sont des composés aromatiques qui confèrent aux épices parfum et saveur. Comme leur nom l'indique, ces huiles s'évaporent et libèrent l'arôme d'une épice dans l'air ou, en bouche, vers notre palais.

Une épice contient souvent plusieurs huiles volatiles en proportions variables. Les meilleures épices ne sont pas celles qui possèdent les plus fortes concentrations, mais celles qui présentent un équilibre entre les diverses huiles volatiles qu'elles contiennent, de même que pour les grands vins, dans lesquels on recherche l'harmonie plus que la puissance.

À l'exception de quelques épices comme la vanille, la moutarde ou la réglisse, l'arôme des épices provient des huiles volatiles qu'elles renferment. Comme leur nom l'indique, ces composés s'évaporent et relâchent leur saveur rapidement. Ainsi, la saveur intense du girofle provient de sa forte concentration en eugénol (certaines variétés en contiennent jusqu'à 17 %), une huile volatile qui lui donne sa saveur caractéristique. Dans la mesure où cette concentration confère au girofle une saveur très intense, il est préférable de l'utiliser en petites quantités.

Par ailleurs, il est courant que plusieurs épices contiennent une même huile volatile. C'est le cas notamment de la casse (ou fausse cannelle) et de la cannelle, qui contiennent toutes deux de l'aldéhyde cinnamique. Cependant, la présence de trois huiles volatiles additionnelles dans la cannelle donne à celle-ci une saveur plus complexe et plus raffinée que celle de la casse, qui n'en compte qu'une seule.

La muscade et le macis proviennent tous deux du muscadier. La muscade est le noyau du fruit tandis que le macis est une sorte de filament appelé arille qui entoure la noix. Bien que la muscade et le macis contiennent les mêmes principes aromatiques, leurs saveurs sont différentes parce que les huiles volatiles qu'elles renferment ne sont pas présentes dans les mêmes proportions. Le macis est plus délicat que la muscade et s'utilise en général dans des plats plus raffinés. Certaines recettes demandent les deux parce qu'elles sont en fait deux épices distinctes.

Le quatre-épices originaire des Antilles contient jusqu'à trente composés aromatiques, dont les proportions varient selon la provenance. Cette épice doit son nom à ce qu'elle contient pratiquement les mêmes huiles volatiles que le girofle, la cannelle, la muscade et le poivre. Ce genre d'assemblage de différentes huiles volatiles, que l'on retrouve dans de nombreuses épices, explique bien pourquoi certaines épices en évoquent d'autres, et comment elles peuvent jouer le même rôle tout en donnant leur propre interprétation.

Aujourd'hui, la principale fonction des épices classiques est d'apporter des arômes aux plats. Leurs parfums étant très intenses, elles influencent beaucoup la saveur et sont d'habitude utilisées en petites quantités. De plus, ayant un goût plutôt faible, elles ont peu d'effet sur l'équilibre de goût d'un plat.

Pourquoi acheter des épices entières ?

Une fois moulue, une épice libère ses huiles volatiles, qui s'éventent alors rapidement. C'est pourquoi il est préférable d'acheter les épices entières et de les moudre au moment de les utiliser. En plus de se conserver beaucoup plus longtemps, les épices entières ont l'avantage de ne contenir aucun additif (colorant, agent de conservation) et de ne pas être allongées avec de la farine, du riz, du sel ou d'autres substances parfois douteuses.

Les épices rhizomes :
les épices santé par excellence

Gingembre, curcuma, galanga, petit galanga, kentjur, zéodaire

Les épices rhizomes appartiennent à une famille de plantes d'origine asiatique. Le rhizome constitue la partie souterraine de ces plantes. En Asie, les épices rhizomes sont appréciées pour leurs qualités aromatiques, mais également pour leurs vertus médicinales.

En cuisine, on les utilise principalement pour aromatiser les plats et, dans le cas du gingembre, pour leur donner aussi une note piquante. Le galanga, le kentjur et la zéodaire, qui sont moins utilisés de nos jours en Occident, possèdent des arômes agréables qui gagnent à être redécouverts.

Les rhizomes frais étant très fibreux, il est préférable de les moudre dans un mortier aux parois rugueuses, de les râper avec une râpe spécialement conçue à cet effet ou de les hacher dans un robot culinaire. Dans le cas de rhizomes séchés, qui peuvent être très durs, il vaut mieux utiliser un mortier aux parois lisses. C'est le cas

Les mortiers et les moulins

Les deux meilleurs outils pour moudre les épices sont les moulins électriques, de type moulin à café, et les mortiers. Très rapides et pratiques, les moulins donnent de bons résultats, mais les épices moulues au mortier seront toujours plus odorantes. Les lames du hachoir coupent les épices, tandis que le mortier les broie, favorisant une meilleure libération des huiles volatiles. Par ailleurs, les moulins électriques ne conviennent pas aux épices très dures, comme le curcuma, ou aux épices très fibreuses, comme le gingembre. Pour nettoyer un moulin électrique, il suffit d'y moudre un peu de gros sel. Les cristaux de sel, en plus d'absorber les odeurs, ont une action récurrente. Pour finir, il suffit de jeter le sel et d'essuyer le bol du moulin.

Les mortiers de pierre lisse (le granit, par exemple) ou de laiton constituent d'excellents choix. Ils ont souvent des réceptacles profonds et conviennent bien aux épices sèches. Ils permettent d'obtenir des poudres très fines. Étant peu poreux, ils peuvent être lavés avec de l'eau et du savon.

Les mortiers en pierre rugueuse, les *œleks* indonésiens ou les *molcajetes* mexicains par exemple, constituent la meilleure option pour moudre des ingrédients humides comme les épices et les herbes fraîches, l'ail et les piments réhydratés. Ils donnent aussi de bons résultats avec les épices sèches. Par contre, comme ils sont poreux, on ne doit pas utiliser de savon pour les laver. Il suffit de les nettoyer à grande eau avec une petite brosse.

du curcuma entier, qui est si dur qu'il peut casser la lame d'un moulin électrique.

Comme pour la plupart des épices, les rhizomes séchés n'ont pas du tout les mêmes parfums qu'à leur état frais. En cuisine indienne, il n'est d'ailleurs pas rare qu'on demande du gingembre frais et du gingembre séché dans une même recette.

La plupart des épices sont présentes dans les pharmacopées traditionnelles de nombreux peuples, et surtout les épices rhizomes, qui possèdent de nombreuses vertus médicinales. Le curcuma est probablement l'épice la plus connue pour ses vertus curatives et préventives. En Inde, on l'utilise depuis des millénaires dans le traitement de nombreuses affections et maladies. En Occident, des études récentes indiquent que le curcuma aide à prévenir le cancer et l'Alzheimer. Ses propriétés antioxydantes, désinfectantes, antibactériennes et anti-inflammatoires sont bien établies. Chez nous, on boit du *ginger ale*, qui contient du gingembre, pour aider les troubles digestifs. À Bali, on applique une pâte de curcuma et de galanga sur les plaies pour prévenir les infections. En plus de leurs propriétés médicinales, de nombreuses épices favorisent la conservation des aliments. Voilà autant de raisons de les inclure dans la cuisine de tous les jours.

Les épices graines :
les épices idéales pour la cuisson

Cumin, coriandre, anis, fenouil, adjwain, graine de moutarde, cumin noir, aneth, angélique, carvi, livèche, pavot, graine de céleri, nigelle, fenugrec

La plupart des épices graines ont un goût amer, bien que certaines soient légèrement sucrées, comme la coriandre, l'anis et le fenouil. D'autres encore, comme le pavot et le sésame, ont un goût relativement neutre.

La chaleur a pour effet de relâcher les huiles volatiles des épices moulues ou entières, et de caraméliser les sucres et les amidons qu'elles contiennent. Ainsi, les épices rôties, grillées ou rissolées ont un goût et une saveur différents des épices mijotées ou crues. À cet égard, les épices graines illustrent particulièrement bien les diverses techniques culinaires auxquelles on peut faire appel.

Les épices graines comptent parmi les épices qui peuvent être consommées entières. Une fois cuites, elles relâchent leur saveur lorsqu'on les croque et donnent une texture additionnelle aux plats.

Livrons-nous à un exercice simple avec le cumin à titre d'exemple.

Faites chauffer une petite poêle et faites-y griller une cuillerée de graines de cumin jusqu'à ce qu'elles commencent à rôtir et qu'elles libèrent une légère fumée. À ce moment, versez le cumin grillé dans une petite assiette pour arrêter la cuisson. Ajoutez maintenant une ou deux cuillerées d'huile à la poêle et faites-y rissoler d'autres graines de cumin. Dès qu'elles grésillent, versez-les dans une seconde assiette. Laissez les épices refroidir quelques instants, puis comparez l'odeur du cumin nature, du cumin grillé et du cumin rissolé. Puis, croquez-les tour à tour : les différences sont évidentes et font clairement ressortir les possibilités qui s'offrent à vous.

LES TECHNIQUES DE CUISSON DES ÉPICES

Crues et nature

Comme la mouture, l'action de la chaleur permet de libérer les huiles volatiles que contiennent les épices. C'est pourquoi lorsqu'on utilise des épices nature, sans les rissoler ou les griller, on les ajoute entières dans les plats à cuissons longues (bâton de cannelle dans les fruits pochés, laurier dans les ragoûts) et moulues dans les plats à cuisson rapide.

Les épices crues s'utilisent aussi en finition. C'est le cas du poivre ou du garam masala, que l'on ajoute moulu en fin de cuisson, au moment de servir.

Grillées et rôties

Qu'on cuise les épices nature dans une poêle sèche, à la surface d'un aliment cuisant au four ou sur un gril, leurs huiles volatiles s'évaporent au contact de la chaleur sèche tandis que les sucres et les amidons qu'elles contiennent caramélisent. La saveur d'une épice grillée varie selon la durée de la cuisson et le degré de chaleur auquel elle est exposée. Les huiles les plus volatiles s'évaporent d'abord : le cuisinier peut donc contrôler la saveur et le goût d'une épice selon la cuisson qu'il choisit. Pour griller les épices entières, il suffit de les faire sauter quelques secondes dans une petite poêle, sans corps gras et à feu moyen, ou de les saupoudrer sur un aliment allant au four (une pizza ou un rôti, par exemple). Les épices moulues étant plus fragiles, il est préférable de les griller à feu doux dans une petite poêle en remuant constamment avec une cuiller de bois. Pour arrêter la cuisson, il est important de les transférer dans une assiette dès qu'elles sont prêtes ou encore d'ajouter d'autres ingrédients à la poêle pour la refroidir.

Rissolées et roussies

Lorsqu'on fait rissoler des épices, les huiles volatiles infusent et se fixent dans la matière grasse chaude au lieu de s'évaporer. Cette technique de cuisson, appelée tarka en hindi, est très utile puisqu'elle permet de ne rien perdre du parfum des épices. En Inde, on fait également roussir dans l'huile les épices graines entières jusqu'à ce qu'elles brunissent et qu'elles deviennent croustillantes.

Il est essentiel d'arrêter la cuisson dès que les épices commencent à se colorer, soit en ajoutant d'autres ingrédients à la poêle, soit en versant les épices sur un plat, pour le garnir. Les épices moulues étant très sensibles à la chaleur, il est préférable de les mélanger à des ingrédients humides en purée, comme de l'oignon, de l'ail ou du gingembre frais, ou encore d'en faire une pâte en y ajoutant un peu d'eau avant de les faire rissoler.

Épices noircies et brûlées

En général les épices brûlées sont trop amères et elles doivent être jetées. Il y a cependant des exceptions, entre autres pour les chiles et les piments, qui contiennent beaucoup de sucre et caramélisent rapidement (voir p. 214)

Pommes de terre à l'indienne

Cette recette illustre bien les principales techniques de cuisson des épices. D'abord, les graines de cumin sont infusées dans la matière grasse chaude. Ensuite, quand les pommes de terre ont absorbé tout le gras, on ajoute du cumin moulu qui rôtit sur le métal nu de la poêle. Finalement, le garam masala, qui contient du cumin et qui est ajouté en finition, n'a pas le temps de cuire. Ainsi, la même épice préparée de trois façons différentes apporte de la complexité à ce plat ordinaire.

4 tasses	pommes de terre bouillies, refroidies
4 c. soupe	beurre clarifié **ou** huile végétale
	sel
	TARKA **A**
2 c. thé	cumin
3	gousses d'ail, hachées
1/2 po	gingembre, haché
	piment fort frais, au goût
	ÉPICES **B**
1 c. thé	cumin, moulu
1 c. soupe	amchoor **ou** jus de citron (2 c. soupe)
	FINITION
1/2 c. thé	garam masala, moulu (p.118)
	coriandre fraîche, hachée (opt.)

- Éplucher et couper les pommes de terre en cubes de 1 po.
- Chauffer une grande poêle à feu moyen.
- Verser l'huile, puis le cumin, et faire rissoler quelques secondes. Ajouter immédiatement les ingrédients restants du *tarka A*. Faire revenir jusqu'à ce que l'ail commence à dorer (30 sec).
- Ajouter les pommes de terre, augmenter un peu la chaleur et les faire rissoler en les faisant sauter de temps en temps.
- Quand le gras est tout absorbé (5-7 min), ajouter les *épices B* (si on utilise le jus de citron, l'ajouter à la fin de la cuisson). Saler et faire rissoler quelques minutes de plus.
- Ajouter le garam masala, la coriandre fraîche (et le jus de citron le cas échéant). Mélanger et servir.

Chiles, piments et ajis :
épices piquantes aux nombreuses saveurs

Originaire d'Amérique centrale et d'Amérique du Sud, le piment a rapidement conquis la planète, et il en existe aujourd'hui des centaines de variétés. Au Mexique seulement, on recense de 300 à 400 variétés de chiles, tandis qu'on compte une cinquantaine d'ajis au Pérou et une centaine d'autres variétés de piments dans le reste du monde. Tous contiennent de la capsaïcine, l'alcaloïde responsable de leur goût brûlant et qui se concentre principalement dans le placenta (la partie blanche à laquelle les graines sont attachées) et à un moindre degré dans les graines elles-mêmes. Les différentes variétés de piments se distinguent entre elles par l'intensité de leur goût piquant, et surtout par leur chair, qui présente une grande diversité de saveurs et de parfums. L'intensité du piquant et la saveur sont les deux critères à considérer lors du choix d'un piment. Pour recréer fidèlement toutes les nuances d'un plat classique, il est préférable de le cuisiner avec la variété de piment traditionnellement utilisée dans sa préparation. Pour vous aider à choisir le piment qui convient le mieux à votre plat, qu'il soit classique ou improvisé, consultez le lexique des épices (p. 224).

LA PRÉPARATION ET L'UTILISATION DES PIMENTS

Frais

En général, les piments frais sont hachés avant d'être incorporés dans les plats. On peut retirer les graines et le placenta des piments frais pour les rendre moins piquants.

Dans les plats mijotés, les piments entiers frais apportent saveurs et parfums sans libérer de capsaïcine (et donc de piquant), à condition que leur chair ne perce pas.

Séchés (entiers ou en flocons)

Les piments entiers séchés sont rissolés ou grillés avant d'être incorporés à un plat sauté ou mijoté. Les piments en flocons sont fréquemment infusés dans une huile chaude au tout début de la cuisson d'un plat.

Réhydratés

Les piments sec peuvent être réhydratés et sont le plus souvent utilisés en purée dans les plats mijotés comme les moles ou les adobos. Pour réhydrater un piment sec, il suffit de le mettre à tremper dans un peu d'eau chaude pendant vingt minutes. Les plus grands sont généralement grillés brièvement, ouverts puis épépinés avant d'être trempés.

En poudre

C'est ce qu'on appelle en général le paprika. On peut faire du paprika à partir de n'importe quel type de piment. Qu'ils soient doux ou piquants, ils sont tous très sensibles à la chaleur et peuvent brûler rapidement. Ils développent alors un goût amer désagréable. C'est pour cette raison que les paprikas sont souvent mélangés à d'autres ingrédients lors de leur cuisson.

Échelles d'intensité des piments

Il existe plusieurs échelles pour mesurer l'intensité des piments, les plus communes étant l'échelle graduée de 1 à 10 et l'échelle Scoville. L'échelle 1-10 va du moins au plus piquant. Le chile jalapeño est classé 2, par exemple, tandis que le habanero obtient le score maximal.

L'échelle Scoville est fondée sur le principe de la concentration du piquant. Elle va de 100 pour un piment très doux, comme le poivron, jusqu'à 400 000 pour les congo pepper, un type de habanero de couleur chocolat cultivé sur l'île de Trinidad. La capsaïcine pure atteint plusieurs millions sur l'échelle de Scoville. Une telle concentration représente un danger pour la santé.

Quelques coups de cœur

Voici quelques piments chiles et ajis moins connus qui gagnent à être découverts.

Pimenton fumé, ou paprika espagnol fumé : très fruité et fumé. On le trouve facilement en version douce ou forte.

Chile ancho : à peine piquant et très fruité, il est, avec le chile guajillo, le piment de base de bien des sauces mexicaines. La variété negro est encore plus savoureuse. Facile à trouver.

Chile mulato : une variété d'ancho aux arômes de chocolat. Les vrais mulatos sont rares.

Chile cascabel : piquant et savoureux, le chile idéal pour les salsas d'accompagnement.

Chile pasado : un chile vert doux qui est grillé et épluché avant d'être séché. De vilaine apparence mais très aromatique. Excellent dans les *chile con carne*. Rare.

Chile du Nouveau-Mexique : un chile doux, fruité et bon marché. Courant.

Chile piquin : très piquant et savoureux. Ce chile est encore sauvage puisqu'il est difficile de le cultiver.

Chile pasilla de Oaxaca : moyennement piquant, très fruité et fumé. Les meilleurs sont encore faits artisanalement par les Indiens mixtèques au Mexique. Rare.

Chile chipotle : un type de gros jalapeño cueilli très mûr, puis fumé et séché. De couleur café au lait et supérieur au chile mora rouge-brun, qui est souvent vendu comme un chipotle.

Chile chimayo : type Nouveau-Mexique, très aromatique et doux. Rare.

Chile chihuacle : existe en versions jaune, rouge et noire. Unique et indispensable pour les meilleurs moles de Oaxaca. Très rare et cher.

Aji panca : un aji brun chocolat moyennement piquant et très fruité.

Aji amarillo : un aji jaune-orange, assez piquant. Il colore les plats d'un beau jaune.

Piment d'Alep ou piment turc : légèrement piquant, très colorant et savoureux. Bon marché.

Piment coréen : un peu piquant, à saveur légère et très colorant. Bon marché.

Piment niora : utilisé au Maroc et en Espagne. Doux, très fruité et colorant.

Piment du Cachemire : piment indien, un peu piquant, parfumé et très colorant. Les vrais piments du Cachemire sont rares.

Grillés

Les piments secs sont grillés dans une poêle chaude, sans corps gras. Cette méthode est souvent utilisée pour ramollir les piments séchés, ce qui permet de retirer les graines et le placenta plus facilement. Sous l'action de la chaleur, les saveurs du piment se développent et sa chair légèrement sucrée caramélise.

Les piments frais se pèlent aisément une fois grillés. De plus, leur chair caramélisée devient plus digeste et particulièrement savoureuse. Une fois épluchée et épépinée, la chair peut servir à toutes sortes de recettes.

Brûlés

On peut cuire les piments secs jusqu'à ce qu'ils soient entièrement calcinés. Sous l'effet de la chaleur intense, une bonne partie de la capsaïcine contenue s'évapore. Les piments brûlés sont très amers, il est donc nécessaire de bien les rincer ou de les faire dégorger avant de les utiliser. Cette technique est utilisée au Mexique dans les recettes de certains moles noirs (p. 199).

Noircis

Cette technique cajun consiste à créer une croûte d'épices bien caramélisée sur des aliments cuits brièvement à une chaleur intense (p. 214).

Les herbes nordiques :
les herbes fraîches délicates

Persil, estragon, ciboulette, cerfeuil, oseille, aneth, verveine, coriandre, livèche, bourrache, angélique

Souvent appelées fines herbes, elles sont légèrement amères et très parfumées. Supportant mal la chaleur et le séchage, elles s'utilisent fraîches. On les incorpore aux plats chauds durant les dernières minutes de la cuisson, ou on s'en sert pour garnir les plats chauds ou froids.

Les herbes méditerranéennes :
les herbes sèches intenses

Origan, thym, sarriette, romarin, sauge, laurier, épazote, marjolaine

Elles sont originaires du bassin méditerranéen ou de régions bénéficiant d'un climat relativement sec comme le Mexique. Très aromatiques et plutôt amères, elles ont un parfum plus intense lorsqu'elles sont séchées, le séchage ayant pour effet de concentrer leurs huiles essentielles. Elles supportent bien les longues cuissons quand elles sont utilisées entières.

Les herbes tropicales :
les herbes fraîches intenses

Basilics, feuille de cari, pandan, rau ram, citronnelle, chardon béni, thym antillais, feuille de lime keffir

Bien qu'elles aient un goût relativement neutre, les herbes tropicales fraîches sont très aromatiques et parfumées. Elles perdent une bonne partie de leur parfum lorsqu'on les sèche. À l'exception de certains basilics, elles supportent toutefois les longues cuissons.

Les épices fleurs :
les épices au parfum intense

Rose, lavande, safran, girofle, pollen de fenouil, fleur d'oranger, fleur de jasmin

La plupart des épices fleurs ont un parfum très intense et un goût amer. Les épices fleurs, comme toutes les épices dont l'arôme est très puissant, s'utilisent en petites quantités. De fait, plus le parfum d'une épice est fort, plus on doit prêter attention au dosage. Ce principe peut sembler évident mais, l'arôme merveilleux des épices fleurs aidant, on a tendance à oublier de le mettre en pratique. S'il est très facile d'ajouter un peu d'épice dans un plat que l'on juge trop fade, il est plutôt difficile de les retirer lorsqu'il y en a trop !

Les épices feuilles :
les épices pour les longues cuissons

Laurier, laurier antillais, feuille de bois d'Inde, feuille d'avocat, feuille de cannelle, feuille de salam

Plusieurs épices feuilles sont quasiment inodores, mais elles libèrent leur parfum lentement sous l'effet de la chaleur. C'est pourquoi on les utilise entières dans les plats à cuisson lente, ou moulues finement dans les mélanges d'épices. La plupart sont légèrement amères.

Les épices agrumes :
les épices les plus amères

Lime séchée, écorce de mandarine, écorce d'orange, lime keffir, écorce de citron, écorce d'orange amère

Les écorces d'agrumes sont très amères et ont un parfum particulièrement intense. Pour atténuer l'amertume des écorces fraîches, il suffit de les blanchir quelques secondes dans l'eau bouillante, une méthode qui leur permet néanmoins de conserver leur parfum. Les écorces séchées acquièrent un arôme très délicat au fil du temps : en vieillissant, elles perdent de leur amertume et s'affinent. En Chine, les écorces de mandarines vieilles de plusieurs décennies sont très appréciées et très coûteuses.

On utilise les épices agrumes sèches entières dans les plats mijotés. On peut également les réduire en poudre pour les utiliser dans les plats à cuisson rapide et pour les incorporer dans un mélange. Pour les plats plus fins, on réhydrate les écorces d'agrumes, puis on gratte la pulpe blanche qui se trouve en dessous de l'écorce pour enlever de l'amertume avant de les utiliser.

Les épices fruits :
les épices acides

Tamarin, sumac, amchoor, anardana, goraka

Les épices fruits sont appréciées pour leur acidité et, bien sûr, pour leur saveur fruitée. L'amchoor, l'anardana et le sumac sont des poudres de fruits séchés qui remplacent agréablement le jus de citron ou le vinaigre dans les plats où il n'est pas souhaitable d'ajouter de liquide (légumes sautés ou viande grillée) ou lorsque la saveur du fruit convient mieux. Très acide, l'amchoor est une poudre de mangue verte séchée au soleil. L'anardana se compose de graines de grenade séchées, tandis que le sumac provient des fruits séchés d'un vinaigrier. Le tamarin et le goraka sont des fruits dont la pulpe déshydratée est souvent utilisée sous forme d'infusion ou de pâte.

Les épices noix :
les épices pour les plats sucrés

Muscade, tonka, malheb, noyau d'abricot, cheronji, macis, kemiri

Ces épices aux parfums délicats et envoûtants ont un goût amer et légèrement sucré. Elles rehaussent le

goût du sucre dans les desserts tout en les parfumant. Pour les utiliser, il suffit de les râper ou de les piler au mortier. La muscade, le tonka et le noyau d'abricot sont toxiques à certaines doses, mais elles ne représentent aucun danger lorsqu'on respecte les quantités indiquées dans les recettes. Les personnes allergiques aux noix devraient les éviter. La muscade et le macis ont tous deux la propriété d'harmoniser les saveurs en présence dans des plats salés ou sucrés, ce qu'elles font également à merveille dans les plats à la fois sucrés et salés, comme une purée de pomme de terre, un gâteau au fromage ou une soupe de courge.

Les épices hors catégorie :
ces épices sont inclassables puisqu'elles sont seules dans leur catégorie.

Ail séché, oignon séché, réglisse, asafœtida, rocou, wasabi, racine d'iris, filé, mastic, baies de genièvre, vanille

L'**ail** et l'**oignon séchés** sont des aromates très souvent utilisés dans les mélanges d'épices. Ils ont aussi un goût très différent de leur équivalent frais. On s'en sert surtout comme épices liantes dans les mélanges auxquels ils ajoutent texture et parfum.

La **réglisse** entre traditionnellement en Occident dans la préparation des confiseries. En Orient, on s'en sert pour parfumer les viandes, notamment le porc, le canard et le bœuf. La réglisse est une des rares épices qui ne contiennent pas d'huile volatile. Sa saveur à la fois délicate et très persistante se développe au contact de l'eau.

L'**asafœtida** a un parfum fétide et désagréable, comme son nom l'indique. Pure, elle est particulièrement malodorante : c'est pourquoi on la mélange à de la farine de riz pour atténuer son odeur. Elle est très utilisée dans la cuisine indienne (voir p. 121).

Le **rocou** possède une saveur délicate. Il est apprécié comme épice, mais aussi pour ses propriétés colorantes et liantes. On l'utilise pour colorer le fromage cheddar orange (voir p. 193).

Le **wasabi** véritable est très rare. La majorité des produits vendus sous ce nom ne contiennent en fait aucun wasabi. Ils se composent la plupart du temps de raifort et de moutarde auxquels on a ajouté un colorant vert. Le vrai wasabi, piquant et frais, provient de la racine d'une plante japonaise. On en fait un condiment qui sert à relever les plats froids. La cuisson est néfaste au wasabi, qui perd son goût sous l'effet de la chaleur.

La **racine d'iris** a un parfum très agréable qui rappelle celui de la violette. Elle aromatise les desserts et elle entre dans la composition des meilleurs ras el hanout.

Le **filé** est la feuille du sassafras, un arbre originaire d'Amérique du Nord. Son arôme est légèrement anisé. En Louisiane, ses propriétés épaississantes sont souvent mises à profit dans les *gumbos*.

Les **baies de genièvre** ont une saveur de bois résineux rafraîchissante. Elles entrent dans la préparation de nombreux plats traditionnels du nord de l'Europe, notamment dans la choucroute ou dans les plats de gibier et de canard.

La **vanille** est le fruit d'une orchidée. Les meilleures vanilles contiennent plusieurs centaines de composés aromatiques qui ne sont pas des huiles volatiles et qui lui confèrent une saveur complexe. Son amertume et sa saveur conviennent à merveille aux aliments peu sucrés comme les crustacés et les pétoncles ainsi que les desserts. La vanille étant coûteuse, il est plus économique de fabriquer son propre extrait à partir de gousses entières (voir ci-contre). Comme elle ne contient pas d'huiles volatiles, il est inutile de la broyer pour en extraire les parfums. Il suffit de fendre les gousses fraîches et de les infuser dans les sauces, les sirops, le lait chaud ou l'alcool.

L'AVANTAGE DE CONNAÎTRE LES CATÉGORIES D'ÉPICES

Le monde des épices est complexe, mais un cuisinier n'a besoin que de comprendre le rôle qu'une classe d'épices joue dans sa recette. Une fois qu'on connaît la catégorie à laquelle une épice appartient, il devient facile de l'intégrer à son répertoire. La plupart du temps, les épices d'une même catégorie s'utilisent et se préparent de la même manière. Voici quelques règles générales.

Extrait de vanille

L'extrait de vanille commercial est fabriqué par percolation à chaud et la vanille utilisée n'est pas toujours de la meilleure qualité. Les meilleurs extraits sont faits à froid et demandent seulement un peu de patience.

Pour faire votre propre extrait de qualité, il suffit de prendre six gousses de taille moyenne, de les placer dans un bocal de 8 oz et de verser dessus une tasse d'alcool à 40° ou de vodka. Fermez bien le bocal et placez-le au frais dans un placard. Deux mois plus tard, vous récolterez un magnifique extrait qui aura conservé toutes les subtilités de la variété de vanille choisie puisqu'il n'aura pas cuit. Utilisez votre concentré comme d'habitude, mais notez que, puisque l'alcool extrait bien les parfums, les gousses maintenant gonflées peuvent être fendues et utilisées comme si elles étaient fraîches !

- ☻ Les poivres et les piments donnent du piquant; on les choisit en fonction de leur saveur.
- ☻ Les épices classiques sont très savoureuses; parce qu'on les utilise en petites quantités, elles ont peu d'influence sur le goût.
- ☻ Les épices rhizomes s'utilisent en grandes quantités parce ce que leurs saveurs sont peu intenses. À part le gingembre, qui est moyennement piquant, ces épices ont un goût peu prononcé.
- ☻ Les épices graines offrent une grande variété de saveurs et de goûts et présentent un maximum de possibilités selon le mode de cuisson choisi.
- ☻ Les fines herbes sont délicates et s'utilisent surtout crues en finition.
- ☻ Les herbes méditerranéennes sont amères et parfumées, surtout lorsqu'elles sont sèches. Leurs saveurs ressortent bien lors de la cuisson.

- ☻ Les herbes tropicales ont des saveurs intenses qui supportent bien la cuisson.
- ☻ Les épices fleurs sont amères et très parfumées. On s'en sert en petites quantités.
- ☻ Les épices feuilles s'utilisent surtout entières et relâchent leurs parfums lors des longues cuissons.
- ☻ Les épices agrumes sont très amères et parfumées. Elles doivent être préparées avec soin et utilisées en petite quantité.
- ☻ Les épices fruits sont acides et leur saveur est fruitée.
- ☻ Les épices noix sont amères et légèrement sucrées. Leurs arômes souvent délicats conviennent bien aux plats sucrés ou sucrés-salés.
- ☻ Les épices hors catégorie défient une classification facile et doivent être découvertes une à la fois.

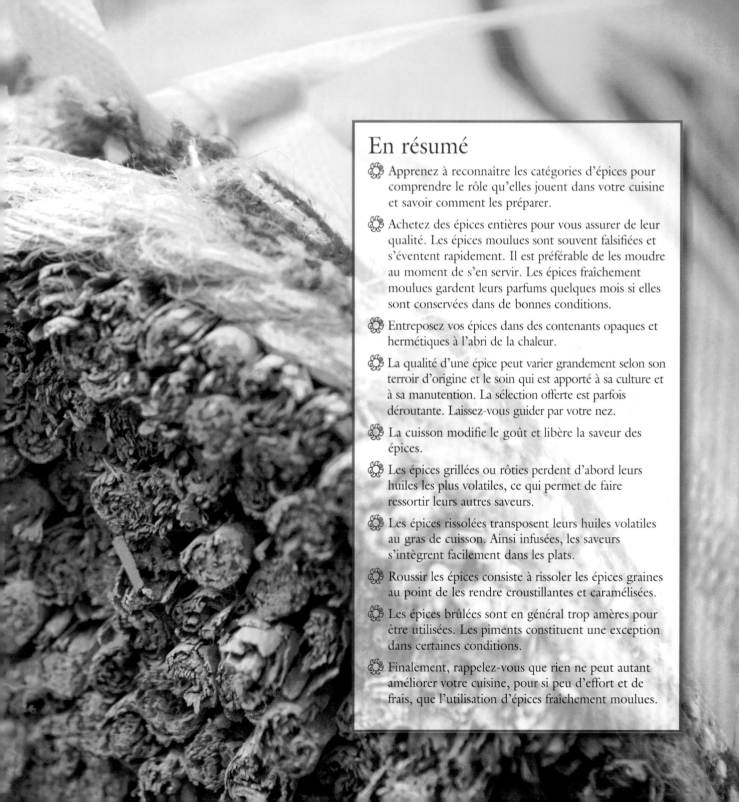

En résumé

Apprenez à reconnaître les catégories d'épices pour comprendre le rôle qu'elles jouent dans votre cuisine et savoir comment les préparer.

Achetez des épices entières pour vous assurer de leur qualité. Les épices moulues sont souvent falsifiées et s'éventent rapidement. Il est préférable de les moudre au moment de s'en servir. Les épices fraîchement moulues gardent leurs parfums quelques mois si elles sont conservées dans de bonnes conditions.

Entreposez vos épices dans des contenants opaques et hermétiques à l'abri de la chaleur.

La qualité d'une épice peut varier grandement selon son terroir d'origine et le soin qui est apporté à sa culture et à sa manutention. La sélection offerte est parfois déroutante. Laissez-vous guider par votre nez.

La cuisson modifie le goût et libère la saveur des épices.

Les épices grillées ou rôties perdent d'abord leurs huiles les plus volatiles, ce qui permet de faire ressortir leurs autres saveurs.

Les épices rissolées transposent leurs huiles volatiles au gras de cuisson. Ainsi infusées, les saveurs s'intègrent facilement dans les plats.

Roussir les épices consiste à rissoler les épices graines au point de les rendre croustillantes et caramélisées.

Les épices brûlées sont en général trop amères pour être utilisées. Les piments constituent une exception dans certaines conditions.

Finalement, rappelez-vous que rien ne peut autant améliorer votre cuisine, pour si peu d'effort et de frais, que l'utilisation d'épices fraîchement moulues.

L'accord des épices et l'art des mélanges

Donne un poisson à un homme,
il se nourrira un jour.
Apprends-lui à pêcher,
il se nourrira toute sa vie.

- Proverbe chinois

Cuisiner avec les épices en donnant libre cours à son imagination peut sembler très difficile au premier abord. Devant la centaine d'épices et d'aromates disponibles, on peut rapidement se sentir dépassé. De fait, dans nos séminaires et nos magasins, on nous demande souvent quelles épices se marient bien avec tel ou tel aliment. Il n'y a pas de réponse évidente à cette question. Je me souviens d'ailleurs d'un tableau accroché dans la cuisine familiale qui déclarait que la sauge se mariait bien avec les tomates et le poulet. Par contre, on ne semblait pas l'utiliser avec les plats de pommes de terre. Ce genre de règle toute faite n'est pas d'une grande utilité et constitue plutôt un frein à la créativité culinaire.

Le cuisinier devant ses épices est un peu comme le peintre devant sa palette de couleurs. Il dispose de six goûts, de son inspiration et d'un éventail de connaissances sur lesquels il compte pour créer des combinaisons équilibrées de goûts tantôt classiques, tantôt originales. Il dispose également d'une gamme presque infinie de saveurs avec lesquelles il peut créer des harmonies aux notes tantôt subtiles, tantôt puissantes, selon l'effet désiré. Ainsi, l'utilisation des épices en cuisine relève à la fois de la science et de l'art, de la connaissance et de l'intuition.

Une nouvelle approche basée sur la reconnaissance des goûts et un répertoire des saveurs plutôt que sur de vieilles conventions offre beaucoup plus de possibilités. Elle nous permet de créer et d'ajuster au fur et à mesure que nous cuisinons, et de déterminer non pas à l'aveuglette mais de manière pratique ce qui manque ou ce qu'il y a en trop dans un plat.

Le goût des aliments :
recherche de l'équilibre

La meilleure manière de reconnaître le goût d'un aliment, c'est de le manger seul, sans assaisonnement. On dit souvent des épices qu'elles *rehaussent* le goût des aliments. En réalité, elles permettent de *créer* ou de *rétablir l'équilibre* entre les différents goûts des aliments qui composent un plat.

À l'arrière-plan des goûts dominants, la présence des épices peut contribuer à l'équilibre d'ensemble d'un plat. Par exemple, un peu de vanille dans un gâteau, ou de poivre noir sur des tomates tranchées, fera souvent toute la différence. Or, pour créer cet équilibre, il faut d'abord être conscient du goût des aliments aussi bien que de celui des épices.

En Toscane, on fait le pain sans sel. Lorsqu'on goûte à ce type de pain pour la première fois, on se prend à penser que le boulanger y a ajouté du sucre. Or, il n'en est rien. Le blé a au naturel un goût légèrement sucré, et c'est l'addition du sel dans le pain ordinaire qui nous empêche de percevoir distinctement ce sucré.

Tableau A – Le goût des aliments : quelques exemples

	Sucré	Acide	Salé	Amer	Piquant	Umami
Crème	●					
Pétoncle, homard	●					
Pomme de terre, pâtes	●					
Farine, riz	●					
Jus de citron, vinaigre		●				
Crème sure, yogourt		●				
Rhubarbe, pomme verte		●				
Vin sec		●				
Sel			●			
Lard salé, bacon			●			
Café, thé				●		
Huile d'olive				●		
Artichaut, endive				●		
Foie				●		
Piment, poivre					●	
Algues, champignons						●
Bouillon de viande						●
Fromage à la crème, cottage	●		●			
Fromage fort			●	●		
Vieux parmesan, cheddar			●			●
Jus d'orange	●	●	●			
Câpres au vinaigre		●	●			
Foie gras	●			●		
Chocolat	●	●		●		
Saucisson italien			●		●	●
Anchois salé			●			●
Pain cuit sans sel	●					
Pain cuit avec sel	●		●			
Pain de levain	●	●	●			
Miso, sauce soya			●			●
Sauce Hoisin	●		●			●
Moutarde de Dijon		●	●	●	●	
Tomate	●	●	●	●		●
Ketchup	●	●	●	●	●	●
Sauce Worcestershire	●	●	●	●	●	●

Le goût des épices :
les quatre goûts

Quant aux épices, la grande majorité d'entre elles sont soit amères, soit piquantes. Et de fait, l'amer et le piquant sont les deux goûts les moins fréquents dans les aliments nature, ce qui explique en partie pourquoi les épices les complètent bien.

Il y a aussi quelques épices sucrées ou acides, mais très peu sont umami ou salées. En fait, à l'exception du sel, du tussilage et de la salicorne, il n'y a pour ainsi dire pas d'épice salée. Dans la grande majorité des plats, le salé provient du sel ajouté ou d'aliments et de produits salés comme le fromage et la sauce soya. À l'exception du glutamate de sodium (M.S.G.), une substance de synthèse, il n'existe pas non plus à proprement parler d'épice umami. Toutefois, il suffit d'ajouter du fond, ou encore un bouillon d'algues (comme on le fait dans la cuisine japonaise), pour donner un goût umami à un plat. Dans la cuisine italienne, on ajoutera plutôt une poudre de champignons séchés ou du parmesan pour rehausser l'umami d'un plat.

Épices amères

Absinthe	Lavande
Adjwain	Livèche
Ail déshydraté	Mahleb
Aneth	Marjolaine
Angélique	Menthe
Asafœtida	Noix de kemiri
Cacao	Origan
Carvi	Poivre rose du Brésil
Chardon béni	Romarin
Cumin	Rose
Écorces d'agrumes	Safran
Épazote	Sapote
Fenugrec	Sarriette
Fève de tonka	Sauge
Graine de céleri	Thym

Épices acides

Amchoor
Anardana
Goraka
Sumac
Tamarin

Épices piquantes

Cubèbe
Gingembre
Moutarde jaune
Maniguette
Nigelle
Piments, chiles, ajis
(500 à 600 variétés)
Poivre de Guinée
Poivre de Sichuan
Poivre long
Poivres noir, blanc, vert, rouge
Poivre sansho

Épices sucrées

Anis
Cannelle
Coriandre
Échalote déshydratée
Fenouil
Macis
Oignon déshydraté
Paprika
Poivre rose de l'océan Indien
Réglisse
Vanille

Pour créer un plat équilibré, il faut toujours garder à l'esprit que l'on perçoit les goûts d'un plat ensemble, simultanément. Ainsi, lorsqu'on ajoute une épice à un plat, on modifie l'équilibre de chacun des goûts en présence et, par conséquent, le goût de l'ensemble. La recherche d'un point d'équilibre entre le goût des aliments et celui des épices est la règle d'or d'un plat réussi. Par exemple, dans les desserts qui manquent un peu de sucré, l'ajout d'épices sucrées a pour effet de renforcer le goût du sucre. Ces épices sont alors utilisées comme des *exhausteurs*.

Dans un plat très sucré, par contre, une petite pointe d'amertume créera un équilibre qui diminuera l'impression de sucré. C'est la raison pour laquelle la fève de tonka, très amère, relève mieux les desserts à l'érable que la vanille, elle-même plutôt sucrée.

Les Thaïs disent qu'en cuisine il faut toujours rechercher le «goût juste». Cela revient à dire qu'il faut penser au goût des aliments au moment de faire le choix des épices pour un plat, et se demander s'il contiendra de l'amertume ou du piquant, par exemple. S'il n'en contient pas, peut-être gagnerait-on à y ajouter des épices amères, un peu de poivre ou du piment. Par contre, si l'on travaille avec un aliment amer comme l'artichaut, on cherchera plutôt à relever le goût avec des épices sucrées, comme la coriandre, et piquantes, comme le poivre. Il s'agit d'ailleurs de la combinaison classique des artichauts à la grecque.

Harmoniser les saveurs :
un art basé sur la connaissance et sur l'intuition

S'il est relativement facile d'analyser les goûts présents dans un plat et de les rééquilibrer par l'ajout d'épices, cette approche quasi mathématique est difficilement applicable aux saveurs. On ne dénombre que six goûts, mais les saveurs se comptent par milliers. Comment les harmoniser, alors ? On peut essayer de classer les saveurs dans des catégories assez larges, comme le « floral », l'« aromatique » ou le « citronné ». Peut-être un jour parviendrons-nous à organiser toutes les saveurs de manière formelle. Entre-temps, il est beaucoup plus pratique et amusant d'adopter une approche intuitive fondée sur la mémoire des saveurs que nous possédons. Dans les faits, chacun dispose d'un répertoire de saveurs dans lequel il puise régulièrement de façon plus ou moins consciente. Pour assembler des saveurs, vous pouvez donc commencer par sentir les arômes des épices. Les odeurs déclencheront à coup sûr des souvenirs (à la manière des célèbres madeleines de Proust) et certains mariages heureux vous viendront probablement à l'esprit. Par exemple, quand vous humerez du poivre de Sichuan, vous reconnaîtrez entre autres des arômes de citron et d'agrumes. Vous associerez probablement ces saveurs aux poissons ou à des viandes comme le canard, l'agneau ou le porc. Ces combinaisons sont d'ailleurs des classiques de la cuisine chinoise. Ce genre de lien permet d'introduire des ingrédients nouveaux dans sa cuisine en se souvenant de combinaisons éprouvées.

Si en général, pour harmoniser les saveurs, notre propre intuition ne trompe pas, on peut aussi se fier au nez des autres (!) en s'appuyant sur la connaissance des grandes traditions culinaires. Les différentes cuisines du monde foisonnent en combinaisons de saveurs éprouvées. Pensons seulement à la combinaison ail – huile d'olive – herbes, qui constitue l'une des bases de saveurs de la cuisine méditerranéenne.

Épices aromatiques

Anis étoilé	Girofle
Cannelle	Kentjur
Cardamome noire	Laurier
Cardamome verte	Lavande
Casse	Lime keffir
Citronnelle	Macis
Écorces d'agrumes	Menthol
Feuille d'avocat	Muscade
Feuille de bois d'Inde	Quatre-épices
Fève de tonka	Racine d'iris
Galanga (grand)	Rose
Galanga (petit)	

L'un des premiers objectifs de ce livre est d'ailleurs de rendre compte de ces combinaisons traditionnelles et nouvelles. La plupart des recettes ont été choisies pour ce qu'elles nous enseignent sur les mariages de saveurs. Chaque fois qu'on découvre un plat, on ajoute une nouvelle combinaison de saveurs à son répertoire culinaire.

En règle générale, on sélectionne et on dose les épices en fonction de leur intensité. Pour un plat aux saveurs délicates, on ajoutera donc des épices de faible intensité ou une petite quantité d'une épice plus savoureuse. Dans un plat aux saveurs fortes, ou si l'on cherche à cacher des saveurs moins harmonieuses, on ajoutera des épices aux arômes plus intenses. Quant aux épices aromatiques, on pourra s'en servir pour ajouter des saveurs sans modifier l'équilibre des goûts en présence.

D'autres épices peuvent présenter des arômes tout aussi intéressants, mais il faut se rappeler qu'elles ont parfois aussi un goût prononcé dont il faut absolument tenir compte. On utilise donc les épices aromatiques pour ajouter ou corriger des saveurs sans affecter les goûts.

Il est aussi important de se souvenir que notre perception des saveurs est discontinue et que l'on reconnaît d'abord les saveurs les plus intenses et familières, et ensuite celles dont la force va en diminuant jusqu'aux plus subtiles et aux moins connues. Un assemblage réussi comprend une série de saveurs qui vont en s'atténuant, mais où les dernières notes sont plus persistantes. C'est souvent ce genre de succession qui procure le plus de plaisir. Par exemple, l'ajout bien dosé d'une épice persistante comme le quatre-épices, le girofle ou la réglisse, donne une note finale longue en bouche.

Le goût et la saveur des épices :
l'art de marier

Pour mieux comprendre la différence entre goût et saveur, pensons à un film, qui comporte à la fois une trame visuelle et une trame sonore. Une bonne trame sonore complétera avantageusement la trame visuelle, mais il ne faut pas oublier que les deux trames se travaillent de manière indépendante.

En cuisine, il faut commencer par équilibrer les goûts. Une fois qu'un plat est «à notre goût», on passe à l'analyse des saveurs. Il ne faut jamais oublier que le goût et la saveur sont indépendants l'un de l'autre, et que la combinaison des goûts n'a aucune influence sur la combinaison des saveurs d'un plat. Le fait de corriger les saveurs n'ajustera pas un déséquilibre de goût.

Il ne suffit pas, pour pallier le manque d'amertume d'un plat, d'y ajouter le premier ingrédient amer venu. Encore faut-il que sa saveur se marie à celles des autres aliments.

Par exemple, la lavande est amère, mais sa saveur ne se marie pas forcément à celles des ingrédients d'une soupe aux lentilles. Dans ce cas, le cumin ou les graines de céleri (ou les deux) seraient un meilleur choix. L'expérience et l'intuition sont donc très importantes quand vient le temps d'harmoniser les saveurs (et à ce chapitre, il faut bien avouer que la cuisine est un art !). En revanche, comme on l'a évoqué plus haut, le cuisinier peut compter sur une autre ressource : la connaissance des mélanges d'épices classiques.

Les cinq classes d'épices :
quelques règles faciles

Composer un mélange d'épices est un exercice qui relève à la fois de la science et de l'art. Aussi existe-t-il certaines règles de base sur lesquelles on peut s'appuyer pour composer un mélange d'épices. Les modèles qui suivent vous aideront à créer les vôtres. La plupart des mélanges se composent de quatre ou cinq types d'épices, agencés en fonction de leur goût et/ou de leur saveur. On distingue :

- **les épices amères**, qui permettent d'équilibrer les goûts d'un plat. Plusieurs d'entre elles ont aussi une saveur prononcée dont il faut tenir compte (voir p. 44) ;

- **les épices piquantes**, qui sont probablement les plus utiles en cuisine, le goût piquant étant absent de pratiquement tous les aliments. C'est ce qui explique la présence du poivre ou du piment sur toutes les tables du monde (voir tableau p. 44) ;

- **les épices aromatiques**, dont la saveur est beaucoup plus marquée que le goût. Elles aromatisent les plats, y apportent des parfums sans pour autant modifier l'équilibre des goûts (voir p. 46) ;

les épices liantes, qui ont une saveur délicate et un goût faible ou neutre, comme le curcuma. On peut les utiliser généreusement dans un mélange, puisqu'elles ont la faculté de diluer et d'harmoniser des saveurs plus intenses en les liant au mélange. Elles ont souvent des propriétés épaississantes que l'on peut mettre à profit dans les sauces ou pour créer une croûte d'épices. Leur goût faible ou légèrement sucré permet aussi de réduire l'intensité des goûts sans en modifier l'équilibre (voir ci-contre) ;

les épices acides, qui apportent une pointe d'acidité à un plat. La plupart ont un arôme fruité (voir p. 44).

> ### Épices liantes
> Ail déshydraté
> Coriandre
> Curcuma
> Fenouil
> Moutarde brune
> Oignon déshydraté
> Paprika
> Pavot noir/blanc
> Rocou
> Sésame

Les mélanges :
les quatre grands modèles

Si on déconstruit la plupart des mélanges traditionnels du monde, on se rend compte qu'ils sont bâtis sur quatre grands modèles. Il y a bien sûr des exceptions, mais les règles du goût et de la saveur permettent d'analyser la structure d'un mélange et d'en tirer profit. Il devient possible alors d'adapter les mélanges traditionnels à sa préférence ou aux besoins d'un plat en particulier. La compréhension de la structure de ces mélanges permet aussi d'improviser et de corriger avec succès en cuisinant. Ces quatre modèles sont les suivants.

Les mélanges à base d'épices liantes
Ce sont les plus nombreux. Ils se composent d'épices de quatre catégories. En règle générale, les proportions varient de la manière suivante : épices liantes et sucrées : 40 à 75 % ; épices amères : 15 à 30 % ; épices piquantes : 5 à 15 % ; épices aromatiques : 5 à 15 %. Le berbéré éthiopien, le cari de Madras et les épices à chili sont construits selon ce modèle. Cette structure s'applique tout aussi bien à des combinaisons de quelques épices comme le quatuor coriandre – cumin – cardamome – poivre, ou encore curcuma – thym – quatre-épices – piment.

Les mélanges sans épices liantes
Ils sont en général piquants et/ou aromatiques. Comme ils sont très intenses, on les utilise en petite quantité, souvent en finition ou en garniture. Le garam masala indien, le sichimi togorashi japonais et le ras el hanout marocain sont construits selon ce modèle.

Les mélanges à base d'épices acides
Ces mélanges contiennent beaucoup d'épices acides. On s'en sert généralement comme condiments ou épices de finition. Le zaatar du Moyen-Orient et le chaat masala indien en sont des exemples.

Les sels aromatisés
Ces mélanges contiennent de 30 % à 90 % de sel. On les utilise le plus souvent comme sel de finition. Pensons notamment au gyomaso japonais, au pico de gallo mexicain et aux fleurs de sel aromatisées européennes.

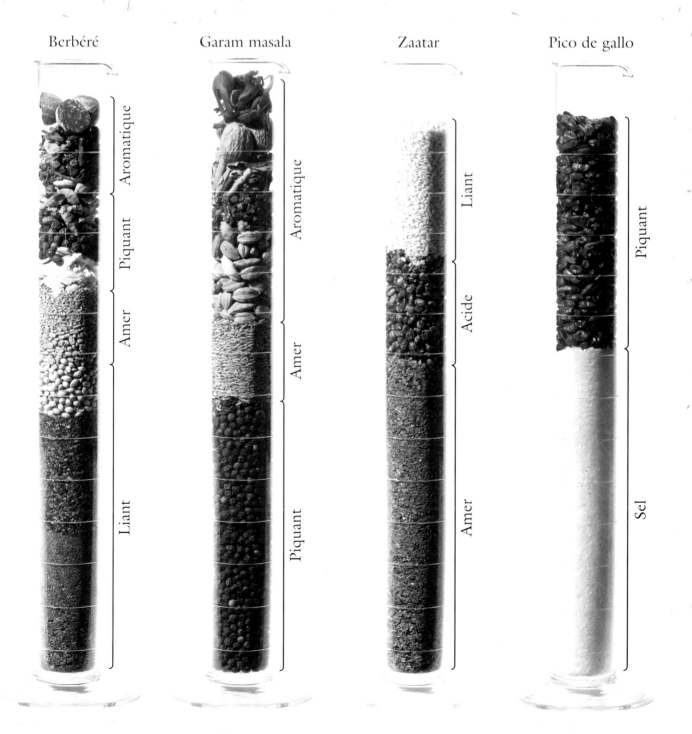

Berbéré

Aromatique

Piquant

Amer

Liant

Garam masala

Aromatique

Amer

Piquant

Zaatar

Liant

Acide

Amer

Pico de gallo

Piquant

Sel

 ## Poulet rôti au berbéré

Le berbéré est un mélange traditionnel éthiopien. On l'utilise souvent dans les plats de viandes et de volailles mijotés. Le berbéré est composé de piments et d'épices très aromatiques. C'est le cari de l'Afrique. Utilisez-le comme un paprika très parfumé.

4	gousses d'ail, hachées
3 c. soupe	berbéré, moulu (p. 243)
1 c. thé	sel
3 c. soupe	beurre fondu
3 c. soupe	jus de citron
1	poulet de 3 à 4 lb
4	oignons

- Chauffer le four à 375 °F.
- Mélanger le berbéré, l'ail, le beurre, le jus de citron et le sel.
- Couper le poulet en 8 ; brosser avec le mélange d'épices.
- Couper les oignons en tranches épaisses.
- Placer les oignons dans une rôtissoire. Poser le poulet dessus.
- Rôtir 1 h. Arroser à l'occasion avec le jus de cuisson.

Fabrication d'un mélange

Le plus souvent, on utilisera une épice dans une mesure inversement proportionnelle à son intensité. Plus une épice est intense, moins on en mettra. À l'inverse, plus elle est douce, plus elle représentera une part importante du mélange. Le cari de Madras (p. 243) fournit un bel exemple de dosage, puisque les épices s'y retrouvent en quantité inversement proportionnelle à leur intensité de goût et de saveur, soit, dans l'ordre : 33 % de coriandre, 25 % de curcuma (épices liantes), 8 % de fenouil (épice sucré), 6 % de Cayenne, 6 % de poivre (épices piquantes), 6 % de fenugrec (épice amer), 6 % de gingembre, 3 % de casse et 1 % de laurier (épices aromatiques).

L'art du vol :
la création de nouveaux mélanges.

*Les mauvais artistes empruntent
et les grands artistes volent.*

- Picasso

On serait porté à penser, après des milliers d'années d'expérimentation avec les épices dans la plupart des grandes civilisations humaines, qu'il n'y a plus rien à inventer. Or, nous vivons à une époque extraordinaire où les connaissances et les ingrédients de toutes les cuisines du monde sont à notre disposition. Lorsque l'on considère les mélanges d'épices issus des quatre coins de la planète, on remarque des combinaisons de deux à six épices qui reviennent souvent, et ce, même à l'intérieur de mélanges plus complexes. De façon générale, ces combinaisons se composent d'épices de différents types (cumin amer, coriandre sucrée et cardamome aromatique, par exemple) ou encore de quelques épices du même type. Par exemple, toutes les épices qui composent le panch phoran indien sont amères (cumin, moutarde, nigelle, fenugrec et adjwain). Cependant, chacune de ces épices offre une saveur distincte.

Ces «blocs de construction», si l'on veut, se retrouvent fréquemment dans les diverses recettes d'une même cuisine, et même d'une cuisine à l'autre. Ils constituent la base de goûts et de saveurs de nombreux plats que viennent rehausser ensuite d'autres épices ou ingrédients. Le duo cumin – coriandre en est un bon exemple, puisqu'on le retrouve dans de nombreuses traditions culinaires, du Maroc jusqu'en Asie du Sud-Est, en passant par le Moyen-Orient. À cette base, on peut ajouter du fenugrec (Inde et Moyen-Orient) ou de la cardamome (Inde et Indonésie). De la même manière, le

trio cumin – chile – épazote typiquement mexicain trouve sont équivalent dans le trio espagnol cumin – paprika – origan. Les cuisines traditionnelles du monde entier se caractérisent toutes par ces «alliances» éprouvées par le temps.

Une fois qu'on a assimilé, au plan du goût et de la saveur, les fonctions de ces blocs d'épices, on peut construire des mélanges en les substituant les uns aux autres. On pourrait par exemple inventer un mélange et le bâtir à partir de la partie aromatique du berbéré (cardamome noire, cardamome verte, gingembre, casse, cannelle, muscade, macis, cubèbe), à laquelle on ajouterait un autre bloc liant (curcuma et moutarde, notamment) pour finir avec un bloc piquant composé de plusieurs chiles mexicains. En le goûtant, on constaterait que ce mélange aurait probablement besoin de quelques notes amères, après quoi on obtiendrait sans doute une palette de goûts équilibrés à l'image du berbéré, mais avec une composition de saveurs nouvelles. De même, le trio cumin – coriandre – cardamome peut très bien se transposer d'un mélange d'épices à un autre. Le poivre – zeste de citron et le piment – citronnelle sont d'autres duos classiques facilement interchangeables.

La composition d'un mélange répond toujours à une certaine logique. Quand on comprend l'équilibre des goûts et que l'on connaît les mariages classiques de certaines cuisines, on peut comme Picasso créer en volant.

La pratique demeure le meilleur professeur. Découvrez la cuisine aux épices en faisant des recettes qui vous sont moins familières. Utilisez les méthodes d'analyse de ce livre pour reconnaître des techniques, des équilibres de goûts et des combinaisons de saveurs qu'il vous sera ensuite facile d'intégrer à votre répertoire et à vos créations. Bonne cuisine!

Quelques exemples de «blocs de construction» classiques

Amériques
Cumin – origan – chile (Mexique)
Quatre-épices – thym – muscade – piment fort (Jamaïque)
Paprika – Cayenne – poivre noir – poivre blanc (Louisiane)
Poivre noir – citron (États-Unis)

Méditerranée, Moyen-Orient
Ail – piment (Universel)
Cumin – origan – paprika (Espagne)
Cannelle – gingembre – paprika (Maroc)
Cannelle – girofle – poivre – muscade (Universel)
Thym – sarriette – origan – sauge – piment fort (Crète)
Poivre noir – écorce d'orange – romarin (Provence)
Rose – ail – cannelle – cumin – poivre (Iran)

Asie du Sud
Ail – gingembre – piment (Inde)
Cumin – coriandre – fenugrec (Inde)
Fenugrec – moutarde – nigelle – fenouil – cumin (Bengale)
Curcuma – moutarde – gingembre – piment (Sri Lanka)

Extrême-Orient
Ail – piment – gingembre – pâte de crevette (Indonésie)
Cumin – coriandre – cardamome (Bali)
Écorce de mandarine – anis étoilé – fenouil –
réglisse – poivre blanc (Chine)
Poivre de Sichuan – piment (Sichuan)
Citronnelle – galanga – lime keffir – gingembre (Thaïlande)
Anis étoilé – fenouil – cumin – coriandre (Malaisie)

En résumé

- Le rôle principal des épices est de modifier le goût et la saveur des aliments.

- Lorsque vous cuisinez, rappelez-vous que le goût et la saveur sont indépendants l'un de l'autre.

- Prenez conscience des goûts des aliments et servez-vous du goût des épices pour les compléter ou les amplifier de façon à créer un équilibre que vous trouvez agréable.

- Les saveurs sont reconnues successivement, comme les notes d'une pièce musicale. Recherchez une harmonie de saveurs en vous servant de votre propre répertoire de combinaisons heureuses ou de celles venant d'autres cuisines. Dosez les épices selon leur intensité de saveur. En général, les plus fortes sont utilisées en petites quantités pour donner une note finale intense à une succession de saveurs.

- En cuisine, équilibrez les goûts et recherchez une harmonie de saveurs sans vous soucier l'un de l'autre. En revanche, quand vous ajoutez un ingrédient ou une épice à un plat, évaluez son goût, puis sa saveur, et déterminez leurs effets sur les goûts, puis sur les saveurs du plat.

- Servez-vous des tableaux de ce chapitre ainsi que du lexique des épices (p. 224) pour vous aider à reconnaître le goût et l'intensité de saveur des différentes épices.

Recettes des quatre coins du monde

Méditerranée

CRÈTE
PROVENCE
MAROC
ANDALOUSIE
TURQUIE
ANTIOCHE

LA CRÈTE ET LA PROVENCE
LES HERBES MÉDITERRANÉENNES

La Crète est située en Méditerranée orientale, au sud de la Grèce. C'est sur cette île qu'est née la culture minoenne (2600 av. J.-C.), la première civilisation européenne qui a fortement influencé la culture grecque qui l'a suivie. Déjà à cette époque, les céréales, les olives et la vigne constituaient les bases de l'alimentation. On a qualifié plus tard de « trilogie méditerranéenne » cette combinaison élémentaire qui a permis à de nombreuses civilisations de prospérer sur le pourtour de la grande mer intérieure.

À partir du VIe siècle av. J.-C., les Grecs ont établi plusieurs colonies dans ce qui est aujourd'hui le sud de la France. Ils y ont introduit le système agricole qu'ils avaient hérité des Crétois. Quelques siècles plus tard, cette région deviendra la première *provincia* de l'Empire romain, un nom qu'elle porte encore.

La Crète, mère de la cuisine méditerranéenne

Le bassin méditerranéen est reconnu pour la grande variété d'herbes sauvages comestibles qu'on y trouve. Le climat favorise la croissance de plantes amères et riches en huiles volatiles, et c'est en Crète que l'on retrouve la plus grande diversité d'herbes méditerranéennes. Aujourd'hui encore, les Crétois cueillent plusieurs centaines d'hortas, ces herbes sauvages qui font partie de leur répertoire culinaire depuis l'Antiquité, avec les céréales, l'huile d'olive et le vin. Ajoutez à cela du poisson et un peu de viande, et vous obtenez ce fameux « régime méditerranéen » dont on vante de nos jours les bienfaits. Parmi la grande variété de ces herbes qui sont consommées comme des légumes, les plus amères et les plus concentrées en huiles volatiles doivent être utilisées en petites quantités. Avec le temps, les Crétois se sont mis à les utiliser plutôt pour relever les aliments. C'est ainsi que les feuilles et parfois les graines de plantes, comme le thym, le laurier, l'anis, le fenouil, le romarin et la sarriette, sont devenues des épices.

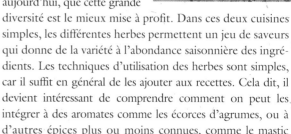

Si c'est en Crète qu'est né ce goût pour les herbes, c'est en Provence, aujourd'hui, que cette grande diversité est le mieux mise à profit. Dans ces deux cuisines simples, les différentes herbes permettent un jeu de saveurs qui donne de la variété à l'abondance saisonnière des ingrédients. Les techniques d'utilisation des herbes sont simples, car il suffit en général de les ajouter aux recettes. Cela dit, il devient intéressant de comprendre comment on peut les intégrer à des aromates comme les écorces d'agrumes, ou à d'autres épices plus ou moins connues, comme le mastic ou le safran.

Épices typiques

Fenouil, piment crétois, sauge, origan, thym, romarin, herbes de Provence, anis, safran, laurier, sarriette, poivre noir, écorce d'orange, lavande, mastic.

FETA PSITI
FETA RÔTIE AUX HERBES DE CRÈTE

Les herbes sauvages de Crète sont particulièrement odorantes et conviennent bien à cette petite entrée très facile qui peut accompagner d'autres tapas ou mezzes.

1 tranche	feta de 8 oz
1	gousse d'ail, tranchée mince
1	tomate
4 oz	huile d'olive vierge
	ÉPICES A
1 c. thé	sauge de Crète
1 c. thé	origan de Crète
1/2 c. thé	piment sec en flocons
	poivre noir, au goût

- Préchauffer le four à 350 °F.
- Placer la feta dans une petite casserole allant au four. Déposer dessus l'ail et quelques tranches de tomate.
- Ajouter les *épices A*.
- Arroser d'huile.
- Cuire au four 10-12 min et servir chaud, avec du pain.

Roulez les herbes entre vos doigts avant de les ajouter sur le fromage pour aider à libérer les huiles volatiles lors de la cuisson.

ÉLIÉS STO FOURNO
OLIVES CHAUDES AU VIN ROUGE

N'hésitez pas à faire cette recette en bonne quantité. Ces olives se conservent longtemps et relèveront à merveille un lapin mijoté ou un tajine.

2 tasses	olives grecques
3/4 tasse	vin rouge
	jus d'une orange
4 c. soupe	huile d'olive vierge
2	gousses d'ail
	ÉPICES A
1/2 c. thé	feuilles de sauge **ou** origan
1	zeste d'orange
1/4 c. thé	mastic (opt.) (p. 77)
2	petits piments forts
1/2 c. thé	poivre

- Faire tremper les olives 5 min dans un bol d'eau tiède. Égoutter.
- Placer tous les ingrédients dans une petite casserole et porter à ébullition.
- Réduire à feu doux et laisser mijoter à mi-couvert 30 min.
- Retirer du feu et servir tiède.

Le mastic donne aux olives une fraîcheur légèrement résineuse. Il était couramment utilisé dans la cuisine arabe classique pour lier les saveurs des plats de viandes et de poissons hautement relevés d'épices aromatiques, de rose ou de safran. La menthe séchée a le même effet, quoique sa saveur soit très différente.

Le safran

Le safran est le pistil d'un crocus. Les pistils orange de la fleur sont les plus désirables et il faut 150 000 fleurs pour produire 1 kg de safran de première qualité, ce qui en fait de loin l'épice la plus chère au monde. Et aussi la plus trafiquée ! Recherchez un safran d'un rouge orange intense avec peu ou pas de pistils jaunes (moins désirables). Le bon safran a une odeur capiteuse. En outre, sa couleur devrait varier légèrement le long du pistil, garantissant qu'il n'a pas été coloré. Contrairement à la première impression qu'elle laisse, cette épice-fleur amère a une saveur intense et doit être dosée avec attention.

Comme le safran s'évente en deux ans, il est judicieux de vérifier l'année de récolte sur le contenant. Pour extraire le maximum de votre safran, broyez-le partiellement dans une tasse ou un petit mortier et infusez-le quelques minutes dans un liquide bouillant avant de l'ajouter à votre recette. Si vous le préparez ainsi, son coût à la portion devient raisonnable.

ROULO
ROUILLE

La rouille est l'accompagnement traditionnel des soupes de poisson en Provence. Essayez-la avec des fruits de mer ou sur du poisson rôti.

1/4 c. thé	safran
1/2	Cayenne **ou** autre piment fort
6	gousses d'ail
1/2 c. thé	sel
1/2 tasse	mie de pain
1/4 tasse	bouillon de poisson **ou** eau
1 tasse	huile d'olive fruitée
1 c. soupe	jus de citron

- Piler le safran dans un mortier. Piler le Cayenne, puis l'ail et le sel.
- Mouiller la mie de pain avec le bouillon. Ajouter au mortier et piler finement avec le mélange de safran. Continuer de piler en ajoutant l'huile d'olive, une cuiller à soupe à la fois, jusqu'à ce que la sauce soit onctueuse et liée.
- Ajouter le jus de citron et mélanger. Vérifier le sel.
- Servir. La rouille se conserve mal. Il est préférable de la consommer dans les 24 heures.

L'utilisation du mortier fait toute la différence ici pour extraire le maximum de la combinaison piment – ail – safran, qui est aussi à retenir pour les viandes blanches. Ce trio est relevé avantageusement par le jus et les zestes d'agrumes.

CLAVELADO À LA PROUVENÇALO

AILES DE RAIE RÔTIES AU FENOUIL ET AUX HERBES DE PROVENCE

Cette recette s'adapte aux filets de poisson ainsi qu'aux poissons entiers cuits au barbecue.

2 lb	ailes de raie, nettoyées
4 c. soupe	huile d'olive
4	gousses d'ail, tranchées mince
1	citron, tranché mince
	sel
	ÉPICES A
2 c. soupe	fenouil
1 c. soupe	herbes de Provence (p. 246)
1 c. thé	poivre blanc, moulu
	GARNITURE
	huile d'olive
	câpres
	jus de citron

- Préchauffer le gril du four à 500 °F.
- Assaisonner le poisson avec les *épices A*.
- Chauffer à feu vif une poêle allant au four.
- Verser la moitié de l'huile dans la poêle. Y déposer les ailes de raie et disposer dessus l'ail et les tranches de citron. Saler.
- Placer la poêle sous le gril et faire griller la raie jusqu'à ce qu'elle soit cuite (5-7 min).
- Servir chaud, avec un filet d'huile d'olive, des câpres et du jus de citron.

Les herbes de Provence conviennent tout aussi bien aux poissons qu'aux viandes et aux volailles. La cuisson à feu vif permet de libérer les huiles volatiles des herbes et d'en réduire l'amertume.

Fenouil

Le fenouil est originaire de Méditerranée. Dans les cuisines de Sicile et de Grèce, on utilise à merveille ses feuilles fraîches, surtout si elles sont sauvages. Les graines, qu'on peut moudre ou utiliser entières, sont employées dans la plupart des cuisines du monde, de l'Espagne jusqu'à la Chine. Elles sont souvent roussies en cuisine indienne. La variété de fenouil à petites graines originaire de Lucknow, en Inde, est particulièrement recherchée pour son arôme et sa pointe sucrée. L'absence d'amertume du fenouil en fait une épice qui relève aussi bien les poissons, les volailles, les viandes blanches et les légumes que les alcools et les desserts.

NAGE DE FRUITS À LA PROVENÇALE recette d'inspiration

Cette recette est à son meilleur au milieu de l'été, quand tous les petits fruits sont en saison : fraises, framboises, mûres, bleuets, groseilles...

4 tasses	petits fruits d'été
1	gousse de vanille
1/2 bouteille	rosé de Provence
1/2 tasse	sucre
	ou miel
2 c. soupe	eau de fleur d'orange
3	branches de mélisse
	ou branches de verveine citronnée
	jus de 1 citron
2 oz	Cointreau

- Fendre la gousse de vanille et gratter les graines avec un couteau. Placer le tout dans un bol et mélanger avec tous les ingrédients, sauf les fruits. Couvrir d'une pellicule plastique et laisser infuser quelques heures.
- Nettoyer les fruits et les mélanger délicatement dans l'infusion de vin.
- Réfrigérer 45 min. Sortir les fruits quelques minutes avant de les servir.

L'alcool présent dans le vin et la liqueur d'orange permet d'extraire plus rapidement et plus efficacement les saveurs de la vanille et de la mélisse qu'un simple sirop de sucre.

PÊCHES RÔTIES À LA LAVANDE recette d'inspiration

La combinaison lavande – fruits d'été convient à toutes sortes de desserts et de coulis : nages, sorbets et fruits pochés.

8	pêches, pas trop mûres
4 c. soupe	beurre
8 c. soupe	miel
1/2 c. thé	lavande
	ACCOMPAGNEMENT
	crème glacée
	pistaches, hachées

- Préchauffer le four à 375 °F.
- Laver les pêches et les placer dans un petit plat qui va au four.
- Faire une entaille en forme de croix sur chaque pêche.
- Placer sur chacune une noix de beurre, du miel et quelques fleurs de lavande.
- Laisser au four jusqu'à ce que les pêches soient rôties et le jus sirupeux (20-30 min).
- Servir chaudes avec leur jus, accompagnées de crème glacée et de quelques pistaches hachées.

La lavande se marie très bien aux fruits peu acides et bien sucrés comme les melons et les abricots. Malgré son parfum invitant, il faut en faire un usage modéré à cause de sa saveur persistante et de son goût amer. En général, les desserts sucrés peu acides atteignent un point d'équilibre agréable avec une pointe d'amertume ou de piquant. La lavande, ajoutée aux herbes de Méditerranée ou aux épices classiques, relève également bien les viandes blanches comme le lapin ou le veau.

LE MAROC ET L'ANDALOUSIE
ÉPICES DU MONDE ARABE ET D'AMÉRIQUE

Situés de part et d'autre du détroit de Gibraltar, le Maroc et l'Andalousie partagent 800 ans d'histoire. En effet, à partir du VIIIᵉ siècle, le sud de l'Espagne a fait partie du monde arabe classique qui s'étendait alors du Moyen-Orient jusqu'au Maroc. Cette fusion des cultures a duré jusqu'en 1492, date à laquelle le dernier royaume musulman fut conquis et les expulsions des musulmans et des Juifs débutèrent. En cette même année, la reine Isabelle d'Espagne finança l'expédition de Christophe Colomb, qui allait « découvrir » les Amériques.

Rencontre de deux mondes

C'est cette conjoncture historique qui nous intéresse, puisque c'est là que se sont rencontrées les épices du monde arabe et celles que les Espagnols ont rapportées d'Amérique. Aujourd'hui, parmi toutes les cuisines du monde arabe, c'est sans doute celle du Maroc qui est la plus proche de la cuisine musulmane classique. De fait, si l'on étudie les livres de cuisine arabe du Moyen Âge, on se rend compte que les riches mélan-

ges d'épices qui honoraient la table des califes de Bagdad sont proches de ceux que l'on retrouve aujourd'hui au Maroc. Parallèlement, même après cinq siècles de séparation, la cuisine andalouse trahit encore ses origines maures. Mais elle a aussi été enrichie à cette époque par les produits d'Amérique, notamment les chiles, qui se sont rapidement propagés au Maroc. De nos jours, on retrouve en Espagne et au Maroc plusieurs variétés de piments qui rappellent celles du Mexique et qu'on ne retrouve nulle part ailleurs. Ce sont ces piments-là qui donnent les paprikas distinctifs de la région. Je me souviendrai toujours du jour où, alors que je faisais mijoter un mole mexicain ici, à Montréal, un de mes cuisiniers d'origine marocaine est entré en déclarant que « cela sentait comme chez sa grand-mère » ! Les Espagnols ont joué un rôle d'agent de liaison entre ces deux grandes traditions, en exportant les épices arabes en Amérique et en rapportant les épices américaines dans le vieux continent et en Afrique du Nord.

En travaillant avec les recettes de ce grand carrefour, on remonte le temps en découvrant comment s'est faite la fusion entre la cuisine des sultans et celle des empereurs aztèques.

Épices typiques

Absinthe, piment niora, maniguette, racine d'iris, ras el hanout, safran, curcuma, coriandre, macis, muscade, rose, poivre blanc, girofle, menthol, laurier, menthe, gingembre, cumin, poivre noir, cardamome, kentjur, fenouil, carvi, cumin, nigelle, paprika, paprika fumé, cannelle, lissan etir, réglisse, lavande, poivre long, piment soudania, bouton de casse.

LES CREVETTES D'ESSIE recette d'inspiration

Cette recette ultra rapide a été développée pour une cliente enthousiaste et toujours pleine de bonnes suggestions.

1 lb	grosses crevettes, décortiquées
4 c. soupe	huile d'olive
1 c. soupe	citronnelle, hachée (p. 172)
2 c. soupe	ail, haché
1/4 tasse	xérès demi-sec **ou** vin blanc
2 c. soupe	paprika fumé doux
1/2 tasse	ciboulette, émincée
	sel

- Rincer et éponger les crevettes. Réserver.
- Chauffer l'huile dans une grande poêle à feu vif.
- Ajouter la citronnelle et l'ail et faire revenir quelques secondes.
- Ajouter les crevettes et faire sauter jusqu'à ce qu'elles commencent à dorer (2 min).
- Ajouter le xérès et le paprika fumé, et cuire 2 min de plus.
- Saler et ajouter la ciboulette.
- Servir tout de suite.

Ces crevettes d'inspiration espagnole ont la saveur du citron sans son acidité, puisqu'on utilise de la citronnelle. Notez que le paprika n'est pas revenu à l'huile, ce qui lui permet de lier le jus en fin de cuisson, en plus de conserver toute sa saveur fumée.

Poivre long, cubèbe et maniguette

Ces trois poivres exotiques sont probablement les plus aromatiques de tous les poivres. Ils étaient très appréciés durant l'Antiquité et au Moyen Âge. Les Romains, par exemple, ont préféré le poivre long au poivre ordinaire. Si ces poivres ont été oubliés depuis quelques siècles en Occident, tous trois sont encore utilisés de nos jours au Maroc. En Indonésie, on se sert du poivre long et du cubèbe de manière courante. Ces poivres sont à redécouvrir. Substituez-les au poivre noir dans vos recettes, ou mélangez les trois pour donner une saveur mystérieuse et exotique à vos plats et desserts de tous les jours. Du reste, on retrouve ce trio dans les meilleurs ras el hanout.

Taâm sbaâ bel hodra
COUSCOUS AUX SEPT LÉGUMES

Vous pouvez varier les légumes, mais mettez-en sept pour donner de la saveur au couscous et aussi pour porter chance aux gens avec qui vous le partagerez, selon la croyance des Marocains !

2 lb	jarret de veau avec os **ou** épaule d'agneau avec os
1 lb	chou, en quartiers
1 lb	oignons, coupés en deux
6 c. soupe	beurre
1/2 lb	petites aubergines, coupées en deux
1 lb	carottes, épluchées
1/2 lb	petits navets, coupés en deux
1/2 lb	courge, épluchée
1/2 lb	tomates
2 tasses	gourganes fraîches **ou** pois chiches, cuits
1 paquet	coriandre fraîche, hachée

ÉPICES MOULUES **A**

3 c. soupe	piment niora **ou** paprika espagnol
1 c. thé	poivre
1	piment fort

ÉPICES ENTIÈRES **B**

2 po	cannelle
1/4 g	safran (opt.) (p. 60)

ÉPICES DE FINITION **C**

1/2 c. thé	ras el hanout, moulu (opt.) (p. 70 et 247)

- Placer la viande, le chou et un des oignons, haché, dans une grande casserole avec le beurre, les *épices moulues A*, 8 tasses d'eau et du sel.
- Porter à ébullition à couvert. Ajouter la cannelle des *épices entières B*. Écraser grossièrement le safran dans une petite tasse ou un mortier et verser un peu de bouillon de cuisson chaud dessus. Laisser infuser 3 min puis verser dans la casserole.
- Laisser mijoter 60 min à couvert.
- Ajouter les oignons restants, les aubergines, les carottes et les navets. Cuire 20 min de plus.
- Ajouter la courge, les tomates, les gourganes et la coriandre et laisser mijoter 15 min de plus.
- Mélanger les *épices de finition C* avec une demi-tasse de bouillon de cuisson. Verser dans la marmite et laisser cuire 5 min de plus.
- Servir avec du couscous chaud.

Le rôle du ras el hanout est d'enrichir les saveurs des plats et de relever les épices déjà présentes. Notez que le « ras » est ajouté en fin de cuisson pour qu'il ne s'évente pas et qu'il conserve toute la richesse de ses précieux arômes.

La rose

La rose est utilisée dans la cuisine arabe depuis le Moyen Âge. Si son arôme floral peut faire penser que sa saveur est délicate, celle-ci est plutôt intense et il faut l'utiliser avec modération à cause de son amertume. C'est le plus souvent l'eau de rose qui est utilisée en cuisine, mais on se sert aussi des pétales et des boutons séchés. La rose est surtout associée aux préparations sucrées, mais elle sert bien aussi dans les plats salés, et s'utilise souvent avec d'autres épices intenses comme la cannelle, le poivre, le cumin, l'ail et le girofle.

PINCHOS MORUÑOS
BROCHETTES MAURES

Ces petites brochettes, qui sont souvent servies en tapas, étaient sûrement faites avec de l'agneau avant la reconquesta.

2 lb	épaule de porc
	MARINADE A
3 c. soupe	vinaigre de vin
3 c. soupe	huile d'olive
	sel
5	gousses d'ail, hachées
	ÉPICES MOULUES B
1 c. thé	anis
1/2 c. soupe	fenouil
1 c. soupe	coriandre
1 c. soupe	cumin
1/2 c. soupe	poivre noir
1	feuille de laurier
1/2 c. soupe	origan
1 c. soupe	paprika fumé
	ou paprika espagnol

- Couper le porc en cubes de 3/4 po. Enlever le gras excédentaire au besoin.
- Combiner les cubes de porc avec la *marinade A* et les *épices moulues B*.
- Laisser mariner quelques heures.
- Faire des petites brochettes de 4 ou 5 morceaux.
- Griller rapidement à feu vif, 2-3 min de chaque côté.

Ce mélange d'épices maures bien équilibré (amères – piquantes – liantes) est à retenir pour toutes sortes de viandes. On peut y ajouter sans problème quelques épices aromatiques (girofle, cannelle, gingembre, kentjur, etc.). On peut imaginer que ce mélange a contenu du safran et plus de poivre avant l'arrivée des piments d'Amérique.

GRELOTS «PILÉS» AU RAS EL HANOUT recette d'inspiration

Voici une belle démonstration d'une technique de finition au ras el hanout, qu'il est préférable de ne pas laisser cuire longtemps.

1 lb	pommes de terre nouvelles
	sel
1 paquet	ciboulette
	ÉPICES **A**
1/2 c. thé	ras el hanout, moulu (ci-dessous et p. 248)
	TARKA **B**
6 c. soupe	huile d'olive
	ou beurre
3	gousses d'ail, hachées
	piments forts en flocons, au goût

- Cuire les pommes de terre à l'eau salée.
- Les égoutter et les placer sur un grand plat.
- Écraser un peu les grelots à la fourchette pour que les saveurs puissent y pénétrer. Les saupoudrer de ras el hanout et de ciboulette ciselée.
- Chauffer une petite casserole avec l'huile
- Quand l'huile est chaude, ajouter les ingrédients du *tarka B* et faire revenir quelques secondes. Verser sur les pommes de terre et servir chaud.

Note : Une fois tièdes, ces pommes de terre feront une excellente salade si l'on y ajoute un peu de bon vinaigre.

Si le ras el hanout en poudre était ajouté au tarka, il perdrait sûrement une partie de ses saveurs subtiles. Versez l'huile chaude sur le ras el hanout au dernier moment, ce qui permettra aux épices d'infuser juste assez longtemps pour cuire et transposer leurs arômes.

Ras el hanout

Cet assemblage d'épices, qui signifie «toit du magasin» en arabe, est le mélange étoile de tous les bons marchands d'épices du Maroc. Chaque boutique possède son propre mélange et la réputation de la maison est souvent fondée sur la qualité de son *ras*. Ce mélange très variable peut comprendre jusqu'à une trentaine d'épices, allant des plus communes comme la cannelle, le macis et le gingembre en passant par la réglisse et la rose, jusqu'aux épices oubliées telles que les racines d'iris et le menthol.

Quelle que soit sa composition, un bon ras el hanout est toujours profondément aromatique et légèrement piquant ou amer. On ne cuisine pas un plat à partir de ce mélange, mais on s'en sert plutôt pour l'anoblir, lui donner sa touche finale aromatique. Au Maroc, on l'ajoute souvent en petites quantités dans les derniers moments de cuisson d'un tajine ou d'un couscous. Utilisé de cette manière, le ras el hanout peut s'intégrer avantageusement à votre répertoire culinaire.

SLATTA KHIZOU BEL KAMOUN
SALADE DE CAROTTES AU CUMIN

Le secret de cette salade est de couper les carottes une fois qu'elles sont cuites.
Vous pouvez aussi l'essayer avec du cumin entier grillé.

1 lb	carottes
	VINAIGRETTE **A**
2 c. soupe	huile d'olive
2 c. soupe	vinaigre
1	gousse d'ail, hachée fin
	sel
1/4 tasse	persil
	ou coriandre fraîche, hachée
	ÉPICES **B**
1 c. thé	cumin, moulu
1/2 c. soupe	piment niora
	ou paprika espagnol

- Éplucher les carottes et les cuire à l'eau salée jusqu'à ce qu'elles soient tendres.
- Égoutter et laisser refroidir à l'air libre.
- Couper les carottes en rondelles ou en bâtonnets.
- Mélanger les ingrédients restants dans un bol. Y ajouter les carottes et bien mélanger.
- Laisser reposer une heure ou deux avant de servir.

Au Maroc, le cumin est souvent utilisé comme épice de finition, et on le retrouve souvent sur la table au même titre que le sel, le poivre et le piment.

La réglisse

La réglisse est la racine d'une plante vivace originaire d'Asie et du Moyen-Orient. Elle est légèrement amère et très sucrée, avec des saveurs délicates d'anis et de fenouil. Contrairement à la plupart des épices, les arômes de la réglisse ne sont pas volatils mais plutôt solubles dans l'eau. C'est ce qui explique pourquoi, grâce à l'action de la salive, la saveur délicate de la réglisse persiste si longtemps en bouche. En Occident, on se sert surtout de la réglisse en confiserie. Son coût relativement élevé fait qu'on lui substitue souvent de l'huile d'anis étoilé et de fenouil en forte concentration. Cependant, la vraie réglisse est beaucoup plus subtile et gagne à être découverte, d'autant plus que son utilisation ne se limite pas à la confiserie et aux desserts. Au Maroc, on l'ajoute aux escargots et dans le ras el hanout. En Chine, on l'utilise beaucoup avec des viandes comme le canard et le bœuf. Enfin, notez qu'une petite touche de réglisse donnera une richesse et une longueur en bouche merveilleuses aux sauces à base de vin rouge.

Tajin el hout m'chmal
TAJINE DE POISSON À LA CHERMOULAH

Toutes les saveurs des épices ont le temps de pénétrer le poisson dans ce plat longuement mijoté.

1	daurade de 3 lb
1	recette de chermoulah (ci-dessous)
5	oignons, tranchés
6 c. soupe	huile d'olive
2	tomates, hachées
2 c. soupe	purée de tomates
	sel
	poivre
1	poivron rouge
1	poivron vert
1	poivron jaune

- Faire nettoyer et écailler le poisson par le poissonnier.
- Faire quelques entailles dans les parties épaisses du poisson. Frotter le poisson avec la chermoulah. Réserver.
- Mettre les oignons et l'huile dans un tajine (ou une grande casserole) et placer sur un feu moyen en remuant de temps en temps.
- Ajouter les tomates, la purée de tomates, le sel et le poivre quand les oignons commencent à ramollir. Faire mijoter jusqu'à ce que la sauce commence à se former.
- Ajouter le poisson et la chermoulah.
- Couper les poivrons en quatre et les nettoyer.
- Placer les poivrons sur le poisson et les arroser de sauce avec une cuiller.
- Laisser mitonner 1 heure à couvert, à feu très doux. Laisser reposer 30 min avant de servir.

M'CHMAL
CHERMOULAH

1/2 tasse	persil
1/2 tasse	feuilles de coriandre
6	gousses d'ail
1/2	oignon
4 c. soupe	jus de citron
1/2 tasse	huile d'olive
	ÉPICES MOULUES A
1 c. thé	poivre noir
1/2 c. soupe	piment niora **ou** paprika
1	Cayenne
1/2 c. thé	cumin
1/2 c. thé	cannelle
1/4 g	safran (opt.)
1 c. thé	sel

- Placer tous les ingrédients de la chermoulah au robot et réduire en purée.

Comme les adobos mexicains, auxquels elle ressemble, la chermoulah est la base de nombreux plats, sauces et marinades. Bouillie une minute, elle se conservera deux ou trois jours au réfrigérateur. Remarquez que les fines herbes perdent de leur saveur à la chaleur ; il faut donc les utiliser en quantité plus importante que les autres épices.

TURQUIE
ÉPICES D'ORIENT ET HERBES D'OCCIDENT

Le territoire qui compose la Turquie moderne a été pendant des siècles le cœur de trois grands empires à la croisée des chemins de l'Europe et de l'Asie, et des routes maritimes de la Méditerranée et de la mer Noire. Au cours des siècles, les herbes et aromates de l'Europe se sont mêlés aux épices de l'Orient pour créer une cuisine délicate et parfumée.

Le creuset des empires

La ville d'Istanbul explique le mieux cette richesse de parfums. Bâtie par l'empereur Constantin en 330 apr. J.-C., la ville de Constantinople est devenue la capitale de l'Empire romain d'Orient et s'est appelée Byzance après la chute de l'Empire. Même si les Grecs byzantins qui ont suivi les Romains ont été conquis par les Turcs venus d'Asie centrale en 1453, les routes commerciales n'ont pas changé en 1700 ans ! Les richesses et les épices ont toujours afflué à Istanbul. Même le visiteur le plus blasé est émerveillé par la visite du marché aux épices, fondé en 1664. Les saveurs de la cuisine turque remontent aux Romains et à leur amour des épices d'Orient.
Les Grecs ont contribué au monde méditerranéen par l'usage d'ingrédients comme l'huile d'olive et les herbes. Quant aux Turcs, ils y ont apporté leur cuisine nomade aux saveurs moins intenses : les brochettes, les pains plats et le yogourt.

En Turquie, le visiteur gourmand est frappé par ces plats où la saveur des ingrédients est rehaussée par quelques herbes et une ou deux épices bien dosées. La plupart des plats classiques sont nés dans les palais ottomans quand les meilleurs ingrédients de l'Empire affluaient dans les cuisines des sultans. C'est là que sont nées les

combinaisons que nous connaissons aujourd'hui. Les fines herbes et le carvi de l'Europe centrale ont rencontré l'origan, le romarin, le thym et le mastic du monde grec. Le cumin et la coriandre d'Égypte se sont mariés avec la casse, le poivre, la muscade et le girofle de la route des épices d'Orient. Au XVIᵉ siècle sont arrivés les piments et le quatre-épices d'Amérique. Ces épices, qu'on appelle encore aujourd'hui *yeni bahar* (« nouvelles épices »), ont eu une influence profonde sur la cuisine. On retrouve à petite dose le quatre-épices, qui donne la saveur du poivre, de la cannelle, de la muscade et du girofle dans une multitude de plats.

Toutes ces rencontres ont créé des combinaisons de saveurs qui sont uniques, et il y a beaucoup à apprendre des dosages équilibrés et subtils de cette cuisine. Il est courant de voir un même assemblage d'épices et d'herbes transposé d'un plat à l'autre avec des ajustements minimes. Souvent, une épice est associée avec un ingrédient, et on voit cette combinaison parfum – ingrédient passer d'un plat à l'autre. Le quatre-épices est lié aux plats de riz mais surtout aux farces à base de riz, avec lesquelles on remplit une multitude de légumes, de poissons et de viandes. L'anis est lié au poisson, le cumin à la viande, la nigelle au pain, le mastic aux confiseries, le sumac aux salades et grillades, les graines de pavot rôties aux pains et vinaigrettes à base de yogourt. La casse et le piment sont, avec le poivre, les épices que l'on retrouve dans presque tous les plats. Même les mélanges classiques du Moyen-Orient, comme le baharat et le zaatar, ont été modifiés et rendus plus subtils. Les mélanges typiquement turcs, tels que ceux qui sont utilisés pour les plats de *koftes* (boulettes de viande) et de poissons, sont complètement originaux.

Après avoir réalisé quelques recettes classiques turques et concocté ces mélanges simples et bien dosés, il vous sera facile de les transposer dans votre propre répertoire.

Kuzy ve ayva yahnési
RAGOÛT D'AGNEAU ET DE COINGS

Un grand classique de la cuisine ottomane qui a sûrement rendu plus d'un sultan heureux. Les coings sont des fruits très anciens apparentés aux pommes et aux poires. Ils se mangent toujours cuits. Si vous n'en trouvez pas, remplacez-les par la moitié de pommes vertes et l'autre de poires fermes. Le pekmez (mélasse de raisin) se trouve dans les épiceries moyen-orientales.

3 c. soupe	**graisse d'agneau** **ou** moitié huile, moitié beurre
2 lb	**cubes d'agneau dans l'épaule**
3	**coings**
3	**oignons**, tranchés
3	**gousses d'ail**, hachées
1 paquet	**persil**
1 c. thé	**sel**
1 c. soupe	**pâte de tomate**
2 c. soupe	**pekmez** (p. 85) **ou** miel
	ÉPICES MOULUES **A**
1/2 po	**casse**
4	**clous de girofle**
1/2 c. thé	**poivre noir**

- Chauffer le gras dans une casserole.
- Y dorer les cubes d'agneau.
- Éplucher les coings et en retirer le cœur ; couper les coings en quartiers.
- Retirer l'agneau de la casserole quand il est bien doré.
- Ajouter les coings, les oignons, l'ail et les *épices moulues A*. Cuire quelques minutes.
- Retirer les coings et ajouter le persil, le sel, la pâte de tomate, le pekmez, la viande et 3/4 tasse d'eau.
- Porter à ébullition, puis mijoter 20 min à couvert en remuant de temps en temps.
- Ajouter les coings et continuer de cuire à mi-couvert jusqu'à ce que la viande soit tendre (environ 30 min).
- Servir chaud.

Ce plat salé-sucré de viande et de fruits doit son équilibre à la quantité de sel utilisé. Dans la cuisine turque, le coing est toujours relevé par le girofle, que ce soit pour les dessert ou pour d'autres plats. La casse, plus piquante que la cannelle, est utilisée couramment, souvent avec le poivre noir ou pour le remplacer.

DONDURMA
GLACE TURQUE AU SALEP ET AU MASTIC

Les glaces turques ne contiennent pas d'œuf. Elles sont plutôt épaissies par des gommes, comme le mastic, ou des féculents, comme le salep.

2 c. soupe	**salep** (ci-dessous) **ou** fécule de maïs
2 tasses	**lait**
1 tasse	**crème épaisse** (35 % ou 45 %)
1 grosse larme	**mastic** (ci-dessous)
3/4 tasse	**sucre**

Le mastic

Le mastic, issu de la gomme d'un arbuste de la famille des pistachiers, est produit principalement sur l'île grecque de Chios, à quelques kilomètres au large de la Turquie. On s'en sert surtout pour aromatiser les desserts et les confiseries. La saveur du mastic est délicate et résineuse. On l'utilisait beaucoup plus autrefois pour aromatiser les plats de viande (voir p. 58). On trouve le mastic dans les magasins d'épices et les épiceries turques et grecques.

- Délayer le salep dans un bol avec 1/4 tasse de lait froid. Réserver.
- Piler le mastic au mortier avec 3 c. soupe de sucre. Réserver.
- Verser le lait restant et la crème dans une casserole à fond épais. Y verser le reste du sucre. Chauffer à feu moyen sans mélanger.
- Quand le lait est sur le point de bouillir, ajouter 1/2 tasse de lait chaud au salep. Mélanger avec une cuiller et verser le tout dans la casserole.
- Saupoudrer le sucre au mastic sur le lait chaud. Mélanger avec un fouet et cuire une dizaine de minutes en remuant souvent pour éviter que le mélange colle au fond de la casserole. Retirer de la casserole et laisser refroidir.
- Pour préparer la glace avec une sorbetière, suivre les instructions du fabricant.
- Vous pouvez aussi réaliser la glace dans un grand plat que vous placerez au congélateur. Dès que la glace commence à durcir, remuer à intervalles réguliers avec une fourchette pour empêcher la formation de gros cristaux.
- Lorsque la glace est prise, la conserver au congélateur.
- Avant de servir, mettre la glace au réfrigérateur de 25 à 30 min pour la ramollir un peu.

Le salep

Le salep est extrait des bulbes d'une orchidée qui pousse en Anatolie. La poudre de salep épaissit en cuisant, un peu comme la fécule de maïs. Son parfum rappelle celui de la violette. En hiver, on cuit le salep avec du lait, du sucre et de la casse moulue pour en faire une boisson chaude efficace contre les maux de gorge. On peut substituer au salep de la fécule d'*arrow-root* ou de maïs et un peu d'eau de fleur d'oranger. Par contre, ces substituts n'ont ni le parfum subtil ni la texture un peu gluante et réconfortante du salep.

TARTE DE FIGUES AU LAURIER ET AUX PIGNONS ^{recette d'inspiration}

Voici une recette inspirée d'un dessert turc classique dans lequel des figues sèches sont réhydratées durant une nuit dans du thé noir. Les figues sont ensuite ouvertes, farcies de noix hachées, puis placées dans un plat à gratin avec un peu du thé de trempage, du miel et des feuilles de laurier. On cuit le tout au four pendant 30 min et on sert chaud ou froid.

1	abaisse de tarte (votre recette)
1 c. soupe	farine
10 - 15	figues fraîches (suffisamment pour remplir la tarte)
10 - 15	feuilles de laurier
3 c. soupe	beurre
2 c. soupe	miel fin
	sel
1/4 tasse	pignons

- Préchauffer le four à 400 °F.
- Placer l'abaisse dans un moule à tarte de 10 po. Saupoudrer l'abaisse de la farine.
- Placer toutes les figues sur l'abaisse et piquer 1 feuille de laurier à côté de chaque figue.
- Ajouter des noix de beurre, le miel et une pincée de sel.
- Cuire 15 min à 400 °F, puis réduire à 350 °F et cuire 15-20 min de plus.
- Ajouter les pignons quand la tarte est presque cuite et que le sirop qui s'est formé commence à épaissir. Cuire 5-7 min de plus.
- Retirer du four et laisser reposer 1 h avant de servir.

Le laurier

Le laurier est une épice dont on tient l'usage pour acquis. Pourtant, son utilisation ne se limite pas aux soupes, aux ragoûts et aux sauces. En Espagne, on aromatise la crème caramel avec du laurier. Le mariage avec les figues est toujours heureux. Insérez une feuille de laurier entre chaque cube d'une brochette de viande ou de poisson.

Les Roses rouges d'Eğirdir

Eğirdir est une île de villégiature minuscule au milieu d'un lac magnifique, dans l'ouest de l'Anatolie, à courte distance d'Isparta, en Turquie. Se promener autour du petit port est la principale activité des résidents comme des touristes. Nous avions rencontré Ilknour lors de notre première promenade obligatoire. Nos chemins se croisèrent de nouveau quelques jours plus tard au marché local et, comme nous étions maintenant des amis (une simple conversation ou le fait de partager une tasse de thé est, semble-t-il, suffisant pour que les Turcs vous considèrent comme un ami), nous avons planifié une excursion à bord du bateau de son frère.

Jasant de choses et d'autres en attendant d'embarquer, nous avons mentionné à quel point nous désespérions de manger autre chose que des kebabs, ces merveilleux morceaux de viande grillés à point sur brochettes de fer étant en vedette sur les menus de TOUS les restaurants de l'île.

La cuisine maison turque est délicieuse et extrêmement variée. Aussi les restaurants ont-ils tendance à offrir des plats qu'on prépare rarement dans les maisons privées – d'où l'abondance des kebabs. Nous avons d'abord apprécié avec enthousiasme les kebabs au boeuf, les kebabs à l'agneau, les kebabs au poulet et nombre de plats aussi alléchants les uns que les autres auxquels le mot « kebab » était inévitablement collé. Nous en sommes arrivés à aimer les kebabs, peut-être même autant que les Turcs les aiment. Cependant, nous recherchions d'autres spécialités du pays qui n'auraient rien à voir avec les kebabs. Nous avons demandé à notre nouvelle amie où nous pourrions goûter à la vraie cuisine familiale.

Au retour de notre randonnée en bateau, Ilknour nous annonça que sa mère nous mitonnait un repas, au cas où ça nous intéresserait. Nous étions plus qu'intéressés; le peu de fierté qu'il nous restait après avoir essentiellement quémandé un repas familial fut vite abandonné alors que nous la suivions à la maison comme deux chatons abandonnés.

En entrant dans la maison, nous avons enlevé nos souliers, selon la coutume, et on nous conduisit dans un petit salon extrêmement bien rangé. Les magnifiques tapis de laine tissés à la main et posés au sol étaient une excellente source de confort pour les pieds frileux, et un véritable plaisir pour les yeux.

Les placards et les panneaux aux motifs fignolés, œuvres du père d'Ilknour, pêcheur et menuisier accompli, couvraient chaleureusement les murs de la pièce.

La salle, avec son poêle à bois et son atmosphère invitante, était au cœur de la modeste maison. Peu après notre arrivée, les membres de la famille vinrent nous saluer tour à tour. Il y eut par la suite un peu de brouhaha lorsqu'on dressa la petite table. Un vase contenant trois roses rouges artificielles, sur lesquelles reposaient encore quelques gouttes de rosée en plastique, était la touche finale au centre de la table, mise pour deux. Et on nous invita à prendre place.

Déposés sur le poêle à bois à notre portée, des *dolmasi* (feuilles de vigne farcies de bulgur) nous ont été immédiatement présentés. On nous servit ensuite une soupe avec du *tarhana* (yaourt séché), des tomates, du persil et de petits morceaux d'agneau, suivis d'un plat de pommes de terre en cubes dans une sauce à la tomate et aux herbes. Une carpe apprêtée avec beaucoup d'oignons, dans une sauce vinaigrée, assaisonnée d'épices et d'herbes, ultime hommage au pêcheur de la famille, nous fut offerte. Et, comme toujours, du pain plat au sésame pour recueillir, tremper et essuyer ce que les cuillers et les fourchettes avaient manqué dans nos assiettes.

Entre-temps, le clan d'Ilknour au grand complet avait pris place sur les divans ; chacun, à tour de rôle, nous encourageait à manger davantage et nous interrogeait au sujet du Canada. La belle-sœur de notre amie apporta des pommes fraîchement cueillies et des grappes de raisins translucides de leur jardin, et le festin se poursuivit. De multiples tasses de *chaï* (thé noir turc), des conversations animées, et de nombreuses prises de photos s'ensuivirent.

Au terme de cette soirée, il fallut bien partir, le ventre plein, les bras chargés de fruits et, bien entendu, des recettes de tout ce que nous avions dégusté. En approchant de la barrière, nous nous sommes retournés : Ilknour nous suivait de près. « Encore une chose », a-t-elle murmuré en nous offrant de tout cœur trois roses rouges sur lesquelles reposaient encore quelques gouttes de rosée.

MENEMEN
RAGOÛT DE LÉGUMES ET D'ŒUFS

Cette recette simple et rapide se doit d'être bien piquante. Si vous n'aimez pas les œufs mollets, brouillez-les dans le ragoût de légumes. Ce plat se fait facilement pour plusieurs personnes. Il suffit de mettre le ragoût cuit dans des ramequins individuels, de casser les œufs dessus et de cuire au four quelques minutes.

1	petit oignon, tranché
1	piment doux vert turc ou hongrois **ou** poivron vert, tranché mince (1/2)
2 c. soupe	beurre clarifié **ou** huile d'olive et beurre
2	tomates épluchées, hachées
2 c. soupe	piment d'Alep **ou** pâte de piment fort turc
	sel
1/2 c. thé	poivre noir moulu
2	œufs
2 oz	fromage turc (beyaz peynir) **ou** feta grecque, dessalée 10 min dans 1 tasse d'eau froide
	flocons de piment d'Alep pour garniture

- Faire sauter l'oignon et le piment dans le beurre clarifié dans une petite poêle ou cassolette jusqu'à ce qu'ils commencent à colorer (5 min).
- Ajouter les tomates, le piment d'Alep, le sel et le poivre.
- Mélanger et cuire jusqu'à ce que la sauce commence à épaissir. Faire deux petits creux dans la sauce et casser un œuf dans chacun.
- Couvrir d'un couvercle ou d'une assiette et cuire à feu doux jusqu'à ce que les œufs soient pochés (4 min).
- Garnir de fromage ou de yogourt à l'ail (p. 89) et décorer de quelques flocons de piment d'Alep.
- Servir avec du pain.

Le piment turc ou piment d'Alep

Le piment est devenu indispensable à la cuisine turque. On le trouve sous plusieurs formes. Le *kirmizi biber* (aussi appelé piment d'Alep) a un goût très fruité, légèrement piquant, et est généralement vendu en flocons quelque peu huilés. On le trouve aussi rôti jusqu'à ce qu'il soit presque noir ; ce piment rôti a un arôme puissant. Les pâtes de piments turques (douces et fortes) s'utilisent comme la pâte de tomate et donnent une belle couleur aux plats, surtout quand elles sont revenues lentement dans une matière grasse.

Eğirdir Balik Yahnise
RAGOÛT DE POISSON DES PÊCHEURS D'EĞIRDIR

On utilise le poisson entier pour cette recette de pêcheurs toute simple. La tête et les arêtes enrichissent la sauce et la chair du poisson se défait moins. Si vous utilisez des filets, le plat sera plus facile à manger, mais moins savoureux.

2 lb	carpe
	ou autre poisson à chair ferme
	farine
3 c. soupe	huile
2	gros oignons, tranchés
2 tasses	tomates en cubes
3 c. soupe	vinaigre
1 c. thé	sucre
	sel
1 paquet	persil, haché
	ÉPICES MOULUES **A**
2 c. thé	épices à poisson turques (p. 245)
1/2 c. thé	casse

- Nettoyer le poisson.
- Fariner légèrement les morceaux de poisson.
- Chauffer l'huile et faire revenir les oignons 2 min. Ajouter les morceaux de poisson et dorer des deux côtés. Retirer le poisson.
- Ajouter les tomates aux oignons, puis le vinaigre, le sucre, le sel, les *épices moulues A* et 1 tasse d'eau.
- Porter à ébullition, puis cuire à feu doux 5-10 min, jusqu'à ce que les tomates se défassent.
- Ajouter le poisson et la moitié du persil.
- Couvrir et laisser mijoter 5 min.
- Retourner le poisson dans la sauce et laisser mijoter jusqu'à ce qu'il soit cuit (environ 5-10 min de plus).
- Garnir du reste de persil haché.
- Servir avec du pain pour tremper dans la sauce.

Les épices amères sont équilibrées par le sucre et le vinaigre, auquel on pourrait substituer du citron. La casse, légèrement piquante, a remplacé le poivre. C'est une variation de l'éternelle combinaison sel – poivre dont on devrait se servir plus souvent.

Nohut yahnïse
RAGOÛT DE POIS CHICHES ET D'ÉPINARDS

Un plat simple qui illustre bien le mariage de quelques épices avec les herbes fraîches. Le pekmez est un ingrédient ancien que les Romains utilisaient déjà. Il s'agit tout simplement de jus de raisins frais qui a été cuit et réduit jusqu'à ce qu'il devienne épais et très sucré. On l'achète tout fait dans les épiceries moyen-orientales.

1 1/2 tasse	pois chiches secs, trempés
	ou pois chiches cuits (4 tasses)
3 c. soupe	huile d'olive
1	gros oignon, tranché
6	gousses d'ail, hachées
1 c. soupe	pekmez
	ou sucre
3 c. soupe	vinaigre de vin
1 1/2 tasse	tomates épluchées, hachées
1 paquet	épinards, nettoyés
	sel
	ÉPICES MOULUES A
1 c. thé	piment d'Alep (p. 82)
1/2 c. soupe	fenouil
1 c. thé	cumin
	HERBES HACHÉES B
1 poignée	aneth, persil et menthe

- Rincer les pois chiches trempés. Placer dans une casserole et recouvrir d'eau froide. Porter à ébullition, couvrir et mijoter à feu moyen jusqu'à ce que les pois chiches soient tendres. Réserver.
- Chauffer l'huile et faire revenir l'oignon, l'ail et les *épices moulues A* jusqu'à ce que les oignons soient dorés. Ajouter le pekmez, le vinaigre, les tomates et le sel. Cuire jusqu'à ce que les tomates commencent à se défaire. Ajouter les pois chiches et mijoter 15 min.
- Ajouter les épinards et bien mélanger. Mijoter 10 min de plus. Ajouter les *herbes hachées B* et servir.

Le *sambar* (p. 120) et les lentilles aux épinards (p. 104) ont pratiquement les mêmes ingrédients de base que ce ragoût : légumes et légumineuses. Les épices varient mais une certaine constance demeure : la plupart des épices graines sont rissolées et perdent ainsi de leur amertume ; les herbes sont ajoutées à la fin ; et les aromates (ail, oignon ou gingembre) jouent un rôle important dans les recettes, qui contiennent toutes du piment. Une belle démonstration des possibilités offertes par les épices.

STEAK HACHÉ À LA TURQUE *recette d'inspiration*

Les Turcs sont champions dans l'art de mariner et de griller les viandes, et jamais il ne leur viendrait à l'idée de les préparer sans épices. Même un simple morceau d'agneau poêlé nature est relevé de casse et de sel au moment de servir, et une tranche de foie l'est de cumin et de piment d'Alep. Cette recette est inspirée des innombrables koftes, les boulettes de viande turques.

2 lb	agneau
	ou veau haché
	ou autre viande hachée mi-maigre
1/2 c. thé	casse, moulue
2 c. soupe	épices à kofte (p. 245)
1	œuf
	sel

- Mélanger tous les ingrédients. Façonner en 8 galettes de 1/2 po d'épaisseur.
- Cuire au gril ou à la poêle.
- Servir avec vos condiments favoris ou la salade d'oignons (p. 94) et le yogourt à l'ail (p. 89), ou encore avec une petite salade de tomates et de menthe fraîche.

Les épices à kofte s'intègrent aussi bien aux marinades de brochettes qu'aux grillades de viande. D'ailleurs, une pointe de ce mélange d'épices piquantes, aromatiques, liantes et amères fait des merveilles avec la plupart des viandes !

ANTIOCHE
TERMINAL DE LA ROUTE DES ÉPICES

La ville d'Antioche était déjà ancienne quand les apôtres y fondèrent, au Ier siècle apr. J.-C., ce qui est aujourd'hui la plus vieille église de la chrétienté. Située sur le bord de la Méditerranée, en Turquie, à quelques kilomètres de la Syrie, la ville a été pendant très longtemps, avec Alexandrie en Égypte, le plus important terminal de la route des épices de la Méditerranée. Les épices partaient des Indes en bateau, remontaient ensuite l'Euphrate, puis traversaient la Syrie en caravane. Arrivées à Antioche, elles repartaient vers le monde méditerranéen et l'Europe. Les villes de la région ont changé de main à de nombreuses reprises au cours des siècles : Perses, Arabes, Égyptiens, Syriens, Turcs se sont tour à tour disputé ce territoire fertile. L'histoire a laissé sur la cuisine de la région une empreinte indélébile.

Bastion de la gastronomie

La cuisine syrienne est considérée par beaucoup comme l'une des plus fines du Moyen-Orient ; le triangle formé par Antioche et Antep en Turquie, et par Alep dans le nord de la Syrie, en est le cœur. La visite du bazar d'Antioche enchanterait n'importe qui. Cet immense marché couvert est le domaine des gourmands et l'on y trouve de tout : dans les recoins, des fours à bois où l'on peut apporter les plats qu'on a préparés à la maison et les faire cuire pour quelques sous à côté des pains du boulanger ; les fruits et les légumes, cueillis mûrs dans la région ; les pâtisseries, avec leurs baklavas luisants de beurre et de miel des montagnes, remplis des célèbres pistaches d'Antep ; les marchands d'olives et de marinades ; les fabricants de blé filé que les gens rapportent à la maison pour faire les *kneffès*, une pâtisserie de fromage imbibée de sirop de rose ; et bien entendu les épices, des pyramides de parfums, des mélanges enivrants, une variété comme on en voit peu dans le monde. Évidemment, tout ça avec un accueil où le commerce s'accompagne d'une sincère chaleur humaine, et où les marchands insistent pour vous faire déguster leurs échantillons, même si vous n'achetez pas.

Sur les visages des commerçants, on lit la fierté pour leurs produits faits dans la grande tradition. Cet accueil est typique du Moyen-Orient, où bien manger tous les jours est un principe de vie. Vous trouverez dans ce chapitre des combinaisons d'épices et d'ingrédients qui se transposent facilement à d'autres recettes.

Épices typiques

Casse, cannelle, poivre blanc, poivre noir, quatre-épices, girofle, muscade, safran, cardamome, menthe, fenugrec, coriandre, piment d'Alep, macis, mahleb, piment d'Alep piquant, rose, sumac moulu, thym, sésame, fenouil, origan, sumac entier.

PILAF DE RAISINS SECS, DE PISTACHES ET D'AGNEAU recette d'inspiration

Cette recette d'inspiration respecte bien l'équilibre d'épices et de goûts de la cuisine syrienne.
Utilisez les restes pour farcir des feuilles de vigne ou des légumes.

POUR LE RIZ

2 tasses	riz turc **ou** riz à grain long
3 c. soupe	graisse d'agneau **ou** beurre clarifié **ou** beurre et huile
1	gros oignon, haché
1/4 tasse	raisins secs
1/4 tasse	pistaches, écalées
	sel
3 tasses	bouillon d'agneau ou de poulet **ou** eau

ÉPICES MOULUES A

1 1/2 po	casse
8	grains de quatre-épices
1/2 c. soupe	cumin
1 c. soupe	piment d'Alep

POUR L'AGNEAU

1 lb	agneau haché mi-maigre
1 c. thé	baharat syrien, moulu (p. 243)
	sel

GARNITURE B

casse, moulue
piments turcs ou hongrois, grillés

- Rincer le riz dans une passoire. Égoutter.
- Chauffer le gras à feu moyen dans une casserole à fond épais. Y faire dorer l'oignon quelques minutes. Ajouter les *épices moulues A*, les raisins et les pistaches. Faites revenir 2 min de plus.
- Ajouter le riz égoutté et le sel. Mélanger bien et ajouter le bouillon d'agneau. Porter à ébullition. Couvrir et cuire 20 min à feu doux. Retirer du feu et laisser reposer à couvert 15 min de plus.
- Entre-temps, chauffer une poêle à feu moyen-élevé. Y ajouter l'agneau, le baharat et le sel.
- Cuire la viande en la défaisant avec une cuiller de bois jusqu'à ce qu'elle commence à brunir. Réserver.
- Pour servir, alterner le riz avec des couches de viande dans un plat de service.
- Garnir de casse moulue et accompagner de yogourt à l'ail (ci-dessous) et de piments doux grillés.

HAYDARI
YOGOURT À L'AIL

1 tasse	yogourt épais nature
1	gousse d'ail, hachée fin
2 c. soupe	menthe séchée
1/4 c. thé	sel

- Mélanger les ingrédients.

Les épices de cette recette se retrouvent dans beaucoup de pilaf de riz et de viande, de la Turquie jusqu'en Inde. Ce genre de combinaison remonte aux Perses, et peut être enrichi par du safran, du curcuma, des pétales de rose, du kentjur, du mastic ou du poivre long.

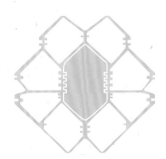

ÇİĞ KÖFTE
TARTARE D'AGNEAU

Il existe plusieurs versions de tartare au Moyen-Orient, comme le kibbeh nayé *libanais. Cette version vient d'Antep.*

1 1/4 tasse	bulgur fin (n° 1)
1/2 lb	agneau **ou** bœuf très maigre, fraîchement haché
	ÉPICES MOULUES **A**
1/2 po	casse
1/2 tasse	piment d'Alep
1/2 c. thé	poivre noir
3	clous de girofle
1/4 c. thé	quatre-épices
1/2 c. thé	cumin
1 c. thé	coriandre
1/4 c. thé	fenugrec
	AROMATES **B**
1/2 c. soupe	pâte de tomate
1 c. soupe	pâte de piment fort
2 c. soupe	huile d'olive
1 botte	persil, haché fin
4	échalotes vertes, hachées fin
1	oignon moyen, haché fin
5	gousses d'ail, hachées fin
3/4 c. soupe	sel
	GARNITURE **C**
2	citrons, en quartiers
1	oignon, tranché feuilles de laitue **ou** persil

- Tremper le bulgur dans l'eau bouillante durant 30 min. L'égoutter et l'essorer avec les mains. Laisser reposer 30 min.
- Pétrir la viande et le bulgur jusqu'à ce que le mélange soit homogène (5 min).
- Ajouter les *épices moulues A* et les *aromates B* et pétrir 20-25 min, jusqu'à ce que le mélange soit complètement lisse et homogène. Un malaxeur à cuve avec un crochet à pain donne de bons résultats.
- Réfrigérer jusqu'au moment de servir.
- Former des petits paquets avec la main et servir sur des feuilles de laitue avec des rondelles d'oignon et accompagner de quartiers de citron.

Le mélange d'*épices moulues A* convient particulièrement à l'agneau et au bœuf. C'est essentiellement un baharat auquel on a ajouté le bloc coriandre – cumin – fenugrec. Notez la petite quantité de fenugrec nécessaire à l'équilibre du mélange. N'hésitez pas à faire une bonne quantité de cette recette. Le lendemain, les restes feront d'excellentes petites boulettes mijotées dans un peu de sauce tomate et accompagnées de yogourt à l'ail (p. 89).

MOUHAMARA

TREMPETTE DE NOIX À LA MÉLASSE DE GRENADE

Cette délicieuse trempette se sert au début du repas avec d'autres mezzes, accompagnée de pain pita.

3/4 tasse	piment d'Alep, finement moulu
3/4 tasse	huile d'olive
1/4 tasse	pâte de piment turque
6 c. soupe	mélasse de grenade
	jus de 1 citron
6	tranches de pain complètement sec
2 tasses	noix de Grenoble
	sel
	ÉPICES MOULUES **A**
1/2 c. thé	poivre noir
1/2 po	casse
1/2 c. thé	cumin
1/2 c. thé	Cayenne

- Mélanger le piment d'Alep, les *épices moulues A* et l'huile d'olive. Laisser reposer 30 min.

- Mélanger la pâte de piment avec le jus de citron et la mélasse de grenade. Réserver.

- Concasser le pain en morceaux et le détremper avec de l'eau tiède 5 min. Égoutter et essorer le pain avec les mains.

- Placer le pain ramolli dans un robot et pulvériser pour obtenir de la chapelure. Réserver.

- Hacher finement les noix dans le robot par impulsions, puis ajouter la chapelure et pulser à nouveau pour bien mélanger. Ne pas réduire en purée.

- Mettre le mélange dans un bol. Ajouter tous les ingrédients restants. Mélanger bien avec une cuiller de bois.

- Servir avec du pain.

- La *mouhamara* se conservera plusieurs jours au réfrigérateur.

Ici, on détrempe le piment moulu sec avec de l'huile d'olive pour faire un genre de pesto. Les piments en flocons et les paprikas sont des épices liantes qui, une fois trempées à l'huile, deviennent des bases polyvalentes auxquelles on peut ajouter d'autres épices. Voir la recette de crostinis créoles (p. 219).

Le baharat

Le baharat est le mélange classique du Moyen-Orient. Les versions varient d'une région à l'autre, mais elles contiennent en général les quatre épices classiques : cannelle ou casse, muscade, girofle et poivre. C'est un mélange passe-partout dont on se sert surtout dans les plats de viande. On peut l'utiliser autant lors de la cuisson qu'en finition. Ce mélange merveilleux ne devrait pas être limité à la cuisine du Moyen-Orient, ni aux viandes. Essayez-le dans les plats de riz, de légumes, de champignons ou de fromages (différentes versions, p. 243).

Tereyağli humus
HUMMUS CHAUD

Voici la version syrienne de ce classique du Moyen-Orient !
Même sans cuisson, l'addition de cumin et de piment fort
rehausse à merveille tous les hummus.

2 tasses	pois chiches, cuits
1 tasse	tahini (beurre de sésame)
3 c. soupe	huile d'olive
	CONDIMENTS A
5	gousses d'ail
	jus de 1 citron
1/2 c. thé	piment fort en poudre
1 c. soupe	cumin, moulu
	sel
	FINITION B
3 c. soupe	beurre
	ou huile d'olive
1 c. soupe	cumin en grains
1 c. thé	piment d'Alep
2 c. soupe	noix de pin

- Placer les pois chiches dans un robot avec les *condiments A*.

- Réduire le tout en fine purée. Incorporer le tahini et l'huile d'olive jusqu'à ce que le hummus soit crémeux. Ajouter un peu d'eau s'il est très épais, car il va continuer à épaissir au four.

- Étaler le hummus dans un petit plat à gratin.

- Chauffer le beurre dans une petite poêle et lorsqu'il mousse, ajouter les ingrédients de *finition B*. Faire revenir 2-3 sec et verser sur le hummus.

- Cuire 10-15 min à 425 °F jusqu'à ce que le hummus soit chaud, le beurre absorbé et les noix bien dorées.

- Servir chaud avec du pain.

Le cumin entier et les noix rissolées puis rôties en surface du hummus font que chaque bouchée est différente, ce qui évite l'ennui des papilles gustatives. On peut aussi saupoudrer un peu de sumac au moment de servir pour donner une note acide occasionnelle.

Le sumac

Le sumac est le fruit d'un vinaigrier originaire du Moyen-Orient. On l'utilise depuis des milliers d'années pour acidifier et donner une saveur fruitée aux plats de poisson, de viandes grillées, aux marinades et aux salades de légumes. C'est aussi un ingrédient indispensable du *zaatar* (p. 96).

SARMISAKLI MANTAR
CHAMPIGNONS ÉTUVÉS AUX ÉPICES ET À L'AIL

Cette recette peut se faire avec toutes sortes de champignons, et même avec d'autres légumes. Ce plat se mange chaud ou tiède, en entrée avec d'autres mezzes ou en plat d'accompagnement.

1 lb	petits champignons de Paris
	INGRÉDIENTS A
2 c. soupe	huile d'olive
2 c. soupe	pâte de piment turc
	sel
10	gousses d'ail, hachées fin
	ÉPICES MOULUES B
1/2 po	casse
6	grains de quatre-épices
2 c. soupe	coriandre
1/2 c. thé	poivre noir
1 pincée	muscade râpée
	FINITION C
1 poignée	basilic, menthe et persil

- Nettoyer les champignons.
- Placer les champignons dans une casserole à fond épais. Ajouter tous les *ingrédients A* et les *épices moulues B*. Ajouter 2 c. soupe d'eau.
- Couvrir et cuire à feu vif jusqu'à ce que les champignons mijotent dans leur jus et que la vapeur s'échappe des côtés (5-10 min). Remuer de temps en temps.
- Retirer le couvercle et continuer de cuire à feu vif jusqu'à ce que le jus soit presque tout évaporé. Remuer de temps en temps.
- Ajouter les herbes de *finition C* déchiquetées au moment de servir.

Le mélange d'épices de cette recette se marie bien avec les légumes et les herbes. La touche d'épices classiques – poivre, casse, quatre-épices et muscade – est associée à une bonne quantité de coriandre, qui lie les saveurs. Les herbes sont ajoutées à la fin pour donner de la fraîcheur.

SOĞAN PİYAZI
SALADE D'OIGNON

Difficile de faire plus simple. Cette salade acidifiée par le sumac se sert en accompagnement ou en garniture pour une multitude de plats, mais particulièrement pour les grillades. Le sumac remplace bien le vinaigre ou le jus de citron.

1	gros oignon
3 c. soupe	sumac, moulu
1/2 c. thé	sel

- Couper l'oignon en tranches fines.
- Bien mélanger avec le sumac et le sel.
- Servir.

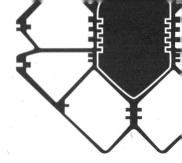

ZEYTIN SALATASI
SALADE D'OLIVES VERTES ET DE GRENADE

Cette salade ne contient pas d'épices, mais elle nous a tellement enchantés que nous sommes retournés à plusieurs reprises au petit restaurant d'Antioche où nous l'avions découverte ! Une recette d'automne et de début d'hiver, quand les grenades sont en saison. On trouve la mélasse de grenade dans les épiceries moyen-orientales.

3 tasses	olives vertes bien fermes
1/2 tasse	noix de Grenoble
1/2 tasse	graines de grenade
1 paquet	persil
4	échalotes vertes
2	tiges de menthe fraîche
	jus de 1/2 citron
2 c. soupe	mélasse de grenade
2 c. soupe	piment d'Alep

- Tremper les olives dans de l'eau fraîche pendant 15 min pour les dessaler.
- Rincer et presser les olives avec la paume de la main pour les ouvrir et enlever les noyaux.
- Hacher grossièrement les olives au couteau (cela permet aussi de s'assurer qu'il n'y reste plus de noyaux).
- Hacher les noix grossièrement au couteau.
- Hacher les herbes grossièrement.
- Mélanger tous les ingrédients dans un bol. Goûter et ajuster la salade.
- Servir avec du pain.

ZAATAR
ZAATAR

Voici la version d'Antep de ce mélange classique du Moyen-Orient, avec des pistaches, bien sûr! La version jordanienne, elle, contient quelques graines d'anis au lieu des pistaches. En Turquie occidentale, on ajoute de l'origan.

2 c. soupe	sumac
2 c. thé	thym
1/2 c. thé	poivre noir
2 c. thé	graines de sésame, grillées
2 c. thé	pistaches
1/2 c. thé	sel

- Moudre finement le sumac, le thym et le poivre.
- Moudre les épices restantes en poudre grossière.
- Mélanger bien les deux poudres.

Le sumac et le thym font du zaatar une épice de finition acide – amère. Une combinaison de goûts assez rare pour un mélange d'épices.

Le zaatar

Le zaatar se met sur les pains plats avant de les cuire. On le mélange aussi à de l'huile et on y trempe le pain avant de le manger. On le saupoudre sur des viandes grillées avant de les servir. Essayez-le sur du poisson grillé servi avec une sauce *taratur*.

Cette soupe végétarienne est dérivée d'une soupe classique du répertoire syriaque faite à base d'agneau et de fond d'agneau.

1 c. soupe	pâte de tomate
1 tasse	lentilles rouges **ou** lentilles cuites (2 tasses)
	LÉGUMES A
1	gros oignon, haché
1	carotte, en dés
4	gousses d'ail, hachées
1	piment vert hongrois, en dés
4 c. soupe	huile d'olive
	ÉPICES MOULUES B
1/2 c. thé	poivre noir
1 c. thé	sucre
2 c. thé	cumin
3 c. thé	coriandre
1 c. thé	fenugrec
1 - 2	chiles chipotles secs
	GARNITURE C
1 petit bouquet	persil
	quartiers de lime

- Faire revenir les *légumes A* en les remuant dans l'huile d'olive chaude jusqu'à ce qu'ils commencent à colorer.
- Ajouter les *épices moulues B* grossièrement et la pâte de tomate. Remuer et faire revenir 1 min.
- Rincer les lentilles rouges à l'eau froide dans une passoire.
- Ajouter les lentilles, 2 litres d'eau, le sel, et le sucre.
- Réduire le feu et cuire à couvert jusqu'à ce que les lentilles tombent en purée (25-40 min). Remuer de temps en temps.
- Avant de servir, ajouter le persil haché et mélanger.
- Servir avec des quartiers de lime.

Notez les proportions du bloc cumin – coriandre – fenugrec, qui donne à la soupe une saveur typique du **Moyen-Orient**. Dans cette version végétarienne, le piment fumé enrichit la soupe pour compenser l'absence de viande. Si vous voulez réaliser la soupe originale, faites revenir 3/4 tasse d'agneau en petits dés avec les légumes et utilisez du fond d'agneau au lieu de l'eau, du piment fort ordinaire plutôt que fumé, et garnissez la soupe de menthe pour complémenter la saveur de l'agneau.

Asie du Sud

HIND
CÔTE DES ÉPICES
ROUTES DU CARI
SRI LANKA

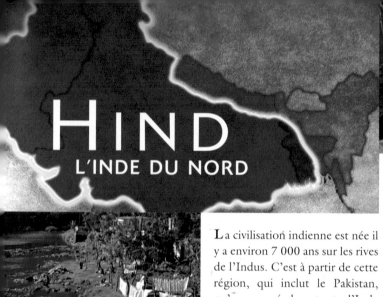

HIND
L'INDE DU NORD

La civilisation indienne est née il y a environ 7 000 ans sur les rives de l'Indus. C'est à partir de cette région, qui inclut le Pakistan, qu'a rayonné dans toute l'Inde du Nord l'ancienne culture que les Indiens nomment encore *Hind* ou *Sind*. À cette époque déjà, les céréales et le bétail constituaient les fondations de l'agriculture et le commerce, la base de l'économie.

L'histoire de la région peut se résumer en une longue série d'invasions qui ont entraîné une succession de royaumes. Venus d'Asie centrale, du Moyen-Orient et finalement d'Europe, les conquérants ont tour à tour introduit leurs cuisines respectives et de nouveaux ingrédients. Ces cultures culinaires ont été intégrées au cours des siècles aux différentes cuisines locales indiennes, créant ainsi non pas *une* cuisine indienne, mais bien une multitude de cuisines définies par les régions, les religions, les castes et groupes culturels.

Cari et masalas

Il est difficile de généraliser sur la cuisine d'un pays aussi vaste et divers, mais une chose est sûre : les vagues successives d'envahisseurs et de réfugiés y ont toutes laissé leur marque.

Les céréales, les légumineuses, les produits laitiers et les légumes sont encore la base de l'alimentation. Bien que la viande soit consommée avec modération par plusieurs minorités, le végétalisme est la norme. Quant aux cuisiniers, confrontés à un garde-manger limité et souvent peu varié, ils ont dû recourir aux épices pour créer une immense palette de saveurs. Les masalas (le mot veut tout simplement dire «mélange»), les oignons longuement rissolés et le trio ail – gingembre – piment frais sont la base de beaucoup de recettes.

On pourrait penser que les caris sont la base de la cuisine indienne, mais en fait, tout bon repas indien est basé sur le riz ou le pain et est toujours accompagné de plusieurs plats, condiments et salades. Le cari est originaire du sud de l'Inde, où les Britanniques avaient établi leur premier comptoir. Le mot «curry» est passé dans l'usage en anglais puis, dans une certaine mesure, en hindi pour décrire les plats indiens en sauce, mais il n'existe toujours pas en Inde une poudre passe-partout qui relève invariablement tous les mets. Beaucoup de cuisiniers préparent encore leurs masalas eux-mêmes et les rayons d'épices des supermarchés proposent aujourd'hui des gammes diversifiées et impressionnantes de mélanges propres à chaque recette. Ces masalas peuvent aller d'un mélange simple fait de quelques graines, comme le panch phoran du Bengale, à d'autres très complexes, comme le lazzat-e-taam de Lucknow, qui est composé de 24 épices rares presque oubliées aujourd'hui.

Il faudrait sans doute une encyclopédie très volumineuse pour rendre compte de toute la cuisine d'un pays aussi vaste et ancien que l'Inde. Les recettes choisies dans ce chapitre reflètent la diversité des techniques propres aux épices et elles seront, nous l'espérons, une source d'inspiration.

Épices typiques

Noix de cheronji, adjwain, fenouil de Lucknow, coriandre, graine de moutarde, graine de pavot blanc, anis, fenouil, amchoor, girofle, safran, asafœtida, gingembre, noix de muscade, casse, cannelle, macis, piment reshampatti, nigelle, fenugrec, cardamome noire, anardana, poivre noir, cumin, cumin noir, carvi, piment de Goa, curcuma, cardamome verte.

LÉGUMES ÉTUVÉS AU PANCH PHORAN <small>recette d'inspiration</small>

Le panch phoran est le masala classique du Bengale. Il est utilisé dans de nombreux plats et s'adapte facilement. L'huile de moutarde lui donne une saveur typique, mais on peut la remplacer par d'autres corps gras.

1 c. soupe	huile de moutarde **ou** huile d'olive
1 c. thé	panch phoran en graines (p. 247)
3	courgettes moyennes, tranchées
2	tomates moyennes, concassées
1	feuille de laurier
1/2 po	gingembre, haché
1/4 c. thé	curcuma, moulu
1/2 c. thé	sucre brut
	sel

- Chauffer une poêle à feu vif. Ajouter l'huile, puis le panch phoran et cuire jusqu'à ce que les épices soient bien roussies (5-10 sec).
- Ajouter immédiatement tous les ingrédients restants pour éviter que les graines brûlent.
- Faire sauter 1-2 min. Réduire le feu et cuire en remuant de temps en temps, jusqu'à ce que les légumes soient tendres.

Notez la présence de sucre qui équilibre l'amertume des épices roussies. Un peu d'oignon sauté aurait le même effet. L'autre intérêt des épices entières roussies, réparties de manière inégale, est de rendre chaque bouchée différente.

Panch phoran

Le panch phoran est le masala le plus utilisé au Bengale. Il est composé de cinq épices : cumin, adjwain, graine de moutarde, fenouil et nigelle. Le mélange est très amer, mais il atteint un équilibre agréable lorsqu'on le fait rôtir dans une poêle à sec ou roussir dans de l'huile chaude jusqu'à ce que les graines deviennent brun-roux et croustillantes. Une fois cette étape accomplie, le panch phoran s'intègre entier ou moulu à de nombreux plats et condiments. Il entre fréquemment, avec d'autres épices, dans des recettes bengalaises de poissons, de légumes, de dahls et de chutneys. Il est en quelque sorte le point de départ d'un plat auquel on pourra ajouter d'autres épices et aromates. Depuis quelques années, bon nombre de chefs indiens d'autres régions ont intégré avec enthousiasme ce masala passe-partout à leur répertoire aromatique.

TAMATAR CHAATNI
CHUTNEY DE TOMATES AU PANCH PHORAN

5 c. soupe	tamarin
1 lb	tomates mûres
2 c. thé	huile de moutarde **ou** huile d'olive
2 c. soupe	panch phoran (p. 247)
2	piments forts frais, hachés
1 tasse	sucre
1 c. thé	sel
1/2 tasse	dattes, hachées et dénoyautées **ou** raisins secs

- Tremper le tamarin dans 1/4 tasse d'eau chaude pour en extraire la pulpe. Retirer les fibres et les graines.
- Éplucher les tomates et les couper en gros morceaux.
- Chauffer une casserole à feu moyen. Ajouter l'huile et faire roussir le panch phoran. Ajouter les ingrédients restants. Mijoter à découvert et remuer de temps en temps jusqu'à ce que le chutney ait la consistance voulue (environ 30 min).
- Ce chutney se conserve quelques semaines au réfrigérateur.

HYDEBARADI BIRYANI
BIRYANI D'AGNEAU

Une recette qui vient des cuisines du palais des Nizams (les maharajas) de la ville d'Hyderabad. Ce plat consiste à placer un korma au centre d'un plat de riz mi-cuit et d'étuver tranquillement ce dernier pour le parfumer tout en achevant sa cuisson. Chaque bouchée de ce plat de roi est unique en raison de l'assaisonnement qui est absorbé différemment par le riz. Ce plat complexe est plutôt long à préparer ; par contre, il n'est pas très difficile à réussir. Concoctez-le pour les gens que vous aimez et qui sauront apprécier toute la minutie que vous y aurez mise.

1	recette de korma d'agneau (p. 103)
1	recette de riz basmati aux épices (p. 109)
3 c. soupe	ghee (p.103) **ou** beurre
1 tasse	feuilles de coriandre, hachées
1/2 tasse	feuilles de menthe, hachées
2	piments verts piquants

Une des clés de la réussite de ce plat consiste à ne pas uniformiser la répartition ou la distribution des ingrédients. En ajoutant une épice entière ici, une cuiller de sauce ou de lait au safran là, vous créerez un plat où chaque bouchée sera distincte, mais où la première sera aussi bonne que la dernière !

- Préparer le korma d'agneau selon la recette ; le conserver au chaud. Réserver le ghee de cuisson des oignons et les oignons caramélisés pour l'assemblage du biryani.

- Préparer le riz basmati jusqu'à la quatrième étape (incluse), où l'on égoutte le riz mi-cuit.

- Assembler maintenant le biryani.

- Prendre une casserole épaisse allant au four (fonte émaillée ou pyrex) et ayant un bon couvercle. En brosser le fond avec 3 c. soupe de ghee.

- Y étendre la moitié du riz chaud. Étaler dessus les oignons caramélisés du korma. Répartir les morceaux de viande en les enfonçant un peu dans le riz. Avec une cuiller, placer la sauce autour des morceaux de viande. Recouvrir la viande du reste de riz. Poser ici et là, sur le riz, les herbes et les piments, verser le ghee des oignons. À la cuiller, arroser le tout de lait au safran de façon à colorer inégalement le riz.

- Placer la casserole dans un four préchauffé à 375 °F et cuire 30 min.

- Servir avec un raïta aux herbes bien frais.

RAÏTA
YOGOURT AUX HERBES

1 1/2 tasse	yogourt
1/2	oignon moyen
1/4 tasse	feuilles de coriandre, hachées fin
3 c. soupe	feuilles de menthe, hachées fin sel
1 pincée	piment fort, moulu

- Battre le yogourt pour qu'il ne se sépare pas.
- Ajouter les autres ingrédients et mélanger.
- Servir froid.

GOSHT KORMA
KORMA D'AGNEAU

En Inde, on utilise la viande de chèvre pour préparer ce plat. Les morceaux avec os qui viennent du collier, des jarrets et de l'épaule sont les plus moelleux. Les kormas sont des plats longuement mijotés dans une sauce riche à base de yogourt, de lait ou de crème, et parfois des trois. Si vous préparez le korma pour la recette de biryani (p. 102), assurez-vous de faire réduire la sauce jusqu'à ce qu'elle soit très épaisse.

AGNEAU

2 1/2 lb	morceaux de 2 x 2 po d'agneau maigre avec l'os
8 c. soupe	ghee (p. ci-dessous) **ou** huile et beurre
5	oignons, tranchés

MARINADE A

1 c. thé	poivre noir, moulu
2	piments reshampatti **ou** Cayenne, moulu
1 c. soupe	garam masala, moulu (p. 245)
2 c. thé	graines de carvi
1/4 tasse	jus de citron
	sel

MARINADE B

4	gousses d'ail
1/2 po	gingembre
1	piment vert piquant
1 tasse	feuilles de coriandre
1/2 tasse	feuilles de menthe
1 1/2 tasse	yogourt

- Laver les morceaux d'agneau à l'eau tiède. Rincer, égoutter et éponger.
- Frotter la viande avec la *marinade A*.
- Chauffer le ghee dans une grande casserole et y faire revenir les oignons à feu moyen jusqu'à ce qu'ils soient caramélisés et que le gras ressorte (20-25 min).
- Retirer les oignons avec une cuiller trouée. Réserver séparément le gras et les oignons. Étaler les oignons dans une assiette pour les refroidir. Ne pas laver la casserole.
- Placer la moitié des oignons refroidis avec les ingrédients de la *marinade B* dans un robot. Réduire en purée. Ajouter la purée à la viande ; mélanger et laisser mariner 1 h.
- Placer la viande et la marinade dans la casserole où ont cuit les oignons.
- Porter à ébullition et mijoter à couvert à feu doux. Remuer de temps en temps jusqu'à ce que la viande soit cuite et la sauce très épaisse (1 h 30 à 2 h). Enlever le couvercle vers la fin de la cuisson si la sauce est trop liquide. Garder bien chaud.
- Servir garni des oignons réservés.

Ghee

Le ghee (ou beurre clarifié) se trouve dans les épiceries indiennes et dans certaines épiceries spécialisées. Vous pouvez toutefois le préparer vous-même en faisant fondre 1 lb de beurre non salé puis laisser mijoter 5 min. Écumez ensuite le beurre et réfrigérez-le 2 ou 3 h. Le gras solidifié est maintenant clarifié. Il ne vous reste plus qu'à jeter le petit lait qui se trouve au fond du contenant.

En plus de donner un goût incomparable aux aliments, le ghee résiste très bien à la chaleur et, par conséquent, ne brûle pratiquement pas. Notez qu'on trouve aussi dans le commerce du ghee végétal qui est en fait un gras trans hydrogéné.

LENTILLES AUX ÉPINARDS recette d'inspiration

Ce plat végétarien, accompagné de riz ou de pain, constitue un excellent repas.
On peut également en faire une soupe épaisse en ajoutant un peu d'eau.

1 tasse	masoor dahl (p. 121) **ou** lentilles
1 paquet	épinards, lavés
4 c. soupe	jus de citron
	ÉPICES A
1/2 c. thé	curcuma
1	feuille de laurier
	ASSAISONNEMENT B
2 c. soupe	ghee (p. 103) **ou** beurre
1 c. thé	fenugrec
1	oignon, haché fin
1/4 c. thé	asafœtida
1/2 po	gingembre, haché
1	piment fort, haché
	ÉPICES DE FINITION C
4 c. soupe	ghee (p. 103) **ou** d'huile d'olive
1 c. thé	graines de moutarde
2	piments reshampatti **ou** Cayenne
2 c. thé	cumin noir **ou** cumin (1/2 c. thé)
5	feuilles de cari (opt.) (p. 130)
6	gousses d'ail, hachées fin
6 c. soupe	coriandre fraîche, hachée

- Laver les lentilles à grande eau. Les égoutter et les mettre dans une casserole avec 4 tasses d'eau. Porter à ébullition et écumer. Ajouter les *épices A.* Couvrir et faire mijoter jusqu'à ce que les lentilles soient tendres et qu'elles tombent en purée (20-30 min).

- Préparer l'*assaisonnement B.* Chauffer le ghee dans une petite poêle. Faire roussir les graines de fenugrec. Ajouter l'oignon et cuire jusqu'à ce qu'il soit doré (5 min). Ajouter l'asafœtida, le gingembre et le piment, cuire 1 min. Incorporer aux lentilles.

- Verser assez d'eau pour rendre les lentilles crémeuses. Saler et mijoter 10 min.

- Ajouter les épinards et mijoter 2-3 min de plus. Ajouter le jus de citron. Verser dans un plat de service.

- Préparer les *épices de finition C.* Chauffer une petite poêle avec le ghee, y faire roussir les graines de moutarde et les piments. Ajouter le reste des ingrédients. Cuire quelques secondes et verser immédiatement sur les lentilles.

- Servir.

Cette technique de finition appelée *tarka* ou *baghar* en Inde est probablement l'une des plus utiles pour la cuisine aux épices. Elle consiste à chauffer un corps gras et à infuser des épices et aromates quelques secondes, puis à rapidement verser le tout sur le plat. On peut appliquer cette technique à la finition d'une multitude de recettes (soupes, purées de pommes de terre, pâtes, etc.). En fait, on peut l'appliquer partout où l'on commence ou finit une recette en ajoutant un peu de beurre ou d'huile.

MASALA MO PORO
OMELETTE INDIENNE

Simple, délicieuse et prête en 5 minutes ! Cette omelette, accompagnée de pommes de terre sautées (p. 131) et d'une petite salade, fera un excellent brunch ou repas léger.

1/2 c. thé	cumin
2	œufs
3 c. soupe	oignon, haché
3 c. soupe	tomate, hachée
au goût	piment vert fort, haché
3 c. soupe	coriandre fraîche
	sel
	poivre noir, moulu
1/4 c. thé	curcuma en poudre
1 c. thé	ghee (p. 103)
	ou huile végétale et beurre

- Broyer le cumin grossièrement.
- Placer tous les ingrédients, sauf le ghee, dans un bol.
- Chauffer une poêle antiadhésive de 10 po à feu vif.
- Quand la poêle est chaude, ajouter le ghee.
- Battre les œufs et les légumes vigoureusement pendant 15 sec. Verser le mélange dans la poêle. Mélanger avec une spatule quelques secondes pour saisir les œufs. Égaliser les ingrédients dans la poêle pour former l'omelette.
- Mouiller votre main et asperger le bord de la poêle de quelques gouttes d'eau pour créer un peu de vapeur. Couvrir immédiatement la poêle. Cuire 1-2 min, ou jusqu'à ce que l'omelette soit à votre goût.
- Servir avec un chutney et des quartiers de lime.

Voilà une recette qui illustre à quel point quelques épices changent tout. On peut bien sûr varier les ingrédients. À essayer avec un peu d'ail et de gingembre haché, du garam masala ou encore du panch phoran grillé.

Adjwain

L'adjwain est utilisé couramment en cuisine indienne et éthiopienne (berbéré, p. 243). Plutôt amer, on utilise l'adjwain en petite quantité ; sa saveur rappelle celle du thym.

Amchoor

L'amchoor est une poudre constituée à partir de chair de mangue verte séchée au soleil. Acidulée et fruitée, la poudre d'amchoor convient bien aux plats dans lesquels on souhaite ajouter une pointe d'acidité sans pour autant ajouter du liquide, comme du jus de citron ou du tamarin.

KALI MIRCH MURGH
POULET AU POIVRE NOIR

2 lb	poulet en morceaux
4 c. soupe	ghee (p. 103)
	ou huile végétale et beurre
3	tomates moyennes, épluchées
1 petit bouquet	coriandre, hachée
	ÉPICES MOULUES A
3 c. soupe	poivre noir
1 c. soupe	coriandre
1 c. thé	cumin
2 c. soupe	cardamome
	sel

- Enlever la peau et le gras excédentaire du poulet.
- Le laver ensuite à grande eau, puis l'égoutter et l'éponger avec du papier absorbant. Le placer dans un bol.
- Ajouter les *épices moulues A* au poulet et bien mélanger.
- Chauffer une grande poêle à feu moyen. Ajouter le ghee. Faire dorer le poulet de tous les côtés en le retournant régulièrement (10-15 min).
- Ajouter les tomates coupées en dés et la coriandre. Saler.
- Couvrir et mijoter jusqu'à ce que le poulet soit cuit et le jus bien réduit (15-20 min).

La simplicité du plat illustre comment on peut transposer les épices d'une recette à une autre. Comparez ce poulet avec un poulet *cacciatore* italien aux herbes ou un poulet au xérès et paprika fumé espagnol !

POT DE CRÈME PARSI <small>recette d'inspiration</small>

Les Parsis sont des Perses qui vivent en Inde depuis des siècles. Cette recette s'inspire de leur célèbre custer, *elle-même inspirée de la* custard *des Anglais.*

3 tasses	lait
1 tasse	sucre
1 1/2 tasse	crème 35 %
2	œufs
7	jaunes d'œufs
	ÉPICES A
1	gousse de vanille, fendue
5	cardamomes, craquées
	ÉPICES B
4 c. soupe	amandes, moulues
2 c. soupe	cheronji (opt.)
	ou noix de pin, hachées
1/8	fève de tonka, râpée (opt.)
1/2 c. thé	macis, moulu
1/2 c. thé	eau de rose
pincée	sel

- Préchauffer le four à 350 °F.
- Placer le lait et les *épices A* dans une grande casserole à feu moyen.
- Verser 1/2 tasse de sucre dans le lait. Ne pas mélanger.
- Chauffer le tout jusqu'à ce que le lait commence à frémir. Réduire le feu et laisser le lait s'évaporer tout doucement pendant 15-20 min. Ajouter la crème et retirer du feu.
- Entre-temps, battre les œufs, les jaunes et le reste du sucre pendant 1-2 min. Ajouter les *épices B* et battre 1 min de plus.
- Retirer la vanille et la cardamome du lait chaud ; verser le lait en un mince filet dans le mélange d'œufs tout en fouettant constamment.
- Verser dans huit ramequins individuels.
- Placer les ramequins dans un plat profond allant au four. Verser 1/2 po d'eau chaude dans le plat.
- Cuire au four jusqu'à ce que les crèmes soient fermes (15-20 min environ). Servir tiède ou froid.

Voici un véritable masala d'épices à dessert et une bonne source d'inspiration ! Les noix de cheronji sont utilisées dans les desserts et certains plats salés indiens. Leur saveur est délicate et rappelle celle du malheb du Moyen-Orient.

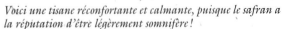

PILAU
RIZ BASMATI AUX ÉPICES

Cuire le riz à grande eau, comme des pâtes, donnera toujours un riz qui ne colle pas.

	RIZ
3 tasses	riz basmati
1/2 tasse	lait
1/4 g	safran
4 c. soupe	ghee (p. 103)
	ou beurre
	ÉPICES A
1 po	cannelle
8	cardamomes
6	clous de girofle
1	feuille de cannelle
	ou feuilles de laurier (3)

- Bien laver le riz et le recouvrir d'eau froide pendant 30 min. L'égoutter et le réserver.
- Entre-temps, faire bouillir le lait. Ajouter le safran. Retirer du feu et laisser infuser.
- Porter 8 tasses d'eau à ébullition avec les *épices A* dans une grande casserole. Couvrir et mijoter 20 min.
- Ajouter le riz égoutté à l'eau bouillante. Mélanger à la cuiller et laisser cuire 5 min à feu vif. Verser le riz dans une passoire ; laisser égoutter (10 sec). Ne pas enlever les épices. Jeter l'eau de cuisson.
- Remettre le riz dans la casserole. À la cuiller, arroser le riz de lait au safran de façon à le colorer inégalement. Verser le ghee sur le riz. Couvrir, placer la casserole à feu très doux 10 min. Éteindre le feu et laisser reposer 10 min avant de servir.

Les épices entières relâchent lentement leurs arômes dans le riz, qui cuit longuement. Chaque épice entière va aussi parfumer plus intensément les grains de riz qui l'entourent, créant ainsi des jeux de saveurs d'une bouchée à l'autre.

PANI MASALA
TISANE D'ÉPICES DU CACHEMIRE

Voici une tisane réconfortante et calmante, puisque le safran a la réputation d'être légèrement somnifère !

2 po	cannelle
6	cardamomes craquées
1 bonne pincée	safran

- Faire bouillir 2 tasses d'eau avec la cannelle et la cardamome.
- Mijoter 5 min.
- Ajouter le safran, retirer du feu et laisser infuser 5 min.
- Servir dans une tasse. Sucrer au goût.

HALVA BADAM
PÂTE D'AMANDES AU SAFRAN

1 lb	amandes, blanchies
1/4 tasse	farine
1/2 tasse	ghee (p. 103)
1/2 tasse	sucre
1/2 g	safran
quelques gouttes	eau de rose
	ou eau de Kewara

- Rincer les amandes et les rouler dans la farine. Tamiser pour retirer l'excédent de farine.
- Chauffer le ghee dans une poêle à feu moyen.
- Faire revenir les amandes jusqu'à ce qu'elles soient bien dorées, puis les laisser égoutter sur un papier absorbant. Réserver le ghee.
- Lorsque les amandes sont froides, les réduire en poudre fine au robot.
- Dans une casserole à feu vif, préparer un sirop avec le sucre et 1/4 tasse d'eau. Lorsque le sirop atteint 238 °F, le retirer du feu. Y ajouter la poudre d'amandes, le safran et 2 c. soupe du ghee réservé. Remuer avec une cuiller de bois jusqu'à ce que le tout soit bien cuit et homogène. Y ajouter quelques gouttes d'eau de rose. Mélanger bien.
- Verser la préparation sur une plaque et la laisser refroidir. Couper en morceaux rectangulaires de la taille d'une bouchée.

À cause de sa légère amertume, le safran se marie bien aux goûts sucrés, c'est pourquoi on devrait l'utiliser davantage dans les desserts. L'eau de rose, quant à elle, a mauvaise réputation en cuisine. Utilisez-en une de bonne qualité ; cela fait toute la différence.

LA CÔTE DES ÉPICES

L'INDE DU SUD

La côte de Malabar, au sud-ouest de l'Inde, est probablement l'endroit le plus fabuleux de toute l'histoire de la route des épices. Non seulement le poivre est originaire de cette région, mais loin dans les terres se trouve l'une des épices les plus rares du monde : la cardamome, qui a donné son nom aux monts où elle pousse. Enfin, depuis l'Antiquité, les épices d'Extrême-Orient comme la cannelle, la casse, le girofle, l'anis étoilé, la muscade et le macis devaient passer par la côte des épices pour atteindre le Moyen-Orient et, finalement, l'Occident. C'est dans des ports déjà célèbres comme Goa, Cochin et Tellecherry que les marins arabes, comme le Sinbad des *Mille et Une Nuits*, venaient acheter les épices des royaumes hindous.

Au cours des siècles, différentes communautés se sont installées sur la côte : les juifs au Ve siècle av. J.-C., les chrétiens syriens vers l'an 300. Par ailleurs, au VIIIe siècle, les communautés arabes qui vivaient là depuis des siècles se sont converties à l'islam, puis, à partir du XVIe siècle, les Européens y ont bâti des comptoirs, en commençant par les Portugais, suivis des Hollandais et des Anglais. Tous se sont établis au sein de la majorité hindoue qui y vivait depuis des millénaires. On retrouve encore aujourd'hui, dans la jungle des monts Cardamome, des poivriers sauvages, et c'est toujours là qu'on cultive les meilleurs poivres noirs et cardamomes du monde. Car cet endroit est l'un des plus humides de la planète, avec deux moussons annuelles.

Les cuisines du Sud ou l'art des masalas

La côte des épices n'a pas une seule cuisine. On parle plutôt d'une mosaïque des différentes traditions culinaires qui se sont influencées mutuellement au cours des millénaires, tout en conservant leur propre caractère. Le riz, la noix de coco, les légumes et les lentilles sont la base de l'alimentation. Les viandes et les poissons se mangent toutefois régulièrement, même au sein de la communauté hindoue, où beaucoup ne sont pas végétariens. Ces ingrédients, mariés à de nombreuses combinaisons d'épices, créent une cuisine très variée dont on ne se lasse jamais. Habituellement, le repas principal se compose d'un ou deux plats longuement mijotés avec des masalas complexes et de plats de légumes *al dente* cuits brièvement avec quelques épices. Le tout est complété par des chutneys, du raïta, des salades, des pickles et des papadums. Ces *thalis*, qui sont souvent servis sur une feuille de bananier, sont une symphonie de parfums complexes et de saveurs simples. Chaque type de recette a son propre mélange d'épices ou de masalas, qui est ajusté selon le choix de l'aliment principal. Bien sûr, chaque cuisinier y met sa touche personnelle. Griller telle épice plutôt que de la faire rissoler, conserver un petit peu du masala qui a rissolé au début de la recette pour l'ajouter à la marmite en fin de cuisson, voilà qui explique le proverbe indien : « Mille cuisiniers, mille masalas. ». Les leçons à tirer ici sont nombreuses, tant pour les techniques de cuisson que pour les combinaisons de saveurs. Pas surprenant, quand on sait que ces cuisines étaient déjà très anciennes quand Shéhérazade racontait au calife les merveilles de l'Orient.

Épices typiques

Poivre noir, girofle, fenugrec, moutarde, cumin, fenouil, asafœtida, goraka, macis, cannelle, feuille de cannelle, feuille de cari, tamarin, cardamome, muscade, piment reshampatti, curcuma, coriandre.

IRACHI MAPPILA
BŒUF AU MASALA MAPPILA

Voilà un cari bien simple et typique. Le bœuf est simplement bouilli avec des aromates et un masala bien revenu. Les Mappilas sont les musulmans de la côte de Malabar et leur cuisine est très réputée auprès des autres communautés de la côte des épices. Si vous disposez d'une cocotte en terre, profitez-en, le résultat sera meilleur.

4 1/2 lb	bœuf à bouillir, coupé en petits cubes
1/2 lb	foie de bœuf, coupé en petits cubes (opt.)
	ÉPICES A
30	feuilles de cari (p. 130)
6 c. soupe	gingembre frais, haché
1/2 c. thé	curcuma, moulu
	sel
	MASALA B
10	gousses d'ail
3/4 tasse	échalotes
5 c. soupe	coriandre, moulue
3 c. soupe	piment fort, moulu
4 c. soupe	huile de coco **ou** huile végétale
3 c. soupe	masala à viande, moulu (p. 246)

- Laver les viandes à grande eau. Égoutter.

- Les mettre dans une cocotte en terre cuite ou dans une marmite à fond épais avec les **épices A** et 1/4 tasse d'eau. Cuire à feu moyen.

- Pour préparer le **masala B**, couper sur le long les gousses d'ail en quatre et les échalotes en huit. Réserver.

- Chauffer un wok à feu doux. Ajouter la coriandre et le piment moulu. Cuire en remuant sans arrêt jusqu'à ce que les épices soient aromatiques (2-3 min). Réserver.

- Chauffer l'huile dans le wok. Y ajouter l'ail et les échalotes et faire revenir à feu moyen jusqu'à ce que le tout soit bien doré. Ajouter le masala à la viande, la coriandre et le piment. Cuire à feu doux 3-4 min, jusqu'à ce que le tout soit très odorant.

- Ajouter à la marmite. Bien mélanger le tout et mijoter à couvert en remuant de temps en temps jusqu'à ce que la viande soit tendre (60-90 min).

Cette recette, typique du Kerala, s'adapte aux poissons, fruits de mer, volailles et viandes. La technique demeure la même (on peut remplacer l'eau par du lait de coco pour un plat plus riche). En fait, le choix de l'ingrédient principal dicte le masala approprié. Les masalas à poisson sont dominés par le piment doux, la coriandre à saveur citronnée et le gingembre. Pour les masalas à volaille, c'est plutôt le poivre, le curcuma et le trio cumin – coriandre – fenugrec qui dominent, légèrement relevés d'épices classiques : cannelle – girofle – muscade. Dans les masalas pour la viande, on sent l'influence musulmane de l'anis étoilé et la dominance des épices classiques : cannelle – girofle – cardamome – muscade (baharat p. 243). Vous trouverez trois masalas de Malabar à la page 246. Les quantités sont données à titre indicatif. N'hésitez pas à varier les proportions selon le goût, l'inspiration et le choix des ingrédients.

VARUTHA THARAVU
CANARD À LA FAÇON SYRIENNE

Cette recette des Syriens chrétiens est habituellement servie à Noël et aux grandes occasions. Ce plat est long à faire, mais il en vaut vraiment la peine. Le canard sauvage est le premier choix, mais on peut très bien faire la recette avec des cuisses de canard d'élevage bien dégraissées.

1	canard
2	pommes de terre moyennes
4 c. soupe	huile de coco **ou** huile végétale
2	gros oignons, tranchés
	ÉPICES MOULUES **A**
5	piments reshampatti **ou** Cayenne
1/4 c. thé	curcuma
1 c. soupe	poivre noir
1 po	cannelle
6	clous de girofle
2	anis étoilés
	AROMATES **B**
6	gousses d'ail
1 po	gingembre
	sel
10	feuilles de cari (opt.) (p. 130)
2 c. soupe	vinaigre

- Couper le canard en huit et enlever l'excédent de gras. Réserver.
- Placer les *épices moulues **A*** et les **aromates *B*** dans un mortier. Piler en pâte fine.
- Mariner le canard dans la pâte d'épices (30 min).
- Entre-temps, couper les pommes de terre en tranches de 1/4 po.
- Chauffer l'huile et y dorer les pommes de terre quelques minutes de chaque côté. Égoutter et réserver pour la garniture.
- Ajouter l'oignon tranché à l'huile de cuisson. Cuire à feu moyen en remuant de temps en temps jusqu'à ce que les oignons soient caramélisés et qu'ils aient rendu l'huile. Retirer les oignons de la poêle avec une cuiller trouée. Réserver.
- Faire revenir le canard égoutté dans la poêle quelques minutes, puis ajouter la pâte d'épices restante. Couvrir à moitié d'eau et mijoter à couvert jusqu'à ce que le canard soit tendre (60-90 min).
- Égoutter le canard et chauffer un peu d'huile dans une poêle. Dorer les morceaux de tous les côtés et réserver. Jeter l'huile.
- Verser la sauce dans la poêle et réduire jusqu'à ce qu'elle soit très épaisse.
- Ajouter le canard et les oignons réservés à la sauce et réchauffer 2-3 min.
- Servir le tout garni des pommes de terre.

Le mélange poivre noir – cannelle – anis étoilé – girofle est un bon complément pour n'importe quel plat de canard, que ce soit un canard à l'orange ou un magret. Lorsque le canard est rissolé à nouveau, la sauce qui colle aux morceaux crée une croûte savoureuse. La longue cuisson et la réduction finale de la sauce intensifient et fondent les parfums des épices de façon spectaculaire! Si le temps ne vous le permet pas, vous pouvez omettre l'étape finale et servir le canard dans sa sauce avec du riz garni des oignons caramélisés.

AVIAL
LÉGUMES ÉTUVÉS À LA NOIX DE COCO

Un grand classique du Sud. Le choix des légumes varie selon les saisons : haricots verts, petites aubergines, carottes, navets, gros concombres, pommes de terre, tomates fermes, citrouilles… Si vous avez la chance d'aller dans une épicerie indienne, n'hésitez pas à y choisir quelques légumes typiques.

6 tasses	légumes de saison
2	oignons rouges moyens
2 - 6	piments verts, au goût
2 c. soupe	huile de coco (opt.)
	ÉPICES MOULUES A
1/2 c. thé	piment fort
1/2 c. thé	curcuma
	sel
	PÂTE DE COCO B
1 c. à soupe	cumin
1 1/2 tasse	coco râpé, frais ou congelé
	AROMATES C
3/4 tasse	échalotes françaises, épluchées
20	feuilles de cari fraîches

- Nettoyer, éplucher et couper les légumes en julienne de 1/4 à 1/2 po.

- Couper l'oignon en julienne, trancher les piments verts en biseau.

- Mettre tous les ingrédients préparés dans un bol. Mélanger avec les *épices moulues A* et 1/4 tasse d'eau.

- Placer dans une casserole et cuire à couvert en remuant de temps en temps, jusqu'à ce que les légumes soient *al dente*.

- Entre-temps, préparer la *pâte de coco B*. Piler le cumin grossièrement au mortier avec 3 c. soupe de coco râpé, puis piler le reste du coco râpé pendant 2 min. Réserver. Piler les échalotes et réserver.

- Quand les légumes sont *al dente*, piler les échalotes et les ajouter avec les feuilles de cari (*aromates C*). Bien mélanger et laisser mijoter 3-4 min.

- Ajouter la noix de coco râpée et l'huile de coco. Bien mélanger. Laisser mijoter 1-2 min.

- Servir ou, mieux encore, mettre de côté et réchauffer 1 ou 2 heures plus tard, l'*avial* sera alors meilleur.

Chikku et l'arbre à feuilles de curry

Akeel Ahammad, ou Chikku pour les intimes, est un enfant turbulent de dix ans qui vit avec sa sœur, Amjatha, et ses parents, Sara et A. Nazer, à Kumily sur la côte sud-ouest de l'Inde, dans les célèbres monts Cardamome du Kerala.

On nous avait vanté les talents culinaires de Sara, et son extraordinaire connaissance de la cuisine du Kerala. Un dimanche matin, ayant réussi à décrocher une invitation, nous avons pris le chemin de son *home stay* (une résidence privée avec chambres à louer aux touristes) nommée fort à propos *Tranquilou*. À notre arrivée, Sara était déjà au travail, hachant et tranchant une grande variété de légumes et de piments. Elle sollicita notre aide pour râper et piler les épices essentielles aux différents masalas pour le repas qu'elle concoctait.

La cuisine était petite et bien organisée, ce qui permettait à Sara d'exécuter ses tâches fort variées avec une remarquable efficacité, pour obtenir finalement un repas de six plats : sambar, avial, covies thoren et bœuf au masala parfumé à l'anis étoilé, mijoté lentement sur l'âtre dans une cocotte d'argile. Bien sûr, il y avait aussi du riz samba pour absorber les saveurs des bouillons et des sauces, ainsi que le légendaire assortiment de condiments de la région.

Peu après le début des opérations, Amjatha a été chargée d'aller cueillir une poignée de feuilles de curry au jardin. L'infatigable Chikku attaqua lui aussi la besogne. Remarquant que sa sœur ne pouvait atteindre les branches du faîte de l'arbre où se trouvent les jeunes feuilles (les plus convoitées), notre Chikku passa illico à l'action. Il se lança à l'assaut de l'arbre grêle comme une tige, mais, bientôt pris de panique, il perdit sa bravade du début au beau milieu de son escalade. Les branches sur lesquelles il posait les pieds oscillaient et ployaient sous son poids. De temps à autre, il laissait échapper de petits cris étouffés tout en essayant de s'accrocher aux quelques branches à sa portée. Nous l'avons persuadé gentiment de descendre avant qu'il ne se blesse et sommes retournés à la cuisine.

Sa fierté pleinement recouvrée, Chikku remit cérémonieusement les feuilles de curry à sa mère. Au grand étonnement de celle-ci, les feuilles étaient encore attachées à la bonne branche sur laquelle elles avaient poussé. La déception – « Mais qu'est-ce que t'as encore fait ? » – et le choc – « Mon seul et unique arbre à feuilles de curry a été mutilé ! » – se lisaient sur le visage de Sara, presque aussitôt remplacés par un air résigné dont elle avait l'habitude. Elle plaça la branche comme un bouquet de verdure sur une tablette, ajoutant une touche décorative à la cuisine, et reprit son travail.

Finalement, nous sommes passés à table pendant qu'on disposait des feuilles de bananier fraîchement coupées devant nous. A. Nazer, notre hôte, servit le repas que Sara préparait depuis notre arrivée (le jour de son jeûne hebdomadaire, on l'apprit plus tard).

Le riz était placé au milieu de la feuille, entouré des plats accompagnés de *papadum*, de limes confites au vinaigre, de chutney de groseilles et d'autres condiments faits maison.

Au sud de l'Inde, on se sert de ses doigts et de la paume de la main droite pour manger. Ainsi, chacun peut mélanger riz et sauces, légumes ou viande et chutneys à son goût, selon la portion désirée, qu'il porte ensuite à la bouche et déguste allègrement ! Les mets servis sur la feuille de bananier étaient tellement variés que chaque bouchée était parfaitement composée et unique.

C'est Sajeesh, notre chauffeur indou, qui, malgré sa caste, a trouvé les mots qu'il fallait. Après avoir plié sa feuille de bananier en deux, indiquant ainsi qu'il était repu, il déclara : « Les femmes musulmanes savent vraiment cuisiner ! » Nous avons approuvé de tout cœur, mais seulement d'un vigoureux signe de la tête, la bouche encore pleine, car nos feuilles de bananier n'étaient pas encore pliées...

VINDALOO
PORC À LA MODE DE GOA

Les Portugais sont arrivés à Goa sur la côte sud-ouest de l'Inde au XVIᵉ siècle, où ils ont introduit les piments originaires de leurs colonies d'Amérique. On retrace le nom du plat aux mots vin *et* alho, *soit « vinaigre » et « ail » en portugais.*

2 lb	épaule de porc
3	oignons, tranchés minces
4 c. soupe	huile végétale
1/2 c. soupe	sucre brut
	sel
	MASALA MOULU **A**
1 c. thé	cumin
1 c. thé	graines de moutarde
1/4 c. thé	curcuma
1 c. thé	poivre noir
2 c. soupe	garam masala du sud de l'Inde (p. 245)
	PÂTE VINDALOO **B**
10-20	piments rashampatti **ou** Cayenne
8	gousses d'ail, épluchées
2 po	gingembre
1/2 tasse	vinaigre de palme **ou** vinaigre blanc

- Couper le porc en cubes de 1 po. Réserver.
- Déchiqueter les piments et les tremper 5 min dans un peu d'eau bouillante. Placer les ingrédients du *masala moulu* **A** et de la *pâte vindaloo* **B**, ainsi que les piments trempés dans un robot et réduire en purée.
- Mélanger 1/3 de la pâte avec la viande et laisser mariner 30 min minimum (plusieurs heures idéalement, si possible). Réserver le reste de la pâte.
- Faire revenir doucement les oignons avec l'huile, en remuant souvent. Quand les oignons sont bien tombés et dorés (environ 15 min), ajouter la pâte restante et cuire 5 min de plus en remuant souvent. Verser un peu d'eau si la pâte commence à coller.
- Ajouter la viande, le sucre, le sel et assez d'eau pour recouvrir le tout.
- Faire mijoter à couvert en remuant à l'occasion jusqu'à ce que la viande soit tendre et la sauce un peu épaisse (60-90 min).
- Servir avec du riz blanc.
- Le *vindaloo* est meilleur réchauffé, un ou deux jours plus tard.

Garam masala

Le garam masala est un mélange d'épices dont la composition varie selon les différentes régions de l'Inde (p. 245). On s'en sert de trois manières : comme composant d'un mélange d'épices, pour relever un plat dans les dernières minutes de sa cuisson ou pour saupoudrer en garniture sur un plat au moment de servir. Le garam masala peut relever avantageusement bien des plats qui ne sont pas indiens.

Ce plat très piquant et acide est légèrement tempéré par le sucre et les oignons caramélisés. On reconnaît l'élément portugais de la recette, le trio vinaigre – ail – piment, qu'on retrouve aussi dans le célèbre poulet grillé à la portugaise. Le garam masala est l'élément indien de la recette. Pourquoi ne pas vous inspirer du *vindaloo* et relever le poulet grillé de garam masala ?

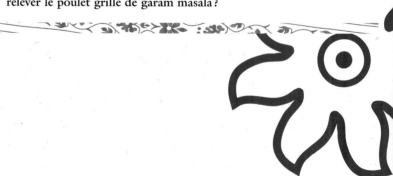

SAMBAR
MIJOTÉ DE LENTILLES ET LÉGUMES

Dans le sud de l'Inde, le sambar accompagne toujours le riz quotidien. On varie les légumes selon le marché et les saisons; haricots verts, petites aubergines, navets, gros concombres, pommes de terre, citrouilles ou autres légumes, bien que les carottes, les tomates fermes et les okras soient pratiquement indispensables. Si vous avez la chance de trouver des légumes indiens, utilisez-les, mais le plus important est d'avoir une bonne variété de légumes bien frais et de ne pas trop les cuire.

3/4 tasse	lentilles jaunes cassées (masoor dahl, p. 121)
6 tasses	légumes de saison
1/2 tasse	échalotes françaises
	ÉPICES MOULUES **A**
1 c. thé	curcuma
	sel
1/2 c. thé	asafœtida (p. 121)
	ÉPICES **B**
1 c. thé	piment reshampatti, moulu **ou** Cayenne, moulu
2 c. thé	coriandre, moulue
1 c. soupe	huile de coco **ou** huile végétale
	MASALA **C**
1/4 tasse	masala à sambar, moulu (p. 246)
	FINITION **D**
3/4 tasse	okra (opt.)
1/4 tasse	huile de coco **ou** huile végétale
1 c. soupe	fenugrec
1 c. soupe	graines de moutarde brune
2	échalotes françaises, tranchées
2	piments reshampatti **ou** Cayenne
20	feuilles de cari (p. 130)
1 c. soupe	feuilles de coriandre, hachées

- Bien laver les lentilles jaunes cassées. Porter à ébullition dans une grande casserole avec 3 tasses d'eau. Réduire le feu, couvrir et faire mijoter jusqu'à ce que les lentilles soient tendres (15-20 min).

- Entre-temps, laver et couper les légumes de votre choix et les échalotes en dés de 3/4 po. Les mettre dans un bol et mélanger avec les *épices moulues A*. Ajouter aux lentilles lorsque celles-ci sont tendres.

- Porter à ébullition et ajouter, au besoin, un peu d'eau pour recouvrir à peine les légumes. Baisser le feu et mijoter à couvert.

- Mettre les *épices B* dans un wok et faire revenir à feu moyen jusqu'à ce qu'elles soient aromatiques (1-2 min). Ajouter l'huile, mélanger et faire revenir 1 min de plus. Ajouter 3/4 tasse d'eau et le *masala C*. Bien mélanger et ajouter aux légumes.

- Cuire le tout jusqu'à ce que les légumes soient *al dente*.

- Pour la *finition D* du plat, couper les okras en deux, puis en dés de 3/4 po. Réserver.

- Faire chauffer l'huile dans une petite casserole. Ajouter le fenugrec et faire dorer quelques secondes. Ajouter les graines de moutarde et cuire quelques secondes de plus. Dès que les épices ont bien roussi, ajouter les ingrédients de finition restants et les okras. Cuire 5 min en remuant souvent. Ajouter au *sambar*, mijoter 2 min et servir avec du riz rouge ou blanc bouilli.

Notez ici la poudre de piment et de coriandre qu'on grille légèrement avant de faire revenir à l'huile. En fait, ce simple ragoût de lentilles et de légumes bouillis atteint une richesse de parfums grâce aux différentes techniques de préparation des épices et à leur ajout à différentes étapes de cuisson. On peut s'inspirer de cette recette et en faire une magnifique soupe de légumineuses.

Rassam
SOUPE AU POIVRE NOIR

Composé d'épices aux vertus digestives, ce bouillon est souvent servi à la fin du repas, dans une tasse ou versé sur du riz. Vous pouvez aussi le servir en entrée.

3 c. soupe	tamarin (p. 156) **ou** jus de lime
2 c. soupe	huile de coco **ou** huile végétale
2	oignons, tranchés
4	gousses d'ail, hachées
2	tomates, coupées en dés
	sel
	ÉPICES A
1/2 c. soupe	graines de moutarde
1/2 c. thé	cumin
2 c. thé	poivre noir, concassé
1 c. thé	coriandre, concassée
1/4 c. thé	fenugrec
2	piments reshampatti **ou** Cayenne
20	feuilles de cari (p. 130)
1 bonne pincée	asafœtida (ci-contre)

- Diluer le tamarin dans un peu d'eau pour le ramollir.
- Chauffer l'huile et faire roussir les graines de moutarde, puis toutes les autres épices sèches.
- Faire revenir quelques secondes. Ajouter les feuilles de cari et l'asafœtida. Laisser grésiller.
- Ajouter l'oignon, l'ail, le tamarin filtré et 3 tasses d'eau.
- Faire bouillir et laisser mijoter 20 min à feu doux.
- Ajouter les tomates et cuire 5 min.
- Goûter et saler au besoin.

Il est possible d'ajouter une poignée de lentilles cassées (dahl, voir ci-contre) à la soupe pour l'épaissir un peu. Vous aurez alors le délicieux ancêtre du pauvre *mulligawtany* de tous les *curry house* anglo-indiens de la planète! La clé de la recette est de faire roussir les épices pour que l'huile soit bien infusée et puisse transmettre tous les parfums au bouillon. Le *tarka* d'épices est à retenir pour d'autres soupes.

CAFÉ AU LAIT À LA CARDAMOME *recette d'inspiration*

	café moulu, type espresso
2 c. thé	cardamome, moulue
1 tasse	lait
1/2 tasse	crème à café
5 c. soupe	sucre

- Mélanger le café moulu à la cardamome et faire un café court et bien corsé.
- Chauffer le lait, la crème à café et le sucre dans une casserole. Battre le lait avec un fouet pendant qu'il chauffe pour le rendre bien mousseux. Arrêter quand le lait est sur le point de bouillir.
- Verser le lait mousseux dans un grand verre puis ajouter le café.

Le café et la cardamome sont une combinaison classique, tant en Inde qu'en Arabie. Essayez la cardamome dans vos desserts à base de café. En fait, en Inde, on se sert de la cardamome dans les desserts comme on le fait avec la vanille en Occident.

Asafœtida

L'asafœtida est la gomme d'une plante originaire de l'Asie centrale. Son odeur désagréable lui a aussi valu le nom de «crotte du diable». Une fois cuite ou rissolée dans l'huile, la saveur de l'asafœtida ressemble à celle de l'ail rôti et son odeur désagréable disparaît. Elle favorise la digestion des légumineuses et limite les «effets collatéraux»! Elle est utilisée de manière extensive en médecine ayurvédique. Vous pouvez toujours lui substituer un peu d'ail, mais la saveur n'est pas tout à fait équivalente.

Dahl

Les dahls sont l'un des piliers de la cuisine indienne. Ce mot est utilisé pour décrire plusieurs variétés de lentilles cassées dont on a retiré la peau, ce qui permet une cuisson beaucoup plus rapide qu'avec les légumineuses entières. On s'en sert aussi comme épice dans le sud de l'Inde ainsi qu'au Sri Lanka, où il est courant de prendre des graines de dahl crues et de les faire griller à sec ou rissoler dans un peu d'huile. Ainsi traitées, elles acquièrent un arôme de noisette et on les incorpore alors dans les masalas d'épices.

Sri Lanka
L'ÎLE AUX ÉPICES

Autrefois appelée Ceylan, l'île de Sri Lanka est située au large du sud-est de l'Inde, sur la grande route maritime des épices qui reliait jadis l'Extrême-Orient et l'Occident. Les anciens marins y faisaient escale pour acheter la vraie cannelle de Ceylan, qui jouissait déjà d'une réputation enviable par rapport à la casse (ou « fausse cannelle ») de Chine. Les auteurs romains s'accordaient en effet pour dire que « la meilleure casse est équivalente à la moins bonne cannelle ».

Au cours des siècles, les contacts entre les royaumes bouddhistes de Ceylan et le reste du monde se sont poursuivis, surtout grâce à la position privilégiée de l'île sur la route des épices. Les liens allaient autant vers l'est, avec les autres royaumes bouddhistes de l'Indochine, que vers l'ouest, avec l'Inde et l'Occident.

Les caris enflammés

Les épices jouent un rôle dominant au Sri Lanka avec des mélanges qui rappellent ceux du sud de l'Inde, mais qui sont relevés par des ingrédients évoquant l'Extrême-Orient, comme la citronnelle, le pandan et le poisson séché. Cependant, c'est le piment importé par les Portugais qui a le plus marqué la cuisine du pays. Beaucoup de plats sont d'un rouge vif tant ils en contiennent. Ces caris rouges endiablés faits d'épices, d'herbes,

Épices typiques

Cannelle, feuille de pandan, piment, goraka, curcuma, muscade, poisson des Maldives, citronnelle, girofle, macis, tamarin, cumin, coriandre, poivre, cardamome, fenugrec, moutarde brune, fenouil.

de condiments et de piments venus d'ailleurs sont l'emblème de la cuisine du pays. D'ailleurs, à Ceylan, le mot *curry* (un mot introduit par les Anglais) ne désigne pas tant un type de plat que tout plat préparé à partir d'un mélange d'épices. Les caris du Sri Lanka sont assemblés selon des recettes très variées, comme on le fait en Inde avec les masalas.

Il existe trois catégories de caris : les rouges, très piquants ; les noirs, très aromatiques ; et les blancs, doux et crémeux. Les caris noirs sont composés d'épices que l'on fait griller dans une poêle chaude jusqu'à ce qu'elles soient brunes et bien rôties. On s'en sert comme épices de base dans de nombreux plats, mais aussi, comme c'est le cas du garam masala indien, pour rehausser une recette dans les dernières minutes de sa cuisson ou comme garniture sur les plats terminés. Les caris blancs, à base de lait de coco, sont en fait jaune pâle parce qu'ils contiennent un peu de curcuma. Ils se rapprochent plus des masalas indiens. Par ailleurs, dans un cari blanc, c'est souvent l'épice principale qui donne son nom au mélange : un cari au poivre, par exemple, ou un cari à la coriandre, ou encore un cari au fenugrec.

Les épices servent aussi à aromatiser les légumes étuvés. La cuisine du Sri Lanka est particulièrement remarquable pour ses combinaisons inattendues de saveurs et d'ingrédients, comme dans le cas du cari de noix de cajou et du cari d'ail et d'échalotes. Il existe des caris d'ananas, de mangues, de fleurs de bananier, et plusieurs autres composés de légumes exotiques pour le Sri Lanka que les planteurs de thés écossais ont importés : cari de poireau, de chou frisé et de betteraves, entre autres. Ce sont d'ailleurs ces recettes à base d'ingrédients que nous connaissons bien qui sont les plus inspirantes. Elles nous montrent avec éloquence comment utiliser des épices pour relever notre quotidien !

KAKULUWO CURRY
CARI ROUGE DE CRABE

Le cari rouge est le plus typique de tous les caris du Sri Lanka. Cette version convient à tous les crustacées et poissons. Le goraka est une épice très acide et fruitée dont on se sert pour relever les caris de fruits de mer et de poissons. Il est aussi utilisé pour attendrir la viande dans les plats mijotés. On peut lui substituer du tamarin ou du jus de lime.

3	morceaux de goraka **ou** tamarin (2 c. soupe)
2 lb	pattes de crabe, crues ou cuites
2 c. soupe	huile de coco **ou** huile végétale
1 1/2 tasse	crème de coco (p. 128)
	CARI ROUGE **A**
1 c. thé	riz sec
6 c. soupe	piment fort en flocons
2 c. soupe	coriandre
1 c. thé	fenugrec
1/2 c. thé	poivre noir
1/4 c. thé	curcuma
3	cardamomes
1/2 po	cannelle
2	clous de girofle
2 c. thé	fenouil
	PÂTE D'ÉPICES **B**
1	petit oignon rouge
8	gousses d'ail
1	tranche de gingembre
1 poignée	feuilles de coriandre
1/2 tasse	lait de coco (p. 128)
	HERBES **C**
10	feuilles de cari (p. 130)
3 po	feuille de pandan (p. 131)
1	bâton de citronnelle, en morceaux de 2 po
	GARNITURE **D**
1/2 tasse	feuilles de coriandre

- Tremper le goraka 10 min dans 1/4 tasse d'eau bouillante. Réserver.

- Nettoyer les pattes de crabe, les couper en morceaux et craquer la carapace pour que l'assaisonnement y pénètre bien. Placer dans un grand bol.

- Moudre les épices du *cari rouge A*, puis les déposer dans le robot culinaire avec les ingrédients de la *pâte d'épices B*. Réduire en purée fine.

- Verser la pâte sur le crabe, bien mélanger et laisser reposer 10 min.

- Chauffer l'huile à feu vif dans une grande poêle et ajouter les *herbes C*.

- Après quelques secondes, ajouter le crabe et toute la purée d'épices. Mélanger et faire revenir 2-3 min.

- Ajouter le goraka et l'eau de trempage, ainsi que la crème de coco.

- Cuire à feu vif, à découvert, jusqu'à ce que la sauce épaississe et que le crabe soit bien chaud (5-6 min pour le crabe déjà cuit, quelques minutes de plus s'il est cru). Servir garni des feuilles de coriandre.

Ce cari se doit d'être très piquant. Toutefois, vous pouvez réduire la quantité de piment pour tempérer un peu, selon le degré d'enthousiasme de vos convives ! Compensez alors le piment que vous aurez enlevé par du paprika afin de conserver la saveur du piment.

Remarquez l'usage modéré d'épices classiques, et la quantité plus généreuse de citronnelle et de fenouil, qui, eux, s'accordent bien avec les fruits de mer. Vous pouvez comparer la composition d'un cari rouge pour la viande et un autre pour le poisson (p. 224).

Ceylan

Les soldats lourdement armés assignés aux postes de contrôle du pays étaient un rappel constant de la guerre civile sanglante qui déchirait le Sri Lanka entre le Nord et le Sud, et qui était récemment entrée dans sa trentième année.

Nous sommes arrivés à Colombo, la capitale, la veille des célébrations de l'Indépendance. Heureusement, les seules séquelles des combats, pour nous, ont été les prises de bec entre les conducteurs frustrés d'avoir à se frayer péniblement un chemin, serpentant entre les barricades installées en vue des parades militaires.

Nous sommes finalement sortis de la ville en prenant la direction de Haputale, village situé à 200 km de la capitale, congestionnée avec tous ses drapeaux, ses politiciens arrogants et ses militaires provocateurs. Haputale était un endroit éloigné des conflits, idéal pour rencontrer les Sri Lankais, et pour satisfaire notre curiosité et notre intérêt croissants pour les thés d'altitude (cultivés à plus de 1200 m). Une petite plantation fournissant l'hébergement était bien située et nous y avons fait nos réservations.

Ravi, le majordome, nous a accueillis à notre arrivée avec un grand parapluie à la main pour nous protéger de l'averse tropicale soudaine. Son impeccable *sarang* et sa tunique de lin ont donné le ton à notre séjour dans ce qui était la résidence du gérant de plantation au cours des années vingt et trente. Le bungalow colonial était perché sur une corniche à 1500 m d'altitude au milieu d'un immense jardin de thé. Le décor du cabinet d'accueil nous a immédiatement transportés à l'époque où le Sri Lanka, alors appelé Ceylan, était une brillante étoile dans la constellation des colonies de l'Empire britannique.

Le salon spacieux, avec son foyer blanchi à la chaux, était confortable et bien pourvu. D'immenses fenêtres offraient une vue imprenable sur les vallées en contrebas et la mer lointaine. Les étagères débordaient de livres et les murs étaient couverts de photos des précédents propriétaires enchâssées dans des cadres de bois finement ciselés. Les chaises et les sofas incitaient à la lecture et à la sieste, transformant ce décor en un refuge douillet et très apprécié vu les caprices typiques du microclimat des montagnes.

À 16 h, le thé servi au salon était suivi de la planification du menu du soir. Ravi prenait note de nos choix. À 19 h 30 précises, comme convenu, le souper était servi. L'immense table en acajou de la salle à manger avait été superbement montée, et des hibiscus aux couleurs vives fraîchement coupés rivalisaient avec les caris et les chutneys pour attirer notre attention.

Les plats étaient aussi délicieux que savamment présentés. Le cari d'aubergine à saveur aigre-douce a provoqué un coup de cœur fulgurant, d'autant plus surprenant que, jusqu'à ce jour, Philippe pouvait à peine prononcer le mot *au-ber-gi-ne*, légume qu'il détestait au plus haut point. Salade garnie d'okras frits, cari de banane verte, poulet accompagné d'un chutney à la jeune noix de coco – chaque mets était une véritable révélation.

Nous avions eu l'heureuse idée d'apporter quelques bouteilles de vin rouge, ce qui s'avéra brillant. L'harmonie du vin avec le menu, quoique non traditionnelle, était un réel coup de génie ; Ravi, bien qu'il n'en eût pas l'habitude, se révéla un « verseur » des plus enthousiastes et des plus généreux.

Nous avons jovialement levé nos verres « aux hommes sauvages des montagnes », comme on appelait les planteurs de thé écossais qui ont maîtrisé et transformé la jungle. On porta ensuite un toast à la santé de Ravi, notre fervent « verseur », notre nouvel et meilleur ami, gentleman dans l'âme qui, en raison du moment et de l'endroit où nous étions, nous confia avec beaucoup de fierté, et sans ironie aucune, à quel point il était heureux d'avoir eu l'occasion d'être notre *boy*.

CADJU CURRY
CARI DE NOIX DE CAJOU

Voici un cari blanc très simple, prêt en 25 minutes, et qui plaît à tous. La sauce délicate, un peu liquide, est délicieuse sur du riz blanc. Accompagné d'un plat de légumes sautés, ce cari fera un magnifique repas végétarien. Les noix seront tendres et infusées de sauce. Si toutefois vous préférez vos noix croquantes, passez-les au four plutôt que de les blanchir à l'eau bouillante.

1 tasse	noix de cajou crues
2 c. soupe	huile végétale
1 tasse	lait de coco
	ÉPICES A
1 c. thé	cumin, moulu
1 c. thé	coriandre, moulue
3	piments forts secs, moulus
1/8 c. thé	curcuma, moulu
2	piments verts, tranchés
	sel
	ASSAISONNEMENT B
1 c. thé	graines de fenugrec
10	feuilles de cari (p. 130)
1 1/2 tasse	oignons rouges, tranchés
	FINITION C
1 c. thé	cari noir sri lankais, moulu (p. 130) **ou** garam masala

- Mettre les noix de cajou dans une casserole. Recouvrir d'eau froide. Porter à ébullition. Rincer à l'eau froide. Égoutter.

- Placer toutes les *épices A* dans une casserole avec le lait de coco et les noix de cajou. Porter à ébullition et faire mijoter 5 min en remuant à l'occasion.

- Entre-temps, chauffer l'huile dans une autre poêle. Y faire roussir les graines de fenugrec, puis ajouter les feuilles de cari et ensuite les oignons. Cuire 5 min pour faire dorer les oignons légèrement.

- Ajouter les oignons dorés au cari et faire mijoter 10 min.

- Verser dans un plat de service et saupoudrer de poudre de cari grillée (*finition C*).

Notez les contrastes et la richesse créés par les différentes techniques. Les *épices A* sont simplement bouillies dans le lait de coco, l'*assaisonnement B* est cuit dans un *tarka*, et les épices de la *finition C* grillées sont ajoutées en garniture. D'ailleurs, l'usage du cari noir comme épice de finition est à retenir. Tout comme le garam masala et les baharats, les épices déjà rôties du cari noir peuvent ajouter une note finale très intéressante à la cuisine de tous les jours.

Eau, lait et crème de coco

Ces trois ingrédients sont indispensables à la plupart des cuisines du sud de l'Asie et des tropiques. Pour les obtenir, on utilise de la noix de coco fraîchement râpée. On y ajoute un peu d'eau et on triture à la main jusqu'à ce que le liquide soit épais. On passe au tamis pour extraire la crème. On répète l'opération pour obtenir le lait, et une fois de plus pour extraire un liquide très clair qu'on appelle l'«eau de coco». L'eau extraite de la chair de coco ne doit pas être confondue avec le jus que l'on trouve à l'intérieur de la noix de coco, aussi appelé «eau de coco».

Pour ceux qui n'ont pas le bonheur d'avoir un cocotier dans leur jardin (!), la solution la plus pratique est d'acheter du lait de coco en boîte. Gardez-en toujours une boîte ou deux au réfrigérateur. Lorsque la boîte est bien froide, le lait se sépare, la crème est alors solidifiée et flotte sur l'eau de coco, qui se retrouve au fond de la boîte. Pour obtenir du lait, ajoutez l'eau et la crème à la recette. En chauffant, le lait de coco va se reconstituer.

KALU MAS CURRY
CARI NOIR DE BŒUF

La poudre de cari noir nécessaire à cette recette est un peu longue à faire, mais elle se conserve bien. De plus, elle peut servir à de nombreux plats mijotés ainsi que d'épice de finition. Faites-en une bonne quantité et vous trouverez que ses parfums délicats s'intègrent bien à votre répertoire comme épice d'appoint.

2 lb	cubes de bœuf à bouillir
2 c. soupe	huile de coco
	ou huile végétale
2	oignons, tranchés
	AROMATES **A**
3	morceaux de goraka (p. 124)
	ou tamarin (1 c. soupe)
6	échalotes, hachées
4	gousses d'ail, hachées
1 po	gingembre, haché
2	piments verts forts, hachés
	ÉPICES **B**
1 c. soupe	poivre noir, moulu
2 po	cannelle
3	clous de girofle
3 c. soupe	cari noir, moulu (ci-contre)
2 po	citronnelle
	FINITION **C**
15	feuilles de cari (ci-contre)
3 po	feuille de pandan (p. 131)

- Mettre le bœuf, les *aromates A*, les *épices B* et 2 tasses d'eau dans une marmite.
- Porter à ébullition et faire mijoter jusqu'à ce que la viande soit tendre (1 h 15 à 1 h 30).
- Chauffer l'huile dans une poêle. Ajouter les feuilles de *finition C* et laisser grésiller quelques secondes. Ajouter les oignons et cuire à feu moyen jusqu'à ce qu'ils soient caramélisés (10-15 min). Réserver.
- Quand la viande est tendre, ajouter les oignons au cari. Faire mijoter 5 min et servir.

Notez l'addition de poivre noir, de cannelle et de girofle, malgré que ces épices soient déjà présentes dans le cari noir. Les saveurs sont enrichies par ce jeu d'épices grillées et nature. Remarquez aussi que les herbes tropicales supportent très bien la longue cuisson.

Feuilles de cari

Utilisées couramment dans le sud et le centre de l'Inde, les feuilles de cari n'ont rien à voir avec la poudre de cari. On ajoute souvent les feuilles de cari entières aux plats en les faisant grésiller dans de l'huile ou du ghee chaud. À l'état frais, elles ont un goût amer et un parfum inimitable; sèches, elles n'ont pratiquement aucune saveur. Si vous en trouvez des fraîches, congelez-les et elles garderont leur saveur pour un mois ou deux. Si vous n'en avez pas pour votre recette, omettez-les tout simplement.

FRAGRANT BLACK CURRY
CARI NOIR SRI LANKAIS

1 c. soupe	riz cru
3 c. soupe	coriandre
2 po	cannelle, émiettée
5	clous de girofle
6	cardamomes
20	feuilles de cari (p. 130)
1 c. thé	poivre noir
1 c. soupe	fenouil
2 c. soupe	cumin
1 c. soupe	noix de coco, râpée
1 c. soupe	graines de moutarde
3	morceaux de macis

- Chauffer une poêle ou un wok à feu moyen-doux et commencer à faire griller à sec le riz en remuant sans arrêt.
- Quand le riz commence à colorer (2-3 min), ajouter graduellement les épices, deux ou trois à la fois, et attendre 1-2 min entre chaque ajout pour que les nouvelles épices grillent légèrement avant d'en ajouter d'autres.
- Étaler les épices brunies et bien grillées sur une tôle à biscuits pour qu'elles refroidissent rapidement.
- Moudre les épices quand elles sont froides et les conserver dans un contenant hermétique.
- Le cari noir se conserve plusieurs semaines au frais et encore plus longtemps au congélateur.

ALA BADUN
POMMES DE TERRE SAUTÉES CINGALAISES

3 tasses	pommes de terre, bouillies et refroidies
3 c. soupe	huile de coco **ou** huile végétale
1	oignon, tranché mince
	ÉPICES A
1/4 c. thé	curcuma, moulu
1 c. soupe	piment fort, moulu
2	gousses d'ail, hachées fin
	ÉPICES B
1 c. soupe	graines de moutarde
2	gousses d'ail, hachées
1/2 po	gingembre, haché
10	feuilles de cari (p. 130)
3 po	feuille de pandan (opt.) (p. 131)
1 c. soupe	poisson de Maldives en poudre (ci-dessous)

- Couper les pommes de terre en dés de 1/2 po.
- Mélanger les pommes de terre dans un bol avec les *épices A* et du sel.
- Chauffer l'huile et faire roussir les graines de moutarde des *épices B*. Ajouter les épices restantes. Faire revenir quelques secondes.
- Ajouter l'oignon et cuire jusqu'à ce qu'il commence à dorer (3-5 min).
- Ajouter les pommes de terre. Faire sauter quelques minutes pour bien réchauffer et dorer légèrement.

Une vraie recette fusion. Le curcuma, les graines de moutarde et les feuilles de cari du sud de l'Inde rencontrent le pandan et le poisson séché de l'Asie du Sud-Est. Une combinaison à retenir pour des légumes sautés ou mijotés au lait de coco.

Poisson des Maldives

Le poisson des Maldives est un poisson séché au soleil au goût très umami. On s'en sert au Sri Lanka comme condiment, tout comme les anchois en Méditerranée ou la sauce de poisson et la pâte de crevettes en Asie du Sud-Est. Ces trois ingrédients sont d'ailleurs des substituts acceptables au poisson séché.

Pandan

La feuille de pandan est utilisée en Asie comme une épice. Elle sert autant dans les plats sucrés que salés. On l'ajoute souvent entière aux recettes et elle est retirée à la fin de la cuisson, comme une feuille de laurier. On trouve la feuille de pandan fraîche ou congelée ainsi que l'extrait de pandan (appelé *kewara* en Inde) dans les épiceries orientales et les bons magasins d'épices. Il n'y a pas de substitut acceptable au pandan. Si vous n'en trouvez pas pour votre recette, omettez-le simplement.

LEEK TEMPERADU
POIREAUX SAUTÉS

Le temperadu s'adapte à toutes sortes de légumes : chou, bette à carde, haricots verts, brocoli. Mais les Sri Lankais le font aussi avec certains de nos légumes auxquels on ne penserait pas : betteraves crues tranchées, feuilles vertes d'oignon frais, petits radis ou daïkon en cubes, citrouille, concombre épluché…

3	gros poireaux, coupés
2 c. soupe	huile de coco **ou** huile végétale
1	oignon, tranché
1/2 po	gingembre, haché
	ÉPICES ENTIÈRES A
1 c. thé	cumin
1/2 c. thé	fenouil
2	piments forts secs
10	feuilles de cari (p. 130)
	ÉPICES MOULUES B
1/4 c. thé	curcuma
1 c. thé	poisson séché des Maldives (opt.) (ci-contre)
1 c. soupe	coriandre

- Bien nettoyer les poireaux. Couper le vert et le blanc en morceaux de 1/2 po. Réserver.
- Chauffer l'huile à feu moyen dans un wok ou une casserole et y faire roussir les *épices entières A* (5-10 sec). Ajouter l'oignon et le gingembre, et sauter 30 sec.
- Ajouter le poireau, les *épices moulues B* et du sel.
- Mélanger et faire sauter 2 min à feu vif.
- Réduire le feu et cuire quelques minutes de plus. Si le sauté est trop sec, ajouter quelques cuillers à soupe d'eau en remuant de temps en temps. Saler à nouveau au besoin.

LES ROUTES DU CARI
LE MÉLANGE QUI A CONQUIS LE MONDE

Le cari est sans aucun doute le mélange d'épices le plus populaire de la planète. On peut remonter la trace des caris jusqu'aux *tarkaris* du sud-ouest de l'Inde. Il s'agissait à l'origine de plats mijotés, richement épicés et très variés, qui étaient inconnus dans le reste de l'Inde. Il se trouve que c'est dans cette région, à Madras plus précisément, que les Anglais ont établi leur premier comptoir indien au XVIIIe siècle. On ne connaît pas les détails de l'histoire, mais on peut imaginer l'effet de ces plats sur les papilles gustatives anglaises habituées à une cuisine célèbre pour son manque de saveur ! L'enchantement, semble-t-il, fut immédiat et l'histoire d'amour dure encore, des siècles plus tard, puisque le *curry* est devenu aujourd'hui le plat national des Britanniques.

Le cari, une invention anglo-indienne

C'est à cette époque que les Anglais, grâce sans doute à leur sens pratique, ont créé et commercialisé une poudre passe-partout pour relever leur ordinaire. Le cari s'est donc propagé là où les Anglais commerçaient. Les besoins grandissants de l'Empire forcèrent les Britanniques à importer de la main-d'œuvre indienne pour leurs colonies d'Afrique, des Antilles, de l'océan Indien et d'Extrême-Orient. Ces travailleurs, souvent très pauvres, devaient se débrouiller avec les épices qui étaient disponibles là où le travail les appelait. C'est ainsi que sont nés les différents caris du monde : d'abord le cari anglo-indien de Madras, puis une multitude d'autres caris inventés par les immigrants indiens aux quatre coins de l'Empire. Ces caris incorporaient souvent des épices locales comme le quatre-épices aux Antilles et l'anis étoilé en Orient.

La poudre de cari doit sa popularité non seulement à la simplicité de la recette anglo-indienne, qui s'adapte facilement à toutes sortes d'ingrédients, mais aussi au fait qu'une petite pointe de cari sait relever plus d'une recette. Cet attrait quasi universel est dû à plusieurs équilibres qui rappellent un artiste de cirque jonglant sur une corde raide tout en crachant du feu. Les goûts piquants et amers du mélange sont tempérés par une généreuse addition d'épices liantes douces et sucrées, équilibrant les autres goûts présents dans la plupart des aliments. Les saveurs sont nombreuses avec plusieurs duos et trios classiques d'épices : curcuma – moutarde, poivre – piment, cumin – coriandre – fenugrec, girofle – cannelle – gingembre. Chacune de ces combinaisons éprouvées peut à elle seule relever plus d'un plat. Ensemble, elles sont l'exemple parfait d'un mélange complexe et équilibré.

Aujourd'hui, le cari est consommé aux quatre coins de la planète et il s'est intégré à presque toutes les cuisines du monde. À Fidji, on fait des caris de *corned beef* et de taro, à Singapour, des nouilles de riz sautées au cari, et en Écosse, des œufs brouillés au cari servis avec du saumon fumé. Le plat favori des écoliers japonais est un bol de riz recouvert d'un cari sucré-salé aux légumes et au poulet. Dans les gares allemandes, on mange des saucisses et des pommes de terre sautées nappées de sauce cari à base de tomates et de ketchup, le tout saupoudré généreusement de poudre de cari. En Europe, la mayonnaise au cari agrémente aussi bien la fondue bourguignonne que les frites belges. En Chine, on farcit des petits pains d'un cari de bœuf haché relevé de sauce soja et, en Nouvelle-Calédonie française, on ajoute une pointe de cari à la bouillabaisse. Cette petite liste démontre bien à quel point le cari a été adapté de par le monde. Au fond, la cuisine anglaise ne mérite peut-être pas une si mauvaise réputation !

Caris du monde

Angleterre, Malaisie, Thaïlande, Viêt-nam, Indonésie, Singapour, Japon, Réunion, Maurice, Afrique du Sud, Martinique, Jamaïque, Trinidad, Sanada, Sri Lanka, Inde, Guyane.

RAILWAY CURRY
CARI À L'ANGLAISE

Voici le cari qui était servi dans les trains de l'Inde durant l'époque coloniale. Ce plat ne fait partie d'aucune des nombreuses cuisines régionales indiennes. C'est ce type de recette très simple et adaptée au goût des sahibs *qui a conquis le monde.*

1	gros oignon, haché
2 c. soupe	beurre
3/4 lb	cubes d'agneau **ou** cubes de mouton
	sel
4	pommes de terre moyennes, épluchées
3/4 tasse	crème épaisse **ou** crème de coco **ou** yogourt nature
	PÂTE DE CARI A
3 c. soupe	poudre de cari de Madras (p. 243)
3	gousses d'ail
1 po	gingembre
2	piments frais, épépinés
	FOND B (OPT.)
1 lb	os d'agneau
1 po	gingembre
1	oignon

- Faire une pâte avec les ingrédients de la *pâte de cari A* dans un mortier ou un robot.

- Faire revenir l'oignon avec le beurre dans une casserole.

- Quand les oignons commencent à colorer, ajouter la pâte de cari et cuire quelques minutes.

- Ajouter l'agneau, le sel et assez de fond (ou d'eau) pour couvrir la viande.

- Couvrir et mijoter jusqu'à ce que la viande soit presque cuite (1 h à 1 h 15).

- Couper les pommes de terre en dés de 1 po. Les ajouter à la casserole et cuire jusqu'à ce qu'elles commencent à se défaire et qu'elles épaississent la sauce.

- Ajouter la crème épaisse. (Si c'est le yogourt qui est employé ici, il faudra le fouetter vigoureusement avant de l'ajouter à la sauce.) Faire mijoter quelques minutes.

- Servir chaud avec du riz et un chutney.

POUR FAIRE LE FOND

- Couvrir d'eau froide les ingrédients du *fond B*.

- Laisser mijoter quelques heures.

- Filtrer puis dégraisser le fond.

La simplicité de la recette démontre l'efficacité du cari. Il suffit d'y ajouter de l'oignon, de l'ail et du gingembre pour obtenir une sauce riche et complexe qui relève ce qui est, au fond, un simple bouilli de pommes de terre et d'agneau.

MASALÉ DE CERF MAURICIEN
CARI DE CERF MAURICIEN

Les produits de la chasse sont très appréciés à l'île Maurice. On fait souvent cuire le gibier en civet ou en sauce à base de vin, avec bien sûr beaucoup plus d'épices qu'en France ! Mais c'est de loin le cari qui est la méthode la plus appréciée pour les viandes sauvages de toutes sortes. Cette recette montre bien les influences française, indienne et chinoise qui sont caractéristiques de la cuisine de l'île Maurice.

3 lb	cubes de cerf à bouillir **ou** autre gibier
3 c. soupe	huile d'olive
3	oignons, hachés
4	tomates moyennes, épluchées
	MARINADE **A**
1 po	casse, moulue
12	clous de girofle, moulus
1 c. soupe	poivre noir, moulu
2	oignons, hachés fin
1 po	gingembre, haché fin
6	gousses d'ail, hachées fin
1 c. soupe	sauce soja claire
1 verre	vin blanc
2 c. soupe	huile d'olive
2	feuilles de laurier
5	feuilles de cari (opt.) (p. 130)
	ÉPICES MOULUES **B**
8 c. soupe	masalé mauricien, moulu (p. 247)
	piment fort, au goût

- Mélanger tous les ingrédients de la *marinade A* dans un grand bol. Y mariner la viande quelques heures ou même quelques jours si possible.

- Égoutter la viande et conserver la marinade.

- Chauffer l'huile dans une casserole à fond épais. Faire revenir les oignons jusqu'à ce qu'ils brunissent.

- Faire une pâte en mélangeant les *épices moulues B* avec un peu de marinade et ajouter aux oignons. Cuire jusqu'à ce que le gras ressorte (5-10 min).

- Ajouter la viande, la marinade et les tomates. Porter à ébullition. Couvrir et faire mijoter jusqu'à ce que la viande soit tendre (1 h 30 à 2 h 30, selon l'âge de la bête).

- Ce cari est meilleur s'il a reposé quelques heures avant d'être servi avec du riz blanc.

Ici, on a fait une pâte en mouillant la poudre d'épices avec la marinade. L'humidité de la pâte rend les épices moins susceptibles de brûler que si l'on ajoutait directement la poudre sèche dans la casserole chaude. Notez la marinade de type français augmentée d'épices indiennes et d'un condiment chinois.

MOULES AU CARI
MOULES AU CARI À LA BELGE

Toutes les mouleries de Belgique et de France mettent des moules au cari à leur menu. C'est la preuve de la popularité et de la facilité de ce mariage. Il faut dire que le cari rehausse très bien tous les fruits de mer.

2 lb	moules
3 c. soupe	beurre
6 oz	bière blonde
1/2 tasse	crème épaisse
	AROMATES **A**
1/2 tasse	oignons
1/2 tasse	carottes
1/2 tasse	poireau
1/2 tasse	fenouil
1/4 tasse	céleri
2	feuilles de laurier
1	branche de thym
	ÉPICES **B**
1 c. soupe	cari de Madras (p. 243)
1/2 c. thé	poivre, moulu
1 pincée	muscade, râpée
	FINITION **C**
1/4 tasse	persil, estragon et cerfeuil, hachés

- Bien laver les moules. Jeter celles qui sont ouvertes.
- Couper les *aromates A* en julienne, puis les faire revenir à feu vif avec le beurre pendant quelques minutes.
- Quand les aromates commencent à tomber, ajouter les *épices B*, les moules, la bière et la crème. Bien mélanger et couvrir.
- Dès que la vapeur s'échappe de la marmite (4-6 min), bien remuer les moules. Si elles ne sont pas toutes ouvertes, couvrir et cuire 2 min de plus.
- Garnir avec les herbes de *finition C*.
- Servir bien chaudes avec du pain ou des frites.

La pointe de cari est ici ajoutée comme épice d'appoint, au même titre que le poivre et la muscade, pour relever le plat. Il ne s'agit donc pas d'un cari traditionnel, mais plutôt de moules marinières qu'on aurait tout aussi bien pu relever de ras el hanout, de berbéré, ou de masala à poisson.

Le thym antillais

Cette herbe d'origine africaine est utilisée couramment aux Antilles et dans certaines cuisines régionales mexicaines. On l'utilise fraîche ou sèche, et sa saveur est plus intense et riche que le thym européen, qui peut néanmoins servir de substitut.

SINGAPOUR BEEF CURRY NOODLES
CARI DE BŒUF ET NOUILLES DE SINGAPOUR

Les ingrédients chinois rencontrent le cari dans cette «bouffe de rue» classique de Singapour. Les condiments chinois comme la sauce soja et l'huile de sésame se marient très bien au cari.

250 g	nouilles de riz larges (10 mm) (1/2 paquet)
8 oz	bœuf haché maigre
4 c. soupe	huile d'arachide **ou** huile végétale
1/2 tasse	bouillon de poulet **ou** eau
	MARINADE **A**
3 c. soupe	sauce soja claire
1/2 c. thé	sucre
1/4 c. thé	sel
1/2 c. thé	poivre blanc, moulu
1/2 c. soupe	fécule de maïs
	AROMATES **B**
1	oignon moyen, tranché
3	échalotes françaises, tranchées
4	gousses d'ail, hachées
1 po	gingembre, haché
	ÉPICES **C**
1 c. soupe	cari de Singapour, moulu (p. 244)
1/2 c. soupe	sucre
	GARNITURE **D**
1 1/2 tasse	fèves mung germées
1 paquet	ciboulette **ou** ail chinois **ou** échalotes vertes (1/2 paquet)

- Tremper les nouilles de riz dans de l'eau tiède jusqu'à ce qu'elles ramollissent (20-30 min). Égoutter.

- Placer le bœuf et les ingrédients de la *marinade A* dans un bol. Mélanger avec des baguettes jusqu'à ce que le tout soit bien homogène (ne pas utiliser les mains, cela rendrait la viande pâteuse).

- Chauffer un wok à feu vif. Ajouter l'huile et les *aromates B*. Faire revenir 1-2 min. Ajouter les *épices C*. Faire revenir 30 sec. Ajouter la viande et cuire en remuant sans arrêt jusqu'à ce que la viande soit presque cuite (2-3 min). Ajouter le bouillon de poulet. Cuire 30 sec.

- Ajouter les nouilles égouttées et continuer de mélanger. Dès que les nouilles commencent à ramollir et à absorber la sauce (1-2 min), ajouter les fèves germées et la ciboulette coupée en morceaux de 1 po.

- Mélanger 30 sec de plus et servir bien chaud, accompagné d'un sambal.

Cette recette est encore meilleure avec de fines tranches de bavette ou de steak. Si vous n'avez pas de cari de Singapour sous la main, ajoutez un peu d'anis étoilé et de casse moulue ou de cinq-épices chinois à un cari de Madras (p. 243) pour obtenir une saveur assez proche du mélange original. La sauce de viande épaissie d'une bonne cuillerée à soupe de fécule est en fait la farce que l'on retrouve dans de nombreux *dim sum* et pains farcis chinois, ce qui démontre une fois de plus les possibilités innombrables du cari.

Le cinq-épices chinois

Ce mélange classique chinois est composé d'anis étoilé, de casse, de clou de girofle, de fenouil et de poivre de Sichuan. On l'utilise généralement moulu avec le porc, le poulet et le canard, mais il relève aussi avantageusement les gibiers et d'autres volailles. Le cinq-épices est souvent incorporé aux caris chinois.

COLOMBO
COLOMBO

Le colombo a été créé à la Guadeloupe et à la Martinique par les immigrés indiens avec des épices très antillaises comme le quatre-épices, le thym et le laurier antillais, de même qu'avec les épices asiatiques qui se sont acclimatées aux îles. Cette improvisation à base d'épices pratiquement inconnues aux Indes a pourtant une saveur bien indienne. Le génie du colombo est qu'il peut être fait avec les ingrédients qu'on a sous la main. Aux Antilles, le cabri et le porc sont souvent utilisés et, en général, on combine un légume à cuisson longue comme la tomate, l'aubergine ou la christophine (chayote) avec un légume féculant comme la pomme de terre, le plantain ou le taro. Mais l'improvisation avec des ingrédients frais et saisonniers donne les meilleurs résultats.

6	gousses d'ail
2	gros oignons
2 c. soupe	beurre
3 c. soupe	huile d'olive
3 lb	viande en morceaux (agneau, porc, poulet)
	ASSAISONNEMENT **A**
3 c. soupe	colombo, moulu (p. 244)
	ASSAISONNEMENT **B**
	tamarin sans pépin, au goût
	piment antillais (habanero), au goût
	sel
	LÉGUMES **C**
4 tasses	légumes, au choix

- Hacher l'ail et les oignons.
- Les faire dorer à feu moyen avec le beurre et l'huile dans une marmite à fond épais.
- Ajouter la viande et l'*assaisonnement A* et faire dorer en remuant souvent (5-10 min).
- Ajouter l'*assaisonnement B* et couvrir à peine d'eau bouillante.
- Faire mijoter couvert à feu doux.
- À mi-cuisson (30-45 min), ajouter les *légumes C*.
- Couvrir et mijoter jusqu'à ce que la viande et les légumes soient cuits (30-45 min, selon vos choix).
- Le colombo est meilleur réchauffé.

Le colombo est un cari très parfumé et amer. On laisse la tâche au cuisinier de doser le sel, le piquant et l'acide pour trouver le point d'équilibre des goûts en fonction des ingrédients choisis. Notez que le tamarin est ajouté tel quel au début de la cuisson et qu'il se dissout tranquillement en cuisant. Essayez la recette avec des hauts de cuisse et des ailes de dinde ou des morceaux d'épaule de cochon de lait avec la peau.

Feuilles de bois d'Inde et de laurier antillais

Ces deux feuilles originaires des Antilles donnent une saveur typique à bien des plats créoles. Le bois d'Inde est l'arbre qui produit également le quatre-épices. Le laurier antillais, quant à lui, pousse sur un arbre de la même famille que le bois d'Inde et il a une saveur beaucoup plus intense que le laurier de Méditerranée. Ce dernier est un substitut acceptable pour les feuilles de bois d'Inde et le laurier antillais.

SICHUAN
YUNNAN
SUMATRA
BALI

Extrême-Orient

SICHUAN ET YUNNAN
LES PIMENTS ET LE POIVRE DE SICHUAN

Le Sichuan est un immense bassin fertile circonscrit par de hautes montagnes. Isolé du reste de la Chine, il a eu de nombreux contacts avec les peuples des Indes et de l'Asie centrale. Le Yunnan a été intégré beaucoup plus tard à la Chine. Aujourd'hui encore, plus d'un tiers de sa population est composé de quarante minorités ethniques.

La cuisine de l'Ouest est l'une des quatre grandes écoles culinaires de la Chine. Elle se distingue par une utilisation limitée de la sauce soja et une préférence pour les épices, les pâtes de soja fermenté, les huiles infusées d'épices et les condiments à base de piment et d'aromates. Au sud, dans le Yunnan, la diversité ethnique donne une cuisine variée où le piquant domine et où les ingrédients chinois se marient à ceux de la Thaïlande et du Laos. Contrairement au reste de la Chine, qui ne reconnaît que cinq goûts, le Sichuan a une tradition culinaire originale fondée sur la *règle des sept goûts*, à savoir le salé, le sucré, l'amer, l'acide, le relevé (une combinaison ail-gingembre), la noix grillée (surtout l'huile de sésame) et bien sûr le piquant. À première vue, on peut penser que c'est ce dernier goût qui domine tout. En fait, la plupart des plats piquants sont tempérés et équilibrés par les six autres goûts. La cuisine sichuanaise est aussi reconnue pour ses nombreux plats doux et délicats, qui contribuent à l'harmonie globale du repas. Par ailleurs, comme c'est le cas au Yunnan, on retrouve toujours sur la table au moins un plat relativement fade qui, avec le riz, vient contre-balancer les plats piquants, sucrés et acides.

Épices typiques

Piment yunnanais, poivre blanc, poivre de Sichuan vert, casse, pâte de piment, pâte de fèves au piment, condiment de piments et d'arachides, poivre de Sichuan, kentjur, écorce de mandarine, cumin, cardamome chinoise blanche, bouton de casse, piment sichuanais, anis étoilé, piment qui pointe vers le soleil.

Le poivre anesthésiant

La cuisine de l'Ouest a toujours intégré les épices, et surtout le poivre de Sichuan. Ce poivre est la clé de la cuisine sichuanaise : piquant, avec des arômes citronnés et floraux, il a la particularité de laisser sur la langue une sensation de pétillement. Les meilleures variétés peuvent engourdir les lèvres et entraînent une agueusie temporaire, soit une absence de sensibilité gustative. Les piments, autre élément incontournable de cette cuisine, complètent cette liste d'épices essentielles. Les Yunnanais et les Sichuanais ont développé une grande variété de piments uniques à la région. Ces piments de saveurs et d'intensités diverses ont suscité, comme c'est le cas au Mexique, différentes combinaisons. Le poivre de Sichuan, associé à ces mariages de piments, réduit la sensation de brûlure sur la langue sans pour autant affecter la perception des saveurs. Ils forment une combinaison permettant de savourer toute la richesse des parfums et des arômes des cuisines de Sichuan et du Yunnan.

C'est cet équilibre entre l'agueusie et la rencontre des sept goûts qui constitue le tour de force de la cuisine du Sichuan et qui explique pourquoi des plats aussi piquants sont si populaires. Loin d'« arracher la bouche », tout ce jeu de piments, d'épices et de condiments vient plutôt rendre justice à ce dicton sichuanais : « Cent plats, cent saveurs différentes. » Une fois comprise, cette leçon peut s'appliquer à toutes les cuisines du monde. En conservant les équilibres de goûts du Sichuan, mais en variant leur intensité, il devient possible de tempérer le feu d'une recette très piquante ou d'intégrer ces équilibres en petites doses subtiles aux plats délicats.

CARRÉ D'AGNEAU SICHUANAIS
recette d'inspiration

Ce carré d'agneau est cuit saignant à la manière occidentale. Cependant, il est relevé d'épices sichuanaises et de condiments chinois faciles à trouver.

2	carrés d'agneau, parés

ÉPICES A

1 c. thé	poivre de Sichuan (ci-dessous)
3	écorces de mandarine
1	anis étoilé
1 c. thé	cinq-épices chinois (p. 244)
	piments sichuanais, au goût (p. 150) **ou** sambal œlek

CONDIMENTS B

3/4 tasse	sauce hoisin
1/4 tasse	vin de riz **ou** xérès ou gin
1/4 tasse	sauce soja claire
1 c. thé	huile de sésame
2 c. soupe	vinaigre de riz

AROMATES C

2	gousses d'ail, hachées
1 po	gingembre, haché
3	échalotes vertes, émincées
1/4 tasse	graines de sésame

- Mélanger les ingrédients des *épices A*, des *condiments B* et des *aromates C* pour faire la marinade. (Cette marinade se conserve plusieurs mois au froid.)
- Brosser les carrés d'agneau de marinade.
- Laisser reposer de 2 à 24 h au réfrigérateur.
- Chauffer le four à 425 °F.
- Sortir les carrés du réfrigérateur 30 min avant de les cuire.
- Placer les carrés sur une plaque.
- Cuire 5 min à 425 °F.
- Réduire la température du four à 375 °F et cuire 15 min de plus.
- Laisser reposer 5-10 min dans un endroit chaud avant de couper.
- Servir avec un peu de marinade.

On retrouve les sept goûts de la cuisine de l'Ouest dans cette marinade passe-partout. La base anis étoilé – cinq-épices chinois pourrait être remplacée par un autre mélange aromatique, sans épices liantes, comme le garam masala (p. 245) ou le ras el hanout (p. 247). Cette permutation illustre comment les goûts se travaillent indépendamment des saveurs.

Le poivre de Sichuan

Le poivre de Sichuan fait partie de la famille des clavaliers, qui comprend de nombreux autres faux poivres, comme le poivre sansho du Japon et le poivre de Chiang Mai de Thaïlande. Même si le poivre de Sichuan ne provient pas d'un poivrier, il joue le même rôle en cuisine. En plus d'être piquant et d'avoir un arôme citronné et floral, il laisse sur la langue une sensation de pétillement et d'engourdissement. C'est d'ailleurs cette caractéristique qui permet aux cuisiniers sichuanais de faire des plats très piquants. La langue ainsi engourdie ne ressent pas tout le feu des piments, mais le nez, qui n'est pas affecté par ce phénomène, en saisit toutes les saveurs. Pour réduire l'effet d'engourdissement, il suffit de faire griller le poivre de Sichuan. Les graines noires et amères qui se trouvent à l'intérieur du poivre ne sont ni piquantes ni parfumées. On peut donc les enlever si l'on désire réduire l'amertume du plat.

SICHUAN

La route de Sichuan à Yunnan est la plus magnifique que nous ayons empruntée. Le guide de voyage *Lonely Planet* la décrit comme « l'une des routes les plus élevées, les plus difficiles, les plus dangereuses et les plus spectaculaires au monde ». Des troupeaux de yacks errent sur les pentes des montagnes de 7 000 mètres aux neiges éternelles. Les villages tibétains ceinturant la frontière Yunnan – Tibet ajoutent des touches vibrantes d'humanité au rude paysage.

Nous étions à bout de souffle en raison de l'altitude et du panorama, alors que nous admirions, bouche pendante, les communautés de nomades, trimballant tous leurs avoirs (dont des tables de billard et tout le bataclan) pendant qu'ils installaient leurs campements d'été sur les hauts plateaux.

Pendant neuf jours extraordinaires mais éprouvants, nous avons traversé villes et villages du *Wild West* tibétain, à la merci de Tilidendou, notre chauffeur impatient. Les « Ralentissez, s'il vous plaît, Tilidendou ! », ou « Tilidendou, on voudrait **vraiment** s'arrêter ici ! » devinrent des refrains familiers. Notre persévérance porta fruit, car un de nos détours nous mena à un formidable marché d'artisanat tibétain dans la ville de Kanding.

Les compétences linguistiques – anglais, tibétain et mandarin – de la jeune artisane qu'on y rencontra étaient impressionnantes. Après s'être régalée de nos histoires de chasse aux épices internationales, elle se proposa comme guide interprète dans notre quête d'épices en Chine. Et ce fut le début de notre expédition à la recherche du meilleur poivre de Sichuan.

Quelques recherches nous menèrent à la même conclusion : c'est au village des Neuf Dragons qu'on trouverait la meilleure sélection de poivre rouge de Sichuan. Nous sommes donc partis en direction de cet endroit éloigné, où nous nous sommes butés à un énorme éboulement, condamnant l'utilisation de la voiture. Les autorités avaient ordonné l'aménagement d'un sentier à travers la gorge dans la zone sinistrée, ensevelie sous d'énormes rochers. Nous avons eu du mal à nous frayer un chemin à travers ces immenses obstacles, alors que les villageois, habitués à cette galère, nous dépassaient avec impatience d'un pas rapide, transportant allègrement enfants et provisions. Nous nous accrochions à tout ce qui était à notre portée afin d'éviter une chute que je m'évertuais à qualifier à qui voulait l'entendre de « mort certaine ».

Arrivés de l'autre côté, nous avons découvert qu'un lac s'était formé. Louer un bateau ou traverser à la nage étaient les seuls moyens qui s'offraient à nous pour atteindre le village. Le propriétaire-opérateur de ce que j'ai baptisé *Les transports en bateau gonflable minable inc.* faisait des affaires d'or puisqu'il était le seul traversier de l'endroit. Bien qu'il transportait quatre ou cinq passagers chinois par voyage, avec leurs nombreux ballots et l'occasionnel cochon, Philippe et moi avons été obligés de voyager seuls, car le propriétaire proclamait, au grand plaisir de la foule, que si nous embarquions avec les autres son *youyou* coulerait, pour sûr !

aux glaces éternelles. La réputation de cet endroit était telle qu'on raconte que la totalité de la récolte était autrefois réservée à l'empereur.

Ce poivre, d'abord citronné, sucré, musqué et piquant, engourdit ensuite la langue, puis les lèvres, donnant une sensation de pétillement, et ce après qu'on en a croqué seulement un demi-grain.

Enfin sur l'autre rive, nous avons pris un minibus pour le village des Neuf Dragons. La conversation porta alors sur la raison de notre visite à ce village éloigné. Nous avons commencé, comme cela se fait toujours en Chine, par conter l'histoire de nos enfants et de notre famille. Nous avons expliqué que nous étions des voyageurs – et non des touristes –, que nous étions en fait à la recherche des meilleures épices et, plus particulièrement, des meilleurs poivres de la région. Ironie du sort, le passager qui avait engagé la conversation était la source d'approvisionnement du poivre que nous cherchions.

Sa plantation était nichée au fond de la gorge, face au sud (exposition parfaite au soleil), ceinturée par des montagnes

Soudain, tout devint très très clair : la tolérance des Chinois aux multiples niveaux d'intensité de saveur et de piquant de la cuisine sichuanaise était attribuable à cette sensation d'anesthésie produite par les grains de poivre. Meilleure est la récolte, plus grande est la tentation d'essayer la multitude de combinaisons possibles, toutes très piquantes et délicieuses à la fois, et dont on devient vite « accro ».

Bien des tasses de thé plus tard, nous avons conclu une entente acceptable autant pour le vendeur potentiel que pour les acheteurs très emballés que nous étions. « Vous voulez vendre ? Nous serions ravis d'acheter ! » Depuis lors, les clients de notre boutique mangent comme des empereurs !

TOO CHOW CHI HIUX

LAPIN SICHUANAIS

Ce plat vient de Chengdu, la capitale du Sichuan. On reconnaît une influence d'Asie centrale avec la présence du cumin, une épice rarement utilisée en Chine. Cette recette s'adapte bien avec du poulet désossé que l'on peut faire sauter plutôt que frire.

1	petit lapin de 2 lb
2 tasses	huile végétale
1/4 tasse	piments verts frais mi-forts, tranchés
1 tasse	céleri chinois, en julienne **ou** céleri, en julienne
1/2 paquet	échalotes vertes, coupées en morceaux de 1 po
2 c. soupe	condiment de piments et d'arachides à l'huile (opt.) (ci-dessous)

MARINADE A

2	blancs d'œufs, battus
4 c. soupe	fécule de maïs
1/2 c. thé	sel
1/4 c. thé	poivre blanc, moulu

PIMENTS B

30	piments secs sichuanais assortis (p. 150) **ou** piments thaïs secs (15)
1/2 c. thé	poivre de Sichuan (p. 144)

CONDIMENTS C

1 c. soupe	pâte de piment piquante
4	gousses d'ail, tranchées
1 po	gingembre, en julienne
1/2	anis étoilé, moulu
1/2 c. thé	cumin, moulu

La technique qui consiste à faire revenir les piments à l'huile chaude jusqu'à ce qu'ils soient presque calcinés est fondamentale dans la cuisine sichuanaise. On pourra aussi l'appliquer à d'autres types de cuisines. La clé de la réussite est d'arrêter la cuisson des piments au bon moment en ajoutant d'autres ingrédients pour refroidir le wok.

- Faire couper le lapin avec les os en morceaux de 1 po cube par le boucher.
- Mariner le lapin dans la *marinade A* pendant 10 min.
- Chauffer l'huile à 325 °F et y frire le lapin jusqu'à ce qu'il soit presque cuit (5-7 min).
- Retirer le lapin à l'écumoire, puis enlever l'huile du wok.
- Chauffer le wok avec 3 c. soupe de l'huile restante.
- Faire revenir les piments quelques secondes, puis ajouter le poivre de Sichuan de *piments B*. Mélanger 1 ou 2 sec et ajouter immédiatement les *condiments C*. Faire sauter 5 sec.
- Ajouter le lapin et faire revenir 1 min.
- Ajouter les piments frais, le céleri chinois, les échalotes et le condiment de piments.
- Sauter 30 sec de plus et servir.

Les condiments sichuanais et yunnanais

La cuisine de l'ouest de la Chine se distingue par l'utilisation de pâtes de soja fermenté et de condiments très variés. Les pâtes de soja jouent le même rôle en cuisine que les sauces soja. Elles sont très souvent relevées d'aromates, d'épices et de piments. Les huiles infusées de piments sont utilisées couramment, les meilleures contiennent de l'huile de sésame. Les autres condiments sont en général élaborés à base de piments. Les plus utilisées sont des flocons de piments secs conservés à l'huile et souvent relevés de sésame ou d'arachide pour donner aux plats ce «septième goût» de noix rôtie. On trouve tous ces condiments dans les épiceries chinoises, où le choix offert est déroutant. Les meilleures marques viennent du Sichuan ou du Yunnan et contiennent en général peu d'additifs.

MA PO DOFU
TOFU DE GRAND-MÈRE PO

Même ceux qui n'aiment pas le tofu succomberont à ce plat simple, rapide et économique.

4	blocs de tofu mou
6 oz	porc haché maigre
2 c. soupe	huile végétale
1 c. soupe	fécule de maïs

AROMATES A

4	gousses d'ail, hachées
1/2 po	gingembre, haché
3	échalotes vertes, émincées

ÉPICES ET CONDIMENTS B

1/2 c. thé	poivre de Sichuan, moulu (p. 144)
2	petits piments forts au vinaigre, hachés
	ou piments thaïs (2) et vinaigre (1 c. thé)
2 c. soupe	pâte de fèves au piment (p. 148)

SAUCE C

1 tasse	fond de poulet
	ou eau
1 1/2 c. soupe	sauce soja claire
1 c. soupe	vin de riz
	ou xérès
1/2 c. thé	huile de sésame
1/2 c. thé	sel
1 c. thé	sucre

GARNITURE D

2	échalotes vertes, tranchées minces
1/4 c. thé	poivre de Sichuan, grillé et moulu (p. 144)
1/2 c. thé	piment fort sichuanais, moulu (opt.) (ci-contre)

- Couper le tofu en cubes de 1/2 po. Réserver.
- Chauffer l'huile dans un wok et faire sauter le porc en mélangeant sans arrêt (2 min). Retirer le porc cuit et laisser l'huile dans le wok.
- Ajouter les *aromates A* et faire revenir 1 min.
- Ajouter les *épices et condiments B* et faire revenir 1 min.
- Ajouter les ingrédients de la *sauce C* et amener à ébullition.
- Ajouter le porc et le tofu et laisser mijoter 3-4 min.
- Diluer l'amidon dans un peu d'eau froide, puis l'ajouter à la sauce en remuant pour l'épaissir.
- Cuire 30 sec de plus.
- Verser dans un plat et ajouter la *garniture D*.

Cette recette est une belle illustration des « sept goûts » du Sichuan. On y trouve le salé (sel et condiments), le sucré (sucre), l'amer (les graines noires à l'intérieur du poivre de Sichuan), l'acide (le vinaigre des piments marinés), le relevé (gingembre et ail), le piquant (piments, condiments et poivre) et la noix (l'huile de sésame). Enfin, on dénombre un huitième goût (umami) avec la pâte de fèves fermentées et le bouillon de poulet.

Les piments du Sichuan et du Yunnan

Il existe de nombreuses variétés de piments dans le sud de la Chine qui sont utilisés frais ou secs. Leur degré de piquant et surtout leur saveur varient de l'un à l'autre. Ils sont offerts dans les épiceries chinoises, mais ils ne sont jamais correctement étiquetés! Achetez plutôt ceux qui viennent du Sichuan. Comme la forme, la couleur et la taille changent d'une variété à l'autre, le mieux est d'en acheter une sélection et de les essayer. Les piments secs thaïs ou les chile arbol (mexicains) sont de bons substituts, mais il faut toutefois réduire les quantités de moitié.

POMMES DE TERRE YUNNANAISES recette d'inspiration

Au Yunnan, on vend dans la rue des brochettes de cubes de pommes de terre frites relevées d'une poudre de piments et d'épices aromatiques.

1 lb	pommes de terre
1/4 tasse	huile d'olive
2 c. soupe	épices yunnanaises, moulues (p. 245)
1 paquet	échalotes vertes, tranchées minces

- Cuire les pommes de terre à l'eau bouillante salée.
- Refroidir, éplucher et couper les pommes de terre en cubes.
- Mélanger les cubes avec l'huile d'olive dans un bol, puis les déposer dans une rôtissoire et mettre au four à 425 °F.
- Cuire 20 min.
- Saupoudrer les pommes de terre d'épices yunnanaises et d'échalotes vertes. Cuire 3-4 min de plus. Servir chaud.

SUAN LA TIAW
PIMENTS MARINÉS YUNNANAIS

1 tasse	piments thaïs frais
1/2 tasse	vinaigre de riz
5 c. soupe	sucre
4 c. thé	sel
2	anis étoilé
10	grains de poivre de Sichuan

- Stériliser un bocal d'une capacité de 8 à 10 oz.
- Enlever la queue des piments et bien les laver. Placer dans le bocal.
- Mettre les ingrédients restants dans une petite casserole. Porter à ébullition, puis retirer du feu et laisser reposer 5 min.
- Verser dans le bocal, fermer hermétiquement et laisser reposer quelques jours avant d'utiliser.
- Conserver au froid.

TIAW YIEN
SEL DE POIVRE CHINOIS

Ce sel est souvent servi en accompagnement d'aliments frits tels que les calmars et les crevettes. C'est aussi un très bon sel de finition.

1 c. soupe	poivre de Sichuan
4 c. soupe	sel fin

- Chauffer à feu moyen le sel et le poivre de Sichuan dans un wok en remuant constamment.
- Retirer du feu quand le sel commence à changer de couleur et que le poivre est odorant (2-4 min).
- Réduire en poudre dans un mortier.
- Conserver dans un bocal hermétique.

DEUX AUTRES VERSIONS :

- Pour la version yunnanaise, faire griller 3 ou 4 piments thaïs dans le wok, puis les ajouter au mortier et moudre avec le sel et le poivre de Sichuan grillés. Une autre variation consiste à faire griller un peu de cinq-épices moulu avec le sel et le poivre de Sichuan.

SUMATRA
L'ÎLE DES SAMBALS

Sumatra est l'une des plus grandes îles au monde ; elle est séparée de la Malaisie par le détroit de Malacca. Ce passage étroit est depuis des siècles une escale incontournable sur la route maritime qui relie l'Extrême-Orient aux Indes et à l'Occident. Vaste comme l'Espagne et dotée d'un climat équatorial humide ainsi que d'un riche sol volcanique, Sumatra produit encore aujourd'hui des épices de haute qualité, notamment la casse et le poivre blanc. Historiquement, la plupart des peuples qui habitent l'île ont été liés à la production ou au commerce des épices.

Les cuisiniers nomades

Du point de vue de la cuisine aux épices, trois régions se distinguent à Sumatra. Il s'agit d'abord de la province d'Aceh, au nord, avec ses *gulaïs* influencés par la cuisine indienne. Puis du centre montagneux, où les Bataks, une tribu originaire de la Thaïlande, ont une cuisine piquante relevée d'épices locales encore méconnues. Et enfin de l'ouest, où les Minangkabaus, un peuple vivant autour du port de Padang, sont depuis longtemps reconnus pour leur habileté au négoce des épices. Cela leur a permis de créer une cuisine spectaculaire qui s'est répandue dans toute l'Indonésie.

Épices typiques

Piment thaï, curcuma frais, noix de kemiri, casse, piment oiseau, gingembre, coriandre, feuille de lime keffir, galanga, feuille de salam, cumin, fenouil, girofle, poivre blanc, anis étoilé, cardamome verte, citronnelle.

Les Padangs, comme on appelle souvent les Minangs, sont de fidèles musulmans, mais ils ont conservé leurs traditions matrilinéaires ancestrales. Ce sont les femmes qui héritent et disposent des propriétés, et ce sont elles qui dirigent la famille. Les hommes, qui ont moins d'obligations, pratiquent le commerce, voyagent et souvent s'installent temporairement ailleurs en Indonésie avant de retourner chez eux. Avec leur sens inné des affaires, certains établissent de petits restaurants où l'on sert leur délicieuse cuisine. Aujourd'hui, il n'y a pas dans le pays une seule ville sans au moins un « padang ». Ces établissements sans menu sont un modèle d'efficacité. Il suffit d'entrer et de choisir dans la vitrine parmi les plats déjà prêts. Dans les meilleurs restaurants, on s'assoit et, sans demander, le serveur donne à chacun une assiette de riz et pose sur la table 15 à 30 petits plats, tous différents les uns des autres. Il ne reste plus qu'à faire son choix, ce qui est très facile puisqu'on peut goûter sans frais un peu de la sauce de chaque plat. C'est à ce moment que les choses se compliquent, car on veut manger de tout : les différents *gulaïs*, les poissons grillés, les sambals rouges de piments, les légumes sautés ou les aubergines en sauce tomate parfumée, les fruits de mer, les satés… Chaque petite assiette a son propre caractère : sauce onctueuse de coco à la citronnelle, croûte d'épices piquantes, viande confite au galanga et petit jus aigre-doux au clou de girofle et à la muscade. À la fin du repas, le serveur additionne le coût des plats consommés. L'addition est toujours raisonnable et on quitte la table en rêvant du jour où toutes les villes de la terre auront leur « padang », le meilleur *fast-food* au monde.

Sambal œlek
SAMBAL DU MORTIER

À Sumatra, il est impensable de servir un repas sans au moins un ou deux sambals. Ces condiments, plus ou moins piquants, sont souvent relevés de fruits acides, d'aromates ou de pâte de crevettes. Le sambal œlek est le plus commun et le plus facile à faire puisqu'il suffit de broyer des piments ébouillantés avec un peu de sel et de sucre dans un œlek, le mortier indonésien, et de placer le tout sur la table. Cette version maison ne contient pas de vinaigre et, pour cette raison, n'a pas l'âcreté des sambals commerciaux.

1 tasse	piments thaïs rouges frais
1 c. thé	sel
1 c. soupe	sucre de palme **ou** sucre

- Enlever la queue des piments.
- Faire bouillir les piments dans un peu d'eau salée (5 min).
- Égoutter et réduire en purée dans un mortier avec le sucre et le sel.
- Se conserve deux semaines au froid. Se congèle bien.

Sambal badjak
SAMBAL DES PIRATES

3/4 tasse	huile de coco **ou** huile végétale
1/2 tasse	piments thaïs rouges frais
1/2 tasse	ail
1/2 tasse	échalotes françaises
1/2 c. thé	trassi (ci-dessous)
1 c. thé	sel
3 c. soupe	jus de lime

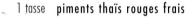

Le trassi

Le trassi, ou belacan, est une pâte de crevettes fermentée que l'on trouve dans les épiceries asiatiques.
La sauce de poisson est un substitut acceptable.

- Chauffer l'huile dans un wok.
- Y faire frire les piments jusqu'à ce qu'ils soient bien bruns. Les retirer avec une écumoire et réserver.
- Répéter l'opération avec l'ail, puis avec les échalotes.
- Placer les piments, l'ail, les échalotes, le trassi et le sel dans un robot culinaire et les réduire en purée. Cuire la purée dans l'huile à feu moyen jusqu'à ce qu'elle soit bien caramélisée.
- Ajouter le jus de lime et cuire 1 min de plus.
- Mettre en bocal.
- Se conserve au froid plusieurs semaines.

Le fait que ce sambal se conserve longtemps est sans doute l'une des raisons qui en ont fait un favori des pirates. Une autre raison, c'est qu'on y trouve un bel équilibre des six goûts : la double cuisson réduit l'intensité du feu des piments ; les sucres de l'ail et des échalotes font un aigre-doux avec le jus de lime, et tout cela se trouve relevé au moyen du sel, de l'umami du trassi et de la pointe d'amertume qui vient des aromates caramélisés. De quoi faire descendre n'importe quelle ration !

SAMBAL DE CALMARS À LA LIME <small>recette d'inspiration</small>

Les Bataks font souvent cuire les poissons et les fruits de mer dans une sauce à base de piments et d'épices citronnées comme l'andiliman et l'asam kandi, difficilement trouvables à l'extérieur de Sumatra. Cette recette adaptée se fait très bien avec des encornets, une sorte de petits calmars très tendres qu'on peut trouver nettoyés et congelés dans les épiceries orientales. Variez la quantité de sambal œlek selon votre goût.

1 lb	calmars, nettoyés **ou** encornets
4 c. soupe	huile végétale
1 c. thé	gingembre, haché
1	oignon moyen, tranché
2	tomates, hachées
	sel
1/4 tasse	jus de lime
10	feuilles de basilic citron **ou** feuilles de basilic
	ÉPICES **A**
1	lime séchée, moulue (p. 230) **ou** zeste de lime, râpé (1 c. soupe)
1/4 c. thé	curcuma, moulu
1 - 6 c. soupe	sambal œlek, au goût (p. 154)

- Couper les calmars en rondelles de 1/2 po.

- Faire sauter les calmars à feu vif dans un wok avec la moitié de l'huile et tout le gingembre. Dès que les calmars se raidissent (1-2 min), les retirer et réserver.

- Ajouter l'huile restante dans le wok, puis les *épices A*. Sauter quelques secondes. Ajouter l'oignon, les tomates, le sel et le jus de lime. Cuire jusqu'à ce que les tomates se défassent (3-4 min).

- Remettre les calmars. Faire cuire 1-2 min. Garnir de feuilles de basilic ciselées.

Ce sambal, très piquant et acide, est un plat-condiment qui doit être mangé à la mode *padang*, avec du riz nature et plusieurs autres plats ayant chacun leur propre point d'équilibre de goûts. Ce jeu excite et réarme à chaque fois les papilles, et est la clé du succès de la cuisine *padang* et des cuisines d'Extrême-Orient en général.

Le tamarin

Le tamarin est un fruit très acide originaire de l'Inde. On l'achète en général sous forme d'une pâte épaisse. Pour le préparer, il suffit d'en tremper un morceau dans un peu d'eau chaude pour le ramollir, puis de passer la pâte au travers d'une passoire pour obtenir une pulpe épaisse.

Ikan bakar pedas padang

POISSON GRILLÉ PIQUANT PADANG

Ce poisson est bien représentatif de la cuisine padang. On pourrait tout aussi bien le faire frire ou le griller en filets enveloppés dans une feuille de bananier.

4 c. soupe	huile de coco **ou** huile végétale
1	vivaneau de 2 lb **ou** poisson similaire
	PÂTE D'ÉPICES A
4	échalotes françaises **ou** oignon moyen (1)
4	gousses d'ail
6-10	piments thaïs rouges frais **ou** sambal œlek
1/2 po	gingembre
1/2 po	curcuma frais **ou** curcuma, moulu (1/2 c. thé)
1/4	lime avec la peau
1/2 c. thé	sel

- Réduire en purée les ingrédients de la *pâte d'épices A* dans un robot culinaire ou au mortier.
- Chauffer l'huile à feu moyen dans une petite poêle.
- Ajouter la pâte et faire revenir quelques minutes, jusqu'à ce que l'huile ressorte de la pâte. Laisser refroidir.
- Faire des entailles dans les parties les plus épaisses du poisson. Frotter l'intérieur et l'extérieur du poisson avec un tiers de la pâte d'épices et laisser reposer 1 h.
- Griller le poisson à feu vif sur le barbecue ou sous le gril du four.
- Déposer le reste de la pâte sur le poisson et servir.

Pour une pâte moins piquante, enlevez les graines des piments ou utilisez une autre variété, moins forte. Cette pâte piquante-acide peut facilement devenir la base d'un mélange plus élaboré auquel on ajouterait des épices aromatiques et amères. Le choix peut se faire en fonction du poisson choisi : épices délicates comme le galanga pour un poisson à saveur fine, ou épices plus fortes comme la lime keffir pour un poisson tel le maquereau.

Padang

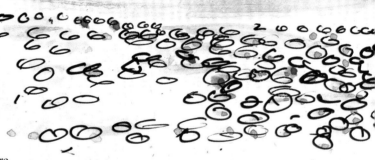

Lucas est probablement un des meilleurs guides sur l'île de Florès, en Indonésie. Dans la section « Détails pratiques », plusieurs guides touristiques parlent de lui comme l'un des membres les mieux informés d'un petit groupe de professionnels triés sur le volet. « Vous devriez songer à investir dans les services d'un guide qui parle tous les dialectes régionaux de l'île, sinon au moins quatre, en plus de l'anglais, du français et de l'allemand. » Aussi avons-nous été plaisamment surpris de tomber littéralement sur le fameux Lucas à notre hôtel *Bin Tang* (nom d'une bière populaire très appréciée, surtout après deux semaines sans une seule goutte de vin !), dans sa ville natale, Bajawa.

Nous avons établi à cette époque une tradition qui existe encore aujourd'hui. À notre arrivée, une fois les formalités de sécurité aéroportuaire de la ville de Ende remplies, nous nous sommes immédiatement dirigés, avec Lucas, vers le restaurant *padang* le plus proche pour acquérir notre pique-nique obligatoire. Cette cuisine, qu'on croit à tort être LA cuisine indonésienne, est en fait la plus connue des nombreuses traditions culinaires de l'archipel.

Originaires de l'île de Sumatra, la nourriture *padang* est popularisée – en grande partie – par les jeunes hommes qui voyagent beaucoup, d'habitude avant de se marier. Certains de ces « expat' » subviennent à leurs besoins en tenant de petits restaurants qui servent les spécialités de leur île natale.

Les *rumah makan padang* (maison-manger *padang*), nom sous lequel sont connus ces modestes établissements, sont facilement reconnaissables à leur vitrine originale : des petites assiettes débordantes d'une sélection de poulet mijoté ou frit, de riz, de légumes sautés, de cari de poisson et d'épinard, ainsi qu'un assortiment de condiments,

empilées les unes sur les autres, en pyramide. Les vitrines exposent essentiellement les plats du menu qu'il suffit de pointer pour commander. Le nombre d'assiettes et de bols vides à la fin du repas détermine l'addition finale.

Les mets pour emporter sont enveloppés dans du papier brun roulé en forme de cône et attaché avec un ruban ou une ficelle, selon le niveau de raffinement du petit restaurant.

L'endroit choisi par Lucas pour nos pique-niques était une plage entièrement couverte de galets turquoise, toile de fond idéale pour une vue parfaite de la mer de Savu. Nous marchions sur la plage, avec nos cônes en papier brun remplis de délices *padang*, à la recherche d'un

endroit pour festoyer. Philippe et Lucas échangeaient immanquablement entre eux portions et morceaux de choix de leurs repas. Il était notoire que moi, par contre, je n'étais absolument pas disposée à partager ou à échanger. Tous deux savaient qu'il était inutile d'essayer de me convaincre. Je commandais toujours ce dont j'avais envie : du poulet frit avec supplément de miettes de poulet croustillant (saupoudrées partout et sur tout !), du *kangkung* (ou épinard d'eau, qui, dit-on, vous fait bien dormir), du *rendang* (bœuf confit au lait de coco) et, bien sûr, du riz.

Bien que radicalement différents, nos styles de vie s'harmonisaient en quelque sorte, surtout sur cette plage turquoise de Flores. Avec nos divers mets *padang* bien emballés dans leurs cônes de papier brun, nous retrouvions toujours nos affinités avec Lucas, et nous croyons que la tradition culinaire *padang* de Sumatra constitue un ingrédient important ayant contribué à nourrir notre amitié.

Récemment, nous avons entendu parler de l'ouverture d'un petit restaurant qui offrait un menu « international » très intéressant, à Bajawa. Nous n'avons pas été surpris d'entendre qu'il s'appelait *Chez Lucas*.

TÊTES DE VIOLON ET SAUMON FUMÉ recette d'inspiration
À LA FAÇON DE SUMATRA

À Sumatra, plusieurs variétés de fougères sont consommées. On les cuit souvent avec des crevettes séchées ou du poisson fumé.

1 lb	têtes de violon
2 c. soupe	huile végétale
1 1/2 tasse	lait de coco
1/4 lb	saumon fumé, coupé en julienne
	sel

PÂTE D'ÉPICES A

3	échalotes
3	gousses d'ail
1 po	gingembre
1 doigt	petit galanga
1	piment thaï
2 c. thé	poivre vert, moulu
1 c. thé	zeste de citron

- Nettoyer, laver à grande eau et blanchir les têtes de violon à l'eau bouillante salée (5 min).

- Rincer les têtes de violon à grande eau. Égoutter et réserver.

- Préparer la *pâte d'épices A* dans un robot culinaire. Ajouter quelques cuillerées de lait de coco au besoin pour un mélange plus onctueux.

- Chauffer l'huile à feu moyen dans une casserole et faire revenir la pâte d'épices jusqu'à ce qu'elle libère ses parfums (3-4 minutes).

- Verser le lait de coco et faire mijoter 5 min.

- Ajouter les têtes de violon blanchies et le saumon. Laisser frémir 5 min.

- Goûter et saler au besoin.

La pâte d'épices est composée de racines aromatiques utilisées couramment avec le poisson en Asie. Dans cette recette, on y ajoute le citron et le poivre, un duo amer – piquant typique de l'Amérique du Nord plutôt que le duo asiatique piment – citronnelle. Le trio coriandre – cumin – cardamome fait aussi merveille dans cette recette.

Noix de kemiri

Aussi appelées noix de bancoulier, ces noix proviennent de la même famille que les noix de macadam. Elles ont un goût légèrement amer. Moulues, elles épaississent les sauces lors de la cuisson. Elles sont plutôt grasses, aussi il est préférable de les conserver au congélateur pour éviter qu'elles ne rancissent. Les amandes et les noix de macadam font de bons substituts aux noix de kemiri.

GULAÏ AYAM
POULET PARFUMÉ AU LAIT DE COCO

Dans cette recette, la sauce est épaissie par les noix de kemiri. On retrouve galanga et la citronnelle, qui sont écrasés mais laissés entiers, ils relâchent leurs parfums lentement et sans s'éventer, jusqu'à la fin de la cuisson.

3 lb	morceaux de poulet
3 1/2 tasses	lait de coco
	PÂTE D'ÉPICES A
6	échalotes françaises
4	noix de kemiri (ci-haut) **ou** amandes, blanchies (8)
2 - 4	piments thaïs frais
3	gousses d'ail
1/4 tasse	lait de coco
	MARINADE B
1 c. soupe	coriandre, grillée et moulue
1/4 tasse	pulpe de tamarin (p. 156) **ou** jus de citron (2 c. soupe)
	sel
	ÉPICES C
1	citronnelle, écrasée
2	feuilles de lime keffir
3	feuilles de salam (p. 163) (opt.)
1 1/2 po.	galanga, écrasé

- Assaisonner le poulet avec la *marinade B*. Réserver.
- Préparer la *pâte d'épices A* et la placer dans une casserole avec les *épices C* et le lait de coco. Porter à ébullition.
- Ajouter le poulet et faire mijoter sans couvrir jusqu'à ce qu'il soit tendre (45 min).
- Servir avec du riz parfumé ou du riz collant.

À l'exception des noix de kemiri, la combinaison des épices A, B et C de cette sauce est très similaire aux pâtes de cari jaune de Malaisie et de Thaïlande, où on les utilise beaucoup avec l'agneau. Ce bumbu piquant – acide avec une pointe d'amertume équilibre bien le sucré de l'échalote et de la coriandre avec l'umami des viandes fortes comme le mouton et le gibier. La saveur intense des feuilles de lime keffir et de la citronnelle s'harmonise bien avec la saveur marquée de ces viandes. Ainsi, on voit encore une fois comment travailler les goûts d'abord, puis les saveurs.

PECRI NANAS
CHUTNEY À L'ANANAS

Ce plat défie la classification. Situé entre une sauce, un condiment et un plat en soi, le pecri manas accompagne aussi bien un repas indien qu'un repas indonésien. Il ferait des merveilles avec une côtelette de porc grillée ou encore avec un canard rôti. Utilisez un ananas pas trop mûr pour de meilleurs résultats.

1	ananas
1 1/2 tasse	lait de coco
3	échalotes françaises, tranchées
3 c. soupe	sucre
2	piments thaïs, tranchés
	sel
	ÉPICES ENTIÈRES **A**
2 po	casse
3	cardamomes
6	clous de girofle
1/4	noix de muscade, râpée
2	anis étoilés
	PÂTE D'ÉPICES **B**
3	échalotes françaises
2	gousses d'ail
1/2 po	gingembre
1/2 po	galanga
1 po	curcuma frais **ou** curcuma, moulu (1 c. thé)
1/2 c. thé	cumin, moulu
2 c. thé	coriandre, moulue
2-6	piments thaïs
4 c. soupe	lait de coco

- Éplucher l'ananas et le couper en morceaux de 1 po. Réserver.
- Mettre la *pâte d'épices B* dans une casserole et cuire 3-4 min, jusqu'à ce qu'elle libère ses parfums.
- Ajouter les *épices entières A* et le lait de coco. Faire mijoter 10 min.
- Ajouter tous les ingrédients restants, mijoter 10 min. Servir tiède.
- Ce chutney se conserve plusieurs mois au réfrigérateur dans un contenant hermétique.
- Il faut le réchauffer avant de le servir.

La casse, le girofle, l'anis étoilé, le curcuma, le galanga ainsi que l'acidité de l'ananas favorisent la conservation de ce plat-condiment. D'ailleurs, les épices A et B donnent un bumbu exceptionnel qui se marie très bien aux aigres-doux.

La feuille de salam

Souvent appelée laurier indonésien, la feuille de salam séchée n'a pratiquement pas d'odeur, mais elle relâche sa saveur en mijotant tranquillement. Si vous n'en avez pas, vous pouvez y substituer du laurier.

BALI
LES BUMBUS RAFFINÉS

Bali, l'île mythique au nom qui fait rêver, se situe dans l'archipel indonésien, entre les îles de Java et de Lombok. Assez petite, Bali bénéficie d'un climat équatorial et se trouve au milieu d'une chaîne insulaire longue de plusieurs milliers de kilomètres qui s'étend de la Nouvelle-Guinée à la mer d'Andaman. L'Indonésie est aujourd'hui le pays musulman le plus peuplé du monde, mais ce n'est qu'au XIVe siècle que les marchands arabes et indiens ont réussi à y établir les premiers sultanats et à imposer l'islam. Avant cela, le centre de l'Indonésie se rattachait à la grande culture classique hindoue du monde ancien. Au moment de la chute des derniers bastions hindous de Java, de nombreux artistes et membres des cours royales se sont réfugiés à Bali. Le raffinement, le sens esthétique et les arts anciens qu'ils y ont apportés sont encore vivants.

Aujourd'hui, Bali est la dernière île hindoue de l'archipel et si les Balinais accueillent volontiers le monde moderne, ils ne changent pas pour autant leurs valeurs traditionnelles. Le sens esthétique balinais émerveille les visiteurs. Il semble que chaque Balinais pratique au moins un art et qu'au cours d'une vie les plus talentueux peuvent maîtriser des formes d'art aussi différentes que la peinture, la musique, la chorégraphie et la sculpture. Parallèlement, la vie balinaise est entièrement régie par une religion qui prône la coopération, la sérénité et le respect du sacré.

Épices typiques

Galanga séché, galanga frais, piment thaï, feuille de pandan, lime keffir, feuille de lime keffir, poivre noir, coriandre, cardamome, noix de kemiri, curcuma, citronnelle, poivre long, feuille de salam, kentjur, casse, gingembre, clou de girofle, piment oiseau sec.

Les mélanges subtils et harmonieux

Toutes ces influences se reflètent dans la cuisine balinaise traditionnelle, où le soin dévolu à la présentation d'un plat est tout aussi important que l'harmonie des saveurs. Les mélanges d'épices balinais, appelés «bumbu», se caractérisent par l'utilisation d'ingrédients frais qui sont disponibles toute l'année grâce au climat. Par ailleurs, contrairement à la cuisine thaïe, ou padang de Sumatra, dans lesquelles les épices fraîches sont utilisées de manière franche et intense, la cuisine de Bali privilégie les notes subtiles. Beaucoup de bumbus sont complexes et présentent une succession de tons savoureux. Certains mélanges se caractérisent par la dominance d'une ou deux épices relevées par d'autres, en toutes petites quantités, comme dans le bumbu du *babi guleng*, le cochon de lait qu'on fait rôtir aux jours de fête. C'est d'ailleurs lors de ces grandes occasions que la cuisine balinaise est à son meilleur. Visiter une maison balinaise lors d'une grande cérémonie, c'est voir tous les membres de la famille s'affairer à un rituel séculaire. Les hommes grillent les viandes et apprêtent des quantités prodigieuses de noix de coco. Les femmes s'activent aux fourneaux et les plus jeunes d'entre elles préparent les bumbus en écrasant des épices fraîches dans les *œleks*, ces mortiers en pierre volcanique, sous l'œil attentif de la grand-mère ou d'une vieille tante. C'est ainsi que les recettes se transmettent de génération en génération. Aujourd'hui, le robot culinaire et le congélateur facilitent considérablement la préparation des bumbus. Si vous préparez un bumbu dans votre cuisine, faites-en toujours une bonne quantité, car ces pâtes se congèlent très bien. Le peu qu'elles perdront en fraîcheur et en intensité sera plus que compensé par le luxe pratique d'avoir sous la main un peu des saveurs de l'île bénie des dieux!

BABI GULING
COCHON DE LAIT RÔTI

Cette recette s'adapte aussi bien à des côtes levées qu'à un rôti de porc. À Bali, on fait souvent rôtir un petit cochon entier à la broche pour nourrir les nombreux invités des fêtes qui accompagnent les cérémonies religieuses. Pour faire la recette qui suit, réservez chez votre boucher un côté de cochon de lait, c'est-à-dire le morceau qui se trouve entre la patte avant et la patte arrière. Cette pièce est idéale et vous donnera beaucoup de peau croustillante !

5 lb	cochon de lait
1/4 tasse	huile de coco **ou** huile végétale

PÂTE D'ÉPICES A

6 tiges	citronnelle (p. 172)
3	noix de kemiri (p. 162) **ou** amandes (6)
1	gousse d'ail
1/4 c. thé	trassi (p. 154) **ou** sauce de poisson (1/2 c. thé)
3	piments thaïs **ou** sambal œlek (p. 154)
1/4 po	tranche de galanga
1/4 po	tranche de gingembre
1/2 tasse	échalotes françaises

ÉPICES MOULUES B

3 grains	poivre long **ou** poivre noir (1/4 c. thé)
1 c. thé	coriandre
1/4 c. thé	curcuma
1/2 c. thé	kentjur (p. 174) **ou** gingembre sec

EAU DE CURCUMA C

1/2 tasse	eau
2 c. soupe	sel
1 c. thé	curcuma, moulu

- Préparer la *pâte d'épices A*. Nettoyer les tiges de citronnelle et les trancher aussi minces que possible. Placer la citronnelle, les ingrédients restants de la *pâte d'épices A* et les *épices moulues B* dans un robot. Réduire en purée fine (2-4 min).

- Faire chauffer l'huile dans une poêle et y cuire la pâte à feu moyen en remuant souvent, jusqu'à ce qu'elle libère ses parfums (5-7 min). À cette étape, le bumbu se congèle bien.

- Avec un petit couteau tranchant, en prenant soin de ne pas percer la peau, faire une grande poche dans la viande et la remplir avec la pâte d'épices refroidie. Placer la viande sur une plaque, côté peau vers le haut.

- Mélanger les ingrédients de l'*eau de curcuma C*, puis brosser la peau avec ce mélange.

- Faire rôtir au four à 450 °F pendant 30 min.

- Réduire la température à 375 °F. Brosser de nouveau avec l'eau de curcuma et cuire 1 h 30 de plus.

- Servir chaud.

La pâte d'épices présentée ici est en fait une purée de citronnelle et d'échalotes rehaussée de plusieurs épices en petites quantités. Une belle leçon de dosage ! Elle se congèle très bien. Ce bumbu fait des merveilles autant pour le canard que pour le porc.

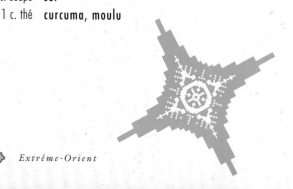

PEKEDEL JAGUNG
BEIGNETS DE MAÏS ET DE CREVETTES

Ces beignets remportent toujours un grand succès. On peut les faire miniatures pour un cocktail, ou plus gros pour un repas.

3 tasses	maïs en grains frais
	ou maïs surgelé, décongelé et égoutté
5	échalotes vertes, ciselées
1 poignée	basilic frais, haché
3	branches de coriandre, hachées
1 tasse	crevettes, décortiquées
	sel
1	œuf
1 - 2 tasses	farine tout usage
	huile végétale
	ÉPICES MOULUES **A**
4	piments thaïs secs
	ou Cayenne
1 c. thé	poivre blanc
1 c. soupe	coriandre
1 c. thé	cumin
3	cardamomes
1/4	noix de muscade, râpée

- Mettre dans un bol tous les ingrédients et les *épices moulues A*, sauf la farine et l'huile. Bien mélanger.

- Ajouter 1 tasse de farine, bien mélanger, puis rajouter petit à petit de la farine pour obtenir la consistance d'une pâte à muffin.

- Chauffer une grande poêle avec 1/8 po d'huile au fond.

- Mettre une bonne cuillerée de pâte dans la poêle. En vous aidant de la cuiller, former une galette de 1/2 po d'épaisseur et de 3 à 4 po de diamètre. Former d'autres galettes, sans surcharger la poêle.

- Cuire à feu moyen jusqu'à ce que le dessous soit bien doré (4-5 min). Retourner et faire dorer l'autre côté (2-3 min).

- Répéter avec le reste de la pâte et, au besoin, ajouter de l'huile dans la poêle.

- Servir chaud ou à la température de la pièce.

Ce mélange d'épices est à retenir pour d'autres plats de maïs, comme une soupe, un gratin ou un soufflé de maïs et de homard. Les « 3C » (cumin – coriandre – cardamome) utilisés avec doigté peuvent en fait relever presque tout. Les herbes fraîches légèrement amères et la muscade s'accordent avec le maïs bien sucré.

PUDDING AU RIZ NOIR recette d'inspiration

À Bali, on déjeune souvent avec un gruau de riz noir nature accompagné de lait de coco. Le riz noir est un riz entier à coque noire qu'on achète dans les épiceries asiatiques et spécialisées.

1 tasse	riz noir
4 tasses	eau
1 pincée	sel
4 po	pandan (p. 131)
1 1/2 tasse	lait de coco (p. 128)
1/2 tasse	sucre de palme **ou** sucre d'érable

En Asie du Sud-Est, on utilise beaucoup le pandan pour relever les desserts. En Occident, on ajoute de la vanille ou de la muscade au pudding au riz, tandis qu'en Inde on y ajoute de la cardamome et de l'eau de rose. On peut d'ailleurs intervertir ces épices dans de nombreux desserts.

La lime keffir et la feuille de keffir

La lime keffir, ou bergamote, est un agrume d'origine asiatique. On utilise surtout son écorce, dont la saveur très puissante peut très facilement dominer si l'on ne dose pas attentivement. En cuisine, on peut râper finement le zeste, qui est légèrement amer, ou encore utiliser les feuilles, qui le sont moins. Ajoutez les feuilles entières à une recette et retirez-les en fin de cuisson. Pour réduire une feuille en purée, il est nécessaire de la ciseler d'abord.

- Mettre le riz, l'eau, le sel et le pandan dans une grande casserole.
- Porter à ébullition, puis faire mijoter à couvert 1 h en remuant régulièrement. Ajouter un peu d'eau bouillante au besoin pour conserver la consistance d'un gruau.
- Quand le riz est tendre et crémeux, ajouter 1 tasse de lait de coco et le sucre.
- Cuire 10 min de plus.
- Servir tiède garni du lait de coco restant et accompagné de fruits frais ou de sorbet.

BUMBU BASE GEDE
BUMBU PASSE-PARTOUT BALINAIS

Cette pâte d'épices a inspiré la recette de poisson aux épices fraîches (p. 172). Comme la plupart des pâtes d'épices, elle se congèle bien. À Bali, ce bumbu sert de base à plusieurs plats et marinades.

3	gousses d'ail
6	échalotes françaises
3	piments forts thaïs **ou** sambal œlek (p. 154) (1 c. thé)
1/2 po	galanga
1/2 po	gingembre
2 po	curcuma frais
1/2 c. thé	cumin, grillé et moulu
1/2 c. soupe	coriandre, moulue
1 feuille	lime keffir, ciselée
1 c. thé	kentjur (p. 174), moulu
2	cardamomes, moulues
1/2 c. thé	poivre blanc, moulu
1/2 c. thé	noix de muscade, râpée
1/2 c. thé	trassi
1/2 c. thé	poivre long, moulu

- Réduire tous les ingrédients en pâte fine dans un robot, ou de préférence un mortier de pierre rugueuse, comme un *œlek*.

Le Spécial de Ibu Oka

Le village d'Ubud longe le sanctuaire de la Forêt des Singes, où vivent une centaine de singes des plus intrépides, perspicaces et photogéniques de l'île de Bali.

La principale rue commerciale d'Ubud débute à l'entrée du sanctuaire, s'étend sur un kilomètre et se termine au marché central. Restaurants et boutiques en tout genre bordent la rue, endroit très populaire pour les colporteurs spécialisés dans la vente d'« antiquités » et qui attirent les touristes avec leur boniment aussi familier que trompeur « Wan dalla, wan dalla » (*one dollar, one dollar*).

C'est sur ce chemin de la Forêt des Singes – nom approprié s'il en est – que nous avons rencontré Dewa, un jeune homme très amical, comme la plupart des Balinais.

Au départ chauffeur et interprète, il est devenu avec le temps notre compagnon de chasse aux épices.

Trouver la source des meilleures épices est toujours exigeant et demande beaucoup de temps. Aussi, après une expédition matinale particulièrement éreintante, nous décidons de nous récompenser par un lunch chez Ibu Oka. Madame Oka est renommée dans toute l'Indonésie pour son cochon de lait rôti à la broche. Le restaurant d'Ibu Oka, à Ubud, est LA destination gourmande, autant pour les Balinais que pour les touristes.

Nous sommes arrivés juste avant le « coup de feu » de midi, augmentant ainsi nos chances d'obtenir le spécial.

C'est l'envie irrésistible de Dewa de déguster le spécial qui, au fond, a provoqué «l'incident».

Réussir à trouver un stationnement devant le restaurant était inespéré, mais au moment où Dewa exécutait la manœuvre délicate : BOOM... suivi d'une brusque perte d'altitude... et la voiture se retrouva en mauvaise posture. L'une des roues arrière avait glissé dans une tranchée ! Témoins de l'incident, clients et serveurs se précipitèrent pour nous aider ; en deux temps, trois mouvements, le véhicule fut soulevé et remis sur ses quatre roues. Le pauvre Dewa, si concentré d'habitude, expliqua, tout penaud : « Je pensais au cochon, pas à la manœuvre. »

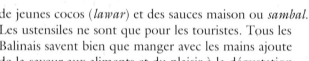

Il fallait se dépêcher, ne pouvant prédire ce qui pourrait encore arriver si notre ami ne passait pas immédiatement à table. Heureusement, nous sommes arrivés à temps pour le spécial. Selon les rumeurs, Ibu Oka «spécial-ise» seulement les quatre ou cinq premiers des quelque 50 cochons qu'elle prépare tous les jours. Arroser plus fréquemment les cochons et les laisser un peu plus longtemps sur la braise de coques de coco les rend plus croustillants – d'où le spécial. Certains accompagnements essentiels du spécial sont ces *bits* mystérieux, croquants, épicés, poivrés, croustillants à souhait, qui font saliver, procurent une douce sensation de chaleur et finissent par laisser la bouche en feu... La composition exacte des *bits* demeure une énigme, personne n'ayant jamais avoué savoir ce que c'était (entrailles ou organes génitaux de porc ? Bien qu'on s'en doute un peu, on préfère ne pas savoir)...

Vous n'arrivez pas à temps pour le spécial ? Ne désespérez pas ; le menu habituel est délicieux. De succulents morceaux de cochon de lait sont servis avec du riz blanc balinais, des haricots verts sautés avec la chair de jeunes cocos (*lawar*) et des sauces maison ou *sambal*. Les ustensiles ne sont que pour les touristes. Tous les Balinais savent bien que manger avec les mains ajoute de la saveur aux aliments et du plaisir à la dégustation.

Prenez du riz, un morceau de porc, ajoutez quelques *bits* et un peu de *sambal*, façonnez une bouchée avec le bout des doigts et avec le pouce, portez le tout à la bouche – main droite seulement, bien entendu (la main gauche, on s'en sert pour d'autres besoins...).

Soucieux de leur bien-être spirituel comme de leur bien-être physique, les Balinais s'appliquent à créer et à embellir toutes sortes de choses. Ils sculptent, tissent, peignent et dansent ; ils sourient facilement, recherchent l'harmonie, adorent les bonnes blagues et se nourrissent extrêmement bien.

Ibu Oka semble décidée à préserver les traditions culinaires originaires de l'île. C'est manifestement un «bon karma» (faites le bien et le bien vous poursuivra), comme disent les Balinais, et si l'on en juge par la file d'attente à l'entrée de son restaurant tous les jours, elle est à juste titre récompensée pour son dévouement.

POISSON AUX ÉPICES FRAÎCHES recette d'inspiration

La liste d'épices peut sembler déroutante, mais vous les trouverez presque toutes en une seule visite dans la plupart des épiceries asiatiques. S'il vous en manque certaines, inspirez-vous des proportions données ici pour créer votre propre bumbu. Le charme de ce plat vient de la profusion de saveurs fraîches!

6	morceaux de poisson à chair blanche de 8 oz chacun
3 c. soupe	huile d'olive
1 1/2 tasse	lait de coco
3	tomates moyennes, en quartiers
3 c. soupe	jus d'orange amère **ou** autre jus d'agrume acide

PÂTE D'ÉPICES FRAÎCHES **A**

2	piments thaïs frais
2	échalotes françaises
3	échalotes vertes
3	gousses d'ail
1/2 po	gingembre
1/2 po	galanga
1 po	petit galanga **ou** kentjur
1 po	curcuma frais
2	feuilles de chardon béni **ou** branches de coriandre fraîche (2)
10	feuilles de basilic
1 morceau	zeste d'orange amère **ou** d'orange

ÉPICES ENTIÈRES **B**

1	branche de citronnelle
1	feuille de lime keffir
1	branche de thym
3 c. soupe	poivre vert frais

- Laver et éponger le poisson. Réserver.
- Faire une pâte au robot culinaire, ou dans un œlek si possible, avec tous les ingrédients de la *pâte d'épices fraîches A*.
- Frotter le poisson avec cette pâte et laisser mariner 1 ou 2 h.
- Chauffer l'huile. Saisir le poisson des deux côtés (1-2 min) et réserver.
- Mettre le reste de la pâte d'épices dans la poêle et ajouter les *épices entières B*. Baisser la température et faire cuire 5 min en remuant de temps en temps.
- Verser le lait de coco et porter la sauce à ébullition.
- Ajouter le poisson et les tomates et faire mijoter 3 à 4 min, jusqu'à ce que le poisson soit cuit.
- Retirer du feu, ajouter le jus d'agrume.
- Goûter et rectifier au besoin avec du sel.

Faire la pâte dans un *œlek* vaut la peine si on a le temps, surtout pour mieux extraire le parfum des épices rhizomes fraîches.

La citronnelle

La citronnelle est une herbe d'origine asiatique qui a des arômes d'agrume citronné, mais sans l'acidité du jus de citron ni l'amertume des écorces d'agrumes. On l'utilise souvent fraîche après l'avoir épluchée et lui avoir enlevé ses petites tiges sans saveur. Pour un plat mijoté, il suffit d'écraser légèrement la tige avec un objet lourd (un pilon, par exemple) pour libérer les arômes avant de l'ajouter, entière. Pour faire une pâte, il faut la trancher finement avant de la piler au mortier. On trouve maintenant, dans les épiceries orientales, de la citronnelle en purée surgelée de bonne qualité. Si vous utilisez de la citronnelle séchée, doublez les quantités demandées dans vos recettes.

LE POULET FAVORI D'ALEJANDRA recette d'inspiration

Cette recette demande un grand total de cinq minutes de préparation et est prête en moins d'une heure. À l'époque où ma femme et moi étions traiteurs, nous la préparions souvent pour le personnel de cuisine, au grand plaisir d'Alejandra, notre pâtissière. On retrouve ici les épices typiques d'un bumbu, sans le travail de moudre finement les épices.

2 c. soupe	huile végétale
2 lb	ailes de poulet
1 paquet	échalotes vertes, tranchées
1/2 c. soupe	sucre de palme **ou** sucre d'érable
1/2 tasse	sauce Ketjap **ou** sauce soya foncée additionnée de sucre
1 c. soupe	jus de lime **ou** jus de citron
	sel
	ÉPICES A
4	gousses d'ail
1 po	galanga
1 po	gingembre
1/2	tige de citronnelle
2	feuilles de lime keffir
3	piments thaïs, hachés **ou** sambal œlek (p. 154) (1 c. soupe)
2	anis étoilés (opt.)

- Écraser les *épices A* avec le côté de la lame d'un couteau de manière à les craquer.
- Chauffer l'huile dans une marmite. Ajouter le poulet et les *épices A*.
- Faire sauter cinq minutes. Ajouter les ingrédients restants et 1/2 tasse d'eau.
- Couvrir et mijoter 45 min. Remuer de temps en temps.
- Servir avec du riz blanc et la salade tomate et avocat (p. 18).
- Ce poulet est meilleur réchauffé.

Cette recette simple est un bon exemple de la composition d'un mélange balinais, où les épices piquantes et aromatiques dominent. À Bali, les épices amères, comme le cumin, sont utilisées en très petites quantités ou absentes. On préfère utiliser la noix de kemiri, légèrement amère, qui épaissit les sauces. On équilibre souvent les plats balinais avec des ingrédients sucrés ou acides. Contrairement aux mélanges padang ou thaïs, les bumbus balinais recherchent les arômes complexes relevés de piquant plutôt qu'un équilibre de goûts intenses.

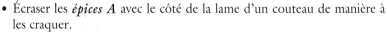

Le grand galanga et le kentjur

Le galanga et le kentjur sont des rhizomes de la famille du gingembre et ils s'utilisent de la même manière. Le galanga se trouve facilement maintenant, soit frais ou congelé, dans les épiceries asiatiques. Il est plus parfumé que le gingembre. Doublez la quantité si vous l'utilisez séché. Le kentjur se trouve rarement frais en Occident. Plus délicat et moins piquant que le gingembre, on l'utilisait beaucoup au Moyen Âge, en Europe ainsi qu'au Moyen-Orient. On s'en sert encore couramment à Bali et à Sichuan, où il donne une saveur inimitable à bien des plats.

Amérique centrale

OAXACA
YUCATAN
CARAÏBES
LOUISIANE

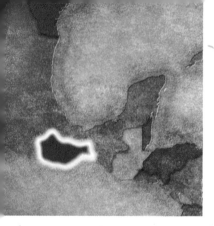

OAXACA
CHILES ET CHOCOLAT

La vallée de Oaxaca (prononcer Wa-ha-ka) est située à la jonction des grandes sierras qui forment le plateau central mexicain. Cette riche région agricole est habitée depuis des millénaires par de nombreux peuples qui ont toujours cultivé le maïs, les haricots, les tomates et les chiles. Située au croisement des routes commerciales qui reliaient les cultures d'Amérique centrale à celles du centre du Mexique, Oaxaca a donné naissance à plusieurs civilisations précolombiennes, comme en témoignent aujourd'hui les ruines spectaculaires des Zapotèques et des Mixtèques. Après la *conquista*, au XVIᵉ siècle, les Espagnols ont tenté d'imposer leur culture et leur religion dans tout le Mexique. Or, c'est probablement à Oaxaca qu'ils ont connu leur plus grand échec.

La patrie des sept moles

Aujourd'hui, la région de Oaxaca demeure profondément indienne et c'est aux jours de marché, dans les différentes petites villes de la vallée, qu'on le sent le mieux. De bonne heure sur la place publique, avant que la ville ne se réveille complètement, le promeneur aura le privilège d'assister à un spectacle qui n'a pas beaucoup changé au cours des siècles. Pendant que les marchands ouvrent boutique, les Indiens descendus de leurs villages s'installent dans les rues et déballent leurs marchandises : poteries traditionnelles, textiles tissés à la main, produits de leurs terres et des montagnes environnantes. Tandis que tout le monde se

prépare, des attroupements se forment devant les marchands de chocolat, qui vendent des tasses d'une boisson riche et mousseuse que plusieurs accompagnent de tamales à base de maïs et de chili. Ce petit déjeuner traditionnel est typique de Oaxaca. Sur le marché, la variété d'ingrédients offerts est étonnante, au point où bon nombre d'entre eux sont encore inconnus ailleurs au Mexique. Cette richesse régionale est particulièrement notable pour ce qui concerne les chiles : à Oaxaca, on trouve des dizaines et des dizaines de variétés aux formes et aux couleurs différentes. Chaque type de chile, qu'il soit frais ou sec, présente des parfums différents et un goût qui peut aller du plus doux au plus piquant. Bien sûr, comme c'est souvent le cas au Mexique, la plupart des gens préfèrent les variétés originaires de leur coin de pays pour préparer les innombrables salsas, adobos et moles qui font la réputation de la cuisine *oaxaqueña*. Au Mexique, on dit que Oaxaca est la « terre des sept moles ». Dans les faits, on dénombre beaucoup plus que sept de ces sauces riches aux parfums envoûtants. Il y a des moles verts, à base d'ingrédients frais, des moles jaunes, à base de chiles jaunes, les rouges, qui sont les plus courants ou encore des moles noirs, à base de chiles très mûrs et de chocolat, que l'on réserve aux grandes occasions.

Les saveurs de cette grande cuisine sont basées sur les chiles, bien sûr, que l'on relève de nombreuses épices et aromates. Si l'utilisation des piments ailleurs dans le monde ne remonte pas à plus de cinq cents ans, au centre du Mexique, les chiles sont utilisés depuis des milliers d'années. Pour les amateurs, il s'agit sans aucun doute du meilleur endroit qui soit pour découvrir toutes les possibilités que les piments offrent en cuisine.

Épices typiques

Ch. (chile) chihuacle, ch. pasilla, ch. guajillo, ch. ancho, ch. arbol, feuille d'avocat, cannelle, ch. mora, ch. mulato, cumin, poivre noir, anis, fenouil, ch. chilcosle, ch. piquin, chocolat mexicain, origan mexicain, épazote, girofle, quatre-épices, ch. pasilla de Oaxaca, ch. chipotle, sapote, vanille.

PINTADE AUX CHILES MULATO ET CACAO <small>recette d'inspiration</small>

Un peu longue mais assez facile, cette recette est en fait un mole simplifié.

2	pintades
	sel
3 c. soupe	farine
2 c. soupe	huile d'olive
2 c. soupe	beurre doux
1/2 bouteille	xérès
	ou vin blanc sec
1 tasse	bouillon de poulet

ÉPICES MOULUES **A**

1/2 c. thé	fenouil
1 po	cannelle
2	grains de poivre long
	ou poivre noir (12 grains)
8	grains de poivre de Sichuan
3	cardamomes vertes
1 morceau	macis
2	grains de quatre-épices

CHILES RÉHYDRATÉS **B** (P. 33)

2	chiles mulato ou ancho
1	chile pasilla

MIREPOIX **C**

1	oignon
1	carotte moyenne
1/4	poireau
1	branche de thym
1	feuille de laurier
2	gousses d'ail
1/2 po	gingembre

FINITION **D**

1/2 boule	cacao créole, râpé
	ou cacao en poudre (3 c. soupe) et chocolat 70 %, râpé (2 oz)
1/2 c. thé	huile de sésame japonaise
1/4 tasse	crème fraîche
	ou crème 35 %

- Saler puis assaisonner les pintades avec la moitié des *épices moulues A*. Les fariner ensuite.
- Chauffer une cocotte, ajouter l'huile et le beurre.
- Faire dorer les pintades de tous les côtés à feu moyen.
- Entre-temps, préparer la *mirepoix C* et hacher grossièrement les *chiles réhydratés B*.
- Retirer les pintades lorsqu'elles sont dorées.
- Ajouter la mirepoix, les épices moulues restantes et les chiles réhydratés, et faire revenir en mélangeant souvent.
- Remettre les pintades dans la cocotte, puis mouiller avec le xérès et le fond. Couvrir la cocotte et laisser étuver 30-45 min.
- Retirer les pintades lorsqu'elles sont à point et les réserver au chaud.
- Retirer et jeter le laurier et le thym.
- Ajouter le cacao râpé de *finition D* et passer le tout au mélangeur pour réduire les légumes et les chiles en purée. Passer au tamis si désiré.
- Réduire la sauce au besoin ou ajouter un peu d'eau pour obtenir une sauce plus onctueuse.
- Porter à ébullition, ajouter l'huile de sésame et la crème. Cuire 1 min. Goûter et ajouter du sel au besoin.
- Couper les pintades en quartiers et remettre dans la sauce avec le jus.
- Laisser reposer hors du feu 5 min avant de servir.

La technique de cette recette est d'inspiration française, alors que les saveurs mexicaines sont rehaussées de saveurs sichuanaises. Si cela vous intéresse, lisez la conclusion du *Ma Po dofu* (p. 150) et amusez-vous à identifier les différents goûts présents dans la recette. Ils sont tous là ! Pour réussir ce genre de création, cherchez d'abord à marier les saveurs entre elles. Ensuite, cherchez le point d'équilibre des goûts.

SOPA SECA DE ORZO
PILAF DE PÂTES AUX CHILES

Au Mexique, les soupes sèches sont en fait des pilafs de riz ou de vermicelle.
Cette recette utilise l'orzo, une pâte alimentaire en forme de grain d'orge.

4 c. soupe	huile d'olive
1 lb	orzo
3	feuilles de laurier
4 tasses	bouillon de poulet
	ou eau
2 tasses	poulet cuit, déchiqueté (opt.)
	CHILES RÉHYDRATÉS **A** (P. 33)
3	chiles ancho rojo
1	chiles pasilla
	ou chipotles en conserve (2)
	PURÉE DE TOMATES **B**
6	tomates, épluchées
	ou tomates
	en conserve (2 1/2 tasses)
4	gousses d'ail
1	oignon moyen
1 c. thé	sel
1 c. thé	cumin, moulu
1 c. thé	origan
	GARNITURE **C**
1	avocat, tranché
1 tasse	crème fraîche
	ou crème sure
1 tasse	fromage panela de Oaxaca, râpé
	ou fromage doux, râpé
1/4 paquet	coriandre fraîche, hachée

- Mettre les *chiles réhydratés A* et la *purée de tomates B* dans un robot. Réduire en purée fine.

- Chauffer l'huile dans une cocotte à feu moyen.

- Ajouter les pâtes et cuire en remuant sans arrêt jusqu'à ce qu'elles soient dorées. Retirer l'orzo avec une cuiller trouée.

- Placer le laurier dans la cocotte et y faire revenir la purée de tomates et de chiles à feu vif en remuant de temps en temps (5 min). Au besoin, ajouter un peu d'huile dans la cocotte.

- Ajouter le bouillon et porter à ébullition.

- Ajouter l'orzo et le poulet. Réduire le feu de moitié. Cuire et remuer jusqu'à ce que les pâtes aient absorbé la moitié du liquide (5 min).

- Couvrir et laisser cuire à feu doux jusqu'à absorption complète (5-10 min).

- Verser les pâtes dans un grand plat et garnir des tranches d'avocats, de la crème fraîche, du fromage et de la coriandre hachée de la *garniture C*.

Les purées de chiles réhydratés offrent de grandes possibilités. En effet, on peut créer de nombreux adobos en variant les piments, les épices et les aromates. La purée de tomates et les chiles est en fait une salsa mexicaine bien classique. Une fois qu'elle a cuit 5 min, on peut l'utiliser comme condiment ou comme base d'un plat mijoté.

CHOCOLATE
CHOCOLAT CHAUD

Le chocolat est consommé à Oaxaca depuis des siècles, où il est préparé en général avec de l'eau plutôt que du lait. On trouve plusieurs marques de chocolat mexicain dans les épiceries latino-américaines.

1 1/2 tasse	eau
6 oz	chocolat mexicain
	ou cacao créole, râpé (1 boule)
	ou chocolat noir
3 c. soupe	amandes, moulues
	ÉPICES **A**
1	gousse de vanille, fendue
	ou cannelle, moulue (1 c. thé)
	ou noix de sapote, râpée (1/2)
	ou chile au choix, moulu (1)

- Verser l'eau dans une casserole et ajouter l'épice de votre choix.
- Porter à ébullition.
- Concasser le chocolat et l'ajouter, avec les amandes moulues, dans la casserole. Ajouter du sucre si le cacao créole employé n'en contient pas.
- Mélanger avec une cuiller jusqu'à ce que le chocolat ait fondu.
- Faire bouillir à petit feu pour marier les saveurs pendant 2-3 min.
- Fouetter pour créer de la mousse avec un mélangeur électrique ou un fouet.
- Verser dans des tasses et garnir de l'épice de votre choix.

Le chocolat mexicain et le cacao créole

Le cacao est originaire d'Amérique centrale. Au Mexique, on l'utilise depuis des millénaires pour aromatiser toutes sortes de boissons à base de maïs, de piments et d'épices, ainsi que pour relever les plats en sauce les plus fins. Ce sont les Espagnols qui ont apporté le sucre qui a permis la création du chocolat. Le chocolat chaud mexicain est souvent relevé de vanille, d'amandes, de cannelle ou de piment.

Le cacao créole des Antilles est fait exclusivement de fèves de cacao broyées. Il contient donc tout le beurre des fèves de cacao et présente l'aspect d'une boule dure. Il sert à faire des boissons chaudes qu'on peut relever de casse, de laurier, de girofle, de tonka ou de quatre-épices. L'amertume et les notes fruitées du cacao créole et du chocolat noir arrondissent aussi les sauces corsées, comme cela se fait encore dans les campagnes en Italie et en France pour les plats de gibiers mitonnés au vin rouge.

Au Mexique, la cannelle est le choix le plus populaire pour aromatiser le chocolat. La sapote est une noix à saveur d'amande et de cerises sauvages dont le gras aide à créer une mousse très épaisse sur le chocolat. Le piment est associé depuis toujours à plusieurs boissons de chocolat et de maïs que l'on déguste sans sucre.

Aux Antilles, on épice le chocolat chaud avec de la casse, de la muscade, du laurier ou du quatre-épices. Avec les chocolats, on peut aussi utiliser des poivres, surtout les poivres exotiques comme le cubèbe, le poivre long ou la maniguette. Toutes ces épices rehaussent aussi bien les desserts au chocolat que les plats salés qui contiennent du chocolat.

le Mole Noir de Santa Ana Del Valle

Les Oaxaqueños sont des artisans, des artistes et des bâtisseurs légendaires. Monte Albán est le site de fameuses pyramides, d'un palais et de courts de jeux de balle construits aux environs de 500 av. J.-C. Aujourd'hui, ces ruines sont le site de leurs contributions artistiques les plus réputées et de leurs monuments les mieux conservés.

Les *mercados* (marchés) de potiers, de tisserands et de sculpteurs sur bois partagent l'espace désigné avec d'autres vendeurs de légumes frais, de chapulines (criquets croustillants couverts de poudre de chiles), de *tamales*, de chocolat (en pâte ou en poudre) et, bien entendu, de dizaines de variétés de chiles, tous essentiels à la cuisine traditionnelle *oaxaqueña*.

Le *mercado* de tisserands dans le village de Santa Ana Del Valle était d'un grand intérêt pour nous. C'était aussi le village natal de Lucio Aquino Cruz, que nous voulions rencontrer. Cet instituteur, créateur et maître tisserand était réputé pour ses tapis – les plus beaux du Mexique –

qui reproduisent les dessins modernes et traditionnels des peuples mixtèque et zapotèque de la région.

Nous nous sommes bien entendus avec Lucio et son épouse, elle-même tisserande, et ils nous invitèrent à venir déjeuner avec la famille – deux jours plus tard ! Ce délai était nécessaire, expliquèrent-ils, parce que le repas qu'ils désiraient servir demandait deux jours de préparation. Inutile de dire dans quel état nous étions durant ces 48 heures d'attente.

Peu après notre arrivée, une fois à table, on plaça devant nous un bol de sauce noire chocolatée presque limpide. Il s'en échappait des odeurs de chiles grillés et d'épices fraîchement moulues ; on avait envie de la boire. « Oublie l'assiette, pensai-je, trouve-toi une tasse ! » Sans les morceaux de dinde qui baignaient dans la sauce, la boire aurait été l'option la plus alléchante.

Ce mole était le fameux chef-d'œuvre culinaire dont la préparation authentique demande un minimum de deux jours. La texture de la sauce ressemble à celle de la crème glacée maison fondue. Le goût – comme du chocolat épicé, un équilibre parfait de chiles, de cacao et, bien sûr, d'épices – est inattendu et surprenant, une vraie jouissance gastronomique ! Des tranches d'avocats mûris à point et des tortillas de la veille (plus fermes, elles sont plus appropriées pour attraper les morceaux de dinde et recueillir la sauce) étaient servis en accompagnement.

Nous nous sommes sentis profondément honorés lorsque le « chef », la mère de Lucio, a gracieusement consenti à expliquer – en zapotèque, sa langue maternelle – quels étaient les piments appropriés pour ce mole particulier (Oaxaca étant connue comme la « terre des sept moles »), comment elle les avait choisis, lesquels étaient rôtis, lesquels étaient moulus, etc. Elle s'étendit sur la sorte et la qualité du chocolat utilisé pour la sauce, et sur les épices qu'elle y avait ajoutées.

L'ampleur et l'intensité du labeur pour préparer un vrai mole, ainsi que le temps requis, devinrent alors évidents.

Nous avons exprimé notre gratitude sincère à cette matriarche et, imitant un geste que nous avions souvent vu utiliser par les Zapotèques pour saluer ou prendre congé d'un aîné considéré, nous nous sommes inclinés respectueusement et avons élégamment baisé la main qui nous avait si gracieusement nourris.

POLLO ADOBADO
POULET RÔTI À L'ADOBO

À Oaxaca, ces poulets sont souvent rôtis à la broche sur charbon de bois et vendus tout chauds, au bord de la route.

2	petits poulets de 2 lb chacun
	ADOBO **A**
4	chiles ancho
8	chiles guajillo
1/2 c. thé	cumin
1 c. thé	origan mexicain
4	feuilles d'avocat (opt.) (ci-dessous)
1/2 c. thé	graines d'anis
8	gousses d'ail
1/4 tasse	jus de lime
1 c. thé	sel
	ACCOMPAGNEMENTS **B**
	tortillas de maïs
1 tasse	crème fraîche
	OU sucre
1	oignon, émincé
	coriandre fraîche, ciselée

- Réhydrater les chiles de l'*adobo A* (p. 33).
- Griller le cumin, puis l'origan et les feuilles d'avocat dans une poêle chaude.
- Réduire les épices grillées en poudre.
- Placer les chiles trempés, les épices et les ingrédients restants de l'*adobo A* dans un robot et réduire en purée.
- Frotter les poulets avec la purée d'adobo et laisser mariner au froid aussi longtemps que possible (jusqu'à 72 h).
- Faire rôtir au four à 375 °F pendant 1 h 15 et arroser de temps en temps de jus de cuisson.
- Le poulet sera encore meilleur cuit au tournebroche sur votre barbecue.
- Servir le poulet avec ses *accompagnements B* de façon à ce que chaque convive puisse faire ses propres tacos.

Les adobos peuvent être faites avec d'autres chiles et on peut aussi varier la combinaison d'épices en utilisant, par exemple, la cannelle, le poivre, le quatre-épices et le girofle. Les adobos sont des pâtes aromatiques polyvalentes qui peuvent servir de marinades ou encore relever une salsa, une vinaigrette ou une mayonnaise. Généralement acides, elles sont merveilleuses pour les viandes braisées ou les *chile con carne*. En outre, elles se congèlent très bien.

Feuille d'avocat

Les feuilles d'avocat sont utilisées dans le centre du Mexique pour aromatiser les plats à cuisson lente tels que les tamales, les haricots secs et les viandes braisées. Sèches, elles n'ont pratiquement pas d'odeur. Il faut les faire griller quelques secondes dans une poêle chaude pour libérer leur merveilleux parfum anisé. On peut alors les utiliser entières ou moulues. Les feuilles d'avocat séchées proviennent de variétés spéciales. N'utilisez pas les feuilles qui poussent sur le noyau que vous feriez germer dans un verre d'eau, car elles peuvent être légèrement toxiques.

CAMARONES ENCHILADAS
CREVETTES AUX PASILLAS DE OAXACA

Cette recette m'a été donnée par Maruca Ponce, du restaurant El Turix
à Cozumel, une cuisinière hors pair qui la prépare aussi avec une
combinaison de chiles guajillo et ancho.

2 c. soupe	huile d'olive
3	chiles pasilla en gros flocons
8	gousses d'ail, hachées
1 lb	crevettes moyennes, avec leur carapace
1/2 c. thé	sel
3 c. soupe	jus de lime
1/4 paquet	coriandre fraîche
4	quartiers de lime

- Chauffer une grande poêle ou un wok à feu moyen.
- Y verser l'huile et y faire revenir les flocons de piment quelques secondes.
- Ajouter l'ail et faire revenir quelques secondes de plus.
- Ajouter les crevettes et augmenter la chaleur à feu vif. Sauter jusqu'à ce que les crevettes soient cuites (3 min).
- Ajouter le sel, le jus de lime et la coriandre fraîche. Mélanger et servir avec les quartiers de lime.

La technique qui consiste à infuser les piments secs à l'huile chaude puis à ajouter de l'ail est universelle. On la retrouve dans le sud de l'Italie et jusqu'en Inde. Ce qui est intéressant, c'est de transposer l'un des nombreux chiles mexicains dans ce genre de recette : un *vindaloo* aux chiles guajillo ou des spaghettis à l'ail et aux chipotles, par exemple.

Comment réhydrater les chiles secs

Rincer rapidement les chiles secs à l'eau courante pour les nettoyer et les éponger tout de suite avec du papier absorbant. Faire chauffer une poêle à feu moyen et y faire griller les chiles des deux côtés jusqu'à ce qu'ils soient souples et odorants (15-30 sec.). En prenant garde de ne pas se brûler, ouvrir les chiles, puis en retirer les tiges, les graines et le placenta. Placer les chiles nettoyés dans un bol, couvrir à peine d'eau chaude et laisser tremper 20 min. Retirer les chiles, qui sont maintenant prêts à être utilisés. On peut utiliser l'eau de trempage, mais faire attention qu'elle ne soit pas trop amère.

MOLE COLORADITO
MOLE ROUGEÂTRE

Le mole coloradito est l'un des sept moles typiques de Oaxaca. Si la sauce est longue à préparer, elle vaut largement tout l'effort qu'on y met. Si vous ne faites pas la recette, inspirez-vous tout de même de la combinaison de chiles, d'épices et d'aromates.

1	poulet, coupé en huit
1	oignon
4	gousses d'ail
1	branche de thym
1/2 c. thé	sel
	CHILES A
6	chiles ancho rojo
8	chiles chilcosle rojo **ou** chiles guajillo
	ÉPICES MOULUES B
2 po	cannelle
5	clous de girofle
10	grains de poivre
2 c. thé	origan mexicain (p. 195) **ou** origan
3 c. soupe	graines de sésame, grillées
	AROMATES C
6	tomates mûres
1	oignon
12	gousses d'ail
3 c. soupe	saindoux **ou** huile végétale
	ÉPAISSISSANT D
4 c. soupe	saindoux **ou** huile végétale
1 tranche	pain aux œufs **ou** pain blanc
1/2 tasse	amandes
1/2 tasse	pacanes
	FINITION E
2 oz	chocolat mexicain **ou** cacao créole (1/2 boule) **ou** chocolat noir

- Placer le poulet, l'oignon, l'ail, le thym, le sel et 12 tasses d'eau dans une grande marmite. Faire bouillir, écumer et laisser frémir 20 min.

- Retirer le poulet et réserver. Filtrer le bouillon et réserver.

- Griller les tomates des *aromates C* dans une poêle chaude, jusqu'à ce que la peau commence à noircir (10-15 min). Réserver.

- Enlever la peau noircie des tomates et réduire en purée fine au robot avec l'oignon et l'ail.

- Chauffer le saindoux dans une marmite et faire revenir la purée de tomate à feu moyen (15-20 min). Retirer la casserole du feu et la réserver.

- Chauffer une poêle à feu moyen et ajouter la moitié du saindoux des *épaississants D*. Faire dorer le pain des deux côtés. Réserver.

- Ajouter le saindoux restant et faire dorer les amandes. Les retirer avec une cuiller trouée. Répéter avec les pacanes.

- Placer les chiles égouttés, les *épices moulues B* et les ingrédients épaississants réservés dans un robot. Réduire en pâte fine (5-10 min).

- Remettre la casserole avec la purée de tomate sur la cuisinière à feu moyen. Ajouter la pâte de chiles et faire rissoler en remuant constamment 10 min.

- Ajouter 3 ou 4 tasses de bouillon de poulet, assez pour rendre la sauce nappante. Faire mijoter 15-20 min en remuant à l'occasion.

- Incorporer le chocolat de la *finition D*. Bien mélanger, ajouter le poulet et laisser pocher 10 min. Servir.

- Le mole se conserve 10-15 jours au froid et se congèle bien.

Malgré sa complexité apparente, le principe des moles est relativement simple. Une purée de chiles réhydratés et d'épices est rissolée lentement, on ajoute ensuite une purée d'aromates et des féculents comme le pain et les noix. Une fois le tout bien revenu, et légèrement caramélisé, la pâte est diluée avec du bouillon pour obtenir une sauce onctueuse. Assurez-vous de bien moudre la pâte du mole puisque la peau des chiles réhydratés est parfois difficile à réduire en purée fine. Prenez soin aussi de mélanger la pâte sans arrêt quand vous la faites revenir car elle peut brûler facilement.

YUCATAN
PAYS DES RECADOS ET DU CHILE HABANERO

Le Yucatan, situé entre la mer des Caraïbes et le golfe du Mexique, est entouré du Mexique, de l'Amérique centrale et des Antilles. Cette situation en a fait l'un des carrefours des épices des Amériques.

Issue de trois traditions

La cuisine du Yucatan est caractérisée par des plats rustiques aux saveurs inusitées. À part quelques plats piquants, ce sont le salé et l'acide qui dominent. Par contre, les salsas d'accompagnement sont férocement piquantes.

La cuisine des Mayas est à base de maïs, de haricots, de courges, de tomates, de chiles, de rocou, d'épazote, de dindon et de viandes sauvages. Les Espagnols, eux, ont apporté les légumes européens, l'ail, l'oignon, les agrumes, les herbes et épices du monde méditerranéen ainsi que le porc et le poulet. Au XIXᵉ siècle, une importante immigration syrienne a contribué à la cuisine yucatèque par sa connaissance de mélanges d'épices complexes et par son amour des grillades. De ce métissage lent est née une cuisine originale, très différente des autres cuisines du Mexique.

L'épice reine est le rocou, connu localement sous le nom d'« achiote ». Originaire d'Amérique centrale et des Antilles, le rocou est une épice douce, légèrement parfumée et très colorante. Elle est l'ingrédient principal du recado rouge qui aromatise une multitude de plats. Les recados sont parfois décrits comme étant les « caris du Yucatan », une description

très juste puisqu'on s'en sert souvent de la même manière et que les trois recados de base ont une multitude de variations. Traditionnellement, ces pâtes sont fabriquées dans les maisons pour être ensuite revendues. Les jours de marché, il est courant de voir des femmes mayas, vêtues de leur *huipil* et leur *rebozo* traditionnels, assises derrière de grandes pyramides multicolores de divers recados prêts à utiliser. En se promenant dans les allées, on sent d'une table à l'autre les nuances de parfums et l'on remarque les habitués qui se dirigent sans hésitation vers « leur » vendeuse pour la provision hebdomadaire de recados à leur goût.

Si la reine des épices yucatèques est le rocou, le roi est définitivement le chile habanero. Ce chile originaire de Habana (La Havane), aux Antilles, est très différent des chiles du plateau central mexicain, tant par sa forme et son parfum que par sa férocité. Les plats yucatèques sont rarement piquants, mais ils sont presque toujours accompagnés de salsa à base de chile. Ces sauces, source de plaisir pour les initiés, doivent être traitées avec le plus grand respect. La première rencontre avec une de ces salsas peut littéralement vous couper le souffle en un instant.

Les mélanges d'épices yucatèques ont évolué au cours des siècles pour parvenir à un équilibre de saveurs et une maturité qui leur permet aujourd'hui de voyager, de s'adapter à d'autres ingrédients et recettes, et de réellement devenir les caris du Yucatan.

Épices typiques

Rocou, épazote, quatre-épices, chile seco, chile seco noirci, les recados negro, rojo, especie, clou de girofle, origan, cumin, poivre noir, anis.

COCHONITA PIBIL
COCHON DE LAIT BRAISÉ À L'ACHIOTE

Ce grand classique yucatèque est traditionnellement enfoui dans un trou rempli de braises chaudes (pib en langue maya), puis recouvert de terre. La viande braise longuement, protégée par plusieurs couches de feuilles de bananier. On retire le paquet après plusieurs heures quand la viande est toute infusée des parfums et qu'elle fond dans la bouche.

1	cuisseau de cochon de lait **ou** épaule de porc (4 lb)
2	oignons, tranchés
	feuilles de bananier

MARINADE AU ROCOU **A**

6	gousses d'ail
6 c. soupe	recado colorado (p. 194)
1/2 tasse	jus d'orange amère **ou** vinaigre blanc
2 c. thé	sel

- Passer les ingrédients de la *marinade au rocou A* au mélangeur pour obtenir une marinade homogène.
- Mariner le cuisseau et les oignons quelques heures et envelopper le tout dans des feuilles de bananier.
- Placer dans une braisière et couvrir.
- Cuire de 2 h 30 à 3 h à 375 °F jusqu'à ce que la viande se défasse.
- Servir avec de la *salsa xi ni pek*, des *cebollas encurditas*, des tortillas de maïs chaudes et des *frijoles de olla* (p. 199).

Ce plat à dominante salée-acide est souvent fait par les Mayas avec des viandes sauvages (chevreuil, pécari, dindon et autres gibiers de la forêt). On peut aussi le faire avec du poulet ou du porc, et même du poisson. Le recado colorado, utilisé dans une multitude de plats au Yucatan, contient peu d'épices amères et piquantes. C'est pour cette raison qu'il s'adapte bien à toutes les sauces et qu'il s'utilise en quantité généreuse.

CEBOLLAS ENCURTIDAS
OIGNONS ROUGES MARINÉS

4	oignons rouges moyens
1 c. soupe	quatre-épices
1/2 c. thé	origan (yucatèque, si possible)
1	piment habanero, tranché
1 c. thé	sel
	vinaigre blanc

- Trancher les oignons finement.
- Bien les défaire dans un grand bol.
- Verser dessus 3 litres d'eau bouillante.
- Attendre 15 sec, puis bien égoutter 10 min.
- Placer les oignons avec les épices et le sel dans un bol.
- Couvrir à peine de vinaigre blanc.
- Mélanger et laisser reposer 30 min avant de servir.
- Se conserve 2 à 3 semaines au froid.

SALSA XI NI PEK
SALSA FRAÎCHE YUCATÈQUE

En maya, xi ni pek signifie « le nez et la langue du chien ». Il suffit d'y goûter pour avoir la langue qui pend et le nez humide tout comme un chien !

1/2 tasse	tomate, hachée
1/2 tasse	oignons rouges, hachés
2	habaneros, hachés fin
1/4 tasse	jus d'orange amère **ou** vinaigre blanc
1/2 c. thé	sel

- Mélanger tous les ingrédients et laisser reposer 30 min avant de servir.

Le rocou

Les graines de rocou sont très dures et très colorantes. Leur goût est neutre et leur parfum délicat, ce qui en fait une épice liante. Elles servent entre autres à colorer certains fromages, comme le cheddar et la mimolette. Utilisé couramment aux Antilles, dans plusieurs pays d'Amérique latine et aux Philippines, le rocou est moulu longuement pour obtenir une poudre très fine, qui est ensuite incorporée à d'autres épices pour en faire des pâtes ou marinades. Il est aussi courant de chauffer les graines dans une huile végétale jusqu'à ce que celle-ci soit colorée; on jette alors les graines et l'huile sert à la cuisson des plats qui s'infusent de la saveur délicate et de la belle couleur du rocou. On trouve le rocou dans les épiceries chinoises ou latines et dans les bons magasins d'épices.

FILET DE PORC AU ROCOU ET LAIT DE COCO
recette d'inspiration

Directement inspiré de la cochonita pibil *(p. 191), ce plat est rapide si l'on a sous la main (au congélateur) un peu de marinade au rocou.*

2	filets de porc (2-2 1/2 lb)
1/4 tasse	marinade au rocou (p. 191)
2 c. soupe	huile d'olive
2	échalotes, hachées
1/4 tasse	xérès sec
1 1/2 tasse	lait de coco (p. 128)

GARNITURE A

oignons rouges marinés (p. 191)
coriandre fraîche

- Couper les filets en médaillons de 1 1/4 po d'épais.
- Mariner le porc au moins 15 min. Égoutter.
- Chauffer la poêle à feu moyen. Dorer les médaillons dans l'huile.
- Retirer les noisettes à mi-cuisson.
- Faire revenir les échalotes dans la poêle avec un peu d'huile.
- Quand les échalotes sont odorantes, déglacer avec le reste de la marinade, le xérès et le lait de coco. Cuire et laisser réduire quelques minutes en remuant souvent jusqu'à ce que la sauce soit onctueuse.
- Réchauffer les noisettes de porc dans la sauce.
- Laisser mijoter 2-3 min. Les servir garnies d'oignons rouges marinés et de coriandre.

On a ici transposé la recette de *cochonita pibil* en conservant l'équilibre original des goûts, mais en en réduisant l'intensité avec l'addition de lait de coco. Poêler un filet plutôt que braiser une coupe plus dure permet une cuisson rapide terminée en 20 min. Cette recette démontre bien la polyvalence des recados yucatèques.

RECADO DE ESPECIE
RECADO D'ÉPICES

1	oignon moyen avec la pelure
2	têtes d'ail
1/2 c. thé	cumin
2 c. soupe	origan
1 1/2 po	cannelle
10	clous de girofle
2 c. soupe	poivre noir
12	grains de quatre-épices
1/2 g	safran (opt.)

• Griller l'oignon et l'ail dans une poêle bien chaude ou sur la flamme jusqu'à ce qu'ils soient cuits et aient la peau noircie.

• Griller le cumin, puis l'origan quelques secondes dans une poêle chaude jusqu'à ce qu'ils soient aromatiques.

• Moudre toutes les épices.

• Éplucher l'ail et l'oignon. Réduire en purée avec les épices.

• Cette pâte se conserve bien au congélateur.

L'influence syrienne est claire ici. Cumin, cannelle et safran… Ce recado simple est habituellement frotté sur de petites pièces de viande (steak, cubes à brochette) qu'on marine un court temps, puis qu'on grille ou poêle rapidement. Ce mélange d'épices s'adapte à toutes sortes de recettes : soupes, mijotés et *escabeche* (mijotés auxquels on a ajouté un bon verre de vinaigre).

RECADO COLORADO
RECADO ROUGE

1/4 tasse	rocou
1 c. thé	quatre-épices
1/2 c. thé	girofle
1 c. thé	poivre noir
2 c. thé	origan (yucatèque ou mexicain si possible)
1/2 c. thé	sel
	vinaigre blanc

• Réduire le rocou en poudre dans un moulin à café (comme les graines sont très dures, le faire en petites quantités pour ne pas brûler le moteur). Réserver.

• Moudre les épices restantes.

• Mélanger le rocou et les épices avec le sel et assez de vinaigre pour faire une pâte ferme (consistance de pâte à modeler).

RECADO NEGRO
RECADO NOIR

*Cette préparation **doit** se faire à l'extérieur à cause des vapeurs de chiles calcinés. Préparez-vous à tousser et à pleurer... mais quel parfum ! La saveur de la sauce est unique au monde et, en finale, pas si piquante que ça.*

4 oz	chile seco **ou** piments thaïs
1	tête d'ail
1	oignon moyen avec la pelure
2	tortillas de maïs
1/4 tasse	vinaigre blanc (au besoin)
	ÉPICES MOULUES **A**
2 c. thé	rocou
6	grains de quatre-épices
2	clous de girofle
1/2 po	cannelle
1 c. thé	poivre noir
1 c. soupe	origan (yucatèque ou mexicain si possible)

- Chauffer une poêle en fonte à feu vif sur la grille du barbecue ou sur un poêle de camping. Griller les piments en remuant souvent jusqu'à ce qu'ils soient complètement noircis.

- Griller l'ail et l'oignon jusqu'à ce que la peau soit noircie. Griller les tortillas jusqu'à ce qu'elles soient calcinées et complètement noires.

- Rentrer dans la maison. Laver bien les chiles noircis à grande eau et jeter les graines qui flottent à la surface de l'eau. Égoutter.

- Placer les *épices moulues A*, l'ail et l'oignon épluchés, les chiles, les tortillas et le vinaigre dans un robot culinaire et réduire en pâte fine. Cela prendra quelques minutes ; ajouter un peu de vinaigre si la pâte tourne mal dans la machine.

- Ce recado se conserve bien au congélateur.

La quantité de piments peut surprendre, mais leur piquant est tempéré par l'amertume du brûlé et l'évaporation de la capsaïcine lorsqu'ils grillent. Notez que le fait de bien laver ou de faire tremper les piments réduit aussi leur amertume.

Origan mexicain et épazote

L'origan mexicain ressemble à l'origan de Méditerranée, bien qu'il ait une saveur différente. On trouve une variété encore plus parfumée au Yucatan.

L'épazote est une herbe indigène du Mexique. Sa saveur surprend ceux qui ne la connaissent pas, mais elle complète très bien les plats de fèves et les sauces.

L'origan mexicain et l'épazote sont tous deux amers et donnent une saveur authentique aux plats mexicains. On peut substituer l'un à l'autre. L'origan ordinaire est un substitut acceptable.

le poisson-lune...de miel

Philippe vivait sur un bout de plage, une petite parcelle de terrain appartenant à Huacho, son compère de pêche et de plongée. Avec son hamac suspendu entre deux cocotiers, Filipé (nom sous lequel il était connu) tirait sa subsistance de poissons qu'il pêchait avec Huacho au cours de leurs expéditions dans les récifs, de noix de coco et de tortillas maison, bien arrosés de tequila, d'après ce qu'on raconte, ce qui, après coup, expliquerait leur manie de réveiller, pendant leurs plongées, les requins dormeurs – mais ça, c'est une autre histoire !

Philippe avait décroché le poste de chef dans un hôtel situé dans les ruines Maya à Coba – un exploit en soi car, à 24 ans, il savait bien cuisiner, mais il était loin d'être chef ! Il supervisait du personnel local encore moins expérimenté mais plein de bonne volonté ; heureusement, tous étaient disposés à l'aider à franchir le pont multiculturel. Il a bien essayé d'acquérir un peu de patience, le pauvre, mais il s'est montré bien meilleur élève de cuisine maya traditionnelle. Au final, beaucoup d'eau aura coulé sous ledit pont avant qu'il puisse rire

en évoquant ses cuisiniers qui ne se présentaient pas au travail (un hôtel affichant complet ne leur paraissait pas un incitatif suffisant) parce qu'« il pleuvait, jeffe ! ».

Je n'étais jamais allée au Yucatan, et c'était une raison comme une autre pour y passer notre lune de miel. Nous atterrissons à Cancun, une ville comprenant alors un seul hôtel, en janvier 1982, et prenons la route pour le bout de plage de Huacho, maintenant appelée Playa del Carmen. Sa petite cabane de plongée a fait place à quelques huttes au toit de palme bâties autour d'un *cénote* (puits souterrain naturel), entourées de centaines de cocotiers. La plus grande hutte est vite baptisée la « suite nuptiale » et nous nous y installons.

Il ne faut pas longtemps avant que la première de nombreuses *fiestas* s'organise. Les copains reprennent vite leurs bonnes vieilles habitudes – difficiles à oublier, un peu comme le vélo. Le mérou géant harponné par Huacho le matin même est au menu. Une fois le feu allumé entre deux vieux cocotiers tombés, les *compadres* se mettent au travail. Le poisson entier est frotté de recado rouge, généreusement recouvert d'oignons tranchés et noyé de jus d'oranges amères fraîchement pressées. Le poisson mariné est ensuite enveloppé dans des feuilles de bananier et placé sur les braises qui couvent entre les troncs de cocotier, où il reste pendant des heures. Lorsque le poisson est finalement débarrassé de son enveloppe de feuilles, nous sommes subjugués par l'arôme enivrant du rocou parfaitement marié aux oignons et au jus d'oranges amères.

Toutefois, la vraie surprise m'attend encore : ni assiettes ni couverts, seulement une pile de tortillas encore chaudes. J'ai vite fait d'apprendre : le truc, c'est de déchirer un morceau de tortilla et de s'en servir comme d'une

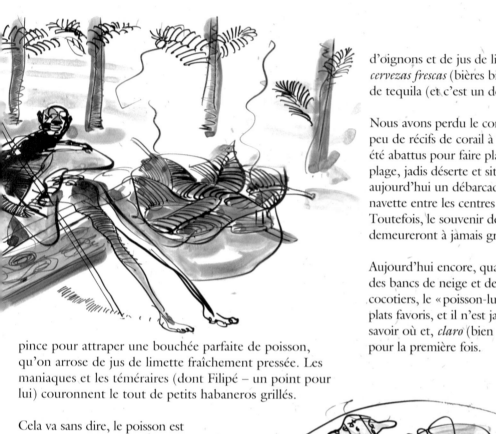

d'oignons et de jus de limette, le tout bien arrosé de *cervezas frescas* (bières bien froides !) et, dans certains cas, de tequila (et c'est un deuxième point pour Filipé).

Nous avons perdu le contact avec Huacho. Il reste très peu de récifs de corail à Playa. Les cocotiers ont tous été abattus pour faire place à des hôtels et à des bars. La plage, jadis déserte et site de prédilection de nos *fiestas*, est aujourd'hui un débarcadère pour les traversiers qui font la navette entre les centres d'achats et les navires de croisière. Toutefois, le souvenir de ce mérou et la recette au rocou demeureront à jamais gravés dans nos esprits.

Aujourd'hui encore, quand nous voyons par la fenêtre des bancs de neige et des érables au lieu du sable et des cocotiers, le « poisson-lune… de miel » reste un de nos plats favoris, et il n'est jamais servi sans son histoire, à savoir où et, *claro* (bien sûr), quand nous l'avons mangé pour la première fois.

pince pour attraper une bouchée parfaite de poisson, qu'on arrose de jus de limette fraîchement pressée. Les maniaques et les téméraires (dont Filipé – un point pour lui) couronnent le tout de petits habaneros grillés.

Cela va sans dire, le poisson est exquis ! Les tortillas chaudes, le poisson presque brûlant, dégoulinant de sauce,

POC CHUC
PORC GRILLÉ À L'ORANGE AMÈRE

Recette simplissime inventée à Tikul, au restaurant Los Almendros, *une adresse incontournable si vous visitez le Yucatan.*

4	escalopes de porc minces de 6 oz chacune
1/2 tasse	jus d'orange amère **ou** vinaigre blanc
8	gousses d'ail, hachées fin
	sel

- Mariner le porc plusieurs heures dans le jus d'orange amère, l'ail et le sel.
- Égoutter et griller la viande à feu vif 1 ou 2 min de chaque côté, jusqu'à ce qu'elle soit cuite.
- Servir tout de suite avec une salsa piquante.

POC CHUC AU CUMIN ET CORIANDRE *recette d'inspiration*

4	escalopes de porc minces de 6 oz chacune
1/2 tasse	jus d'orange amère
8	gousses d'ail, hachées fin
	sel

ÉPICES MOULUES **A**

1 c. thé	graines de cumin
2 c. thé	graines de coriandre
3	cardamomes

- Mariner le porc plusieurs heures dans les *épices moulues A*, le jus d'orange amère, l'ail et le sel.
- Égoutter et griller la viande à feu vif 1 ou 2 min de chaque côté, jusqu'à ce qu'elle soit cuite.
- Servir tout de suite avec une salsa piquante.

On a pris ici une recette sans épices où les goûts dominants sont le salé et l'acide. En y ajoutant une note amère (le cumin), une note sucrée (la coriandre) et un parfum (la cardamome), on crée un nouvel équilibre agréable. On peut remplacer le trio cumin – coriandre – cardamome par le mélange classique espagnol cumin – origan (amer) avec une pointe de paprika (sucré) pour créer un autre équilibre.

La leçon : on peut prendre une recette sans épices et y ajouter une combinaison classique. Si l'on voit à l'équilibre de goûts de la nouvelle combinaison, les chances sont très bonnes de créer un plat réussi. Cette technique est très utile pour incorporer les épices à son propre répertoire de cuisine.

PAVO EN CHILMOLE
DINDE AUX CHILES BRÛLÉS

Le mot mole *signifie « sauce » dans plusieurs langues précolombiennes. Le* chilmole *est une sauce à base de chiles calcinés et d'épices. Au Yucatan, la base du* chilmole, *le recado negro, est associée depuis toujours aux plats de dinde.*

2	cuisses de dinde (5 lb)
1/4 tasse	huile végétale (opt.)
1	oignon avec la pelure
3	tomates
1/4 tasse	recado negro (p. 195)
	masa harina (opt.)
	sel

Ce recado, comme les autres pâtes d'épices yucatèques, peut facilement s'adapter à d'autres recettes. Le recado negro peut relever une multitude de sauces, soupes, marinades et farces de volailles, de viandes blanches et même de poisson.

- Cuire la dinde au gril ou la dorer à l'huile dans une casserole jusqu'à ce qu'elle soit bien saisie.
- Griller les oignons et les tomates au gril ou dans une poêle bien chaude. Les éplucher et les hacher grossièrement.
- Jeter la graisse de cuisson si la dinde a été dorée à la casserole.
- Placer la dinde et les légumes dans la casserole, verser de l'eau aux trois quarts de la hauteur.
- Délayer le recado negro avec un peu d'eau. Ajouter dans la casserole.
- Porter à ébullition. Couvrir et mijoter jusqu'à ce que la viande se défasse (1 h 30).
- Au besoin, épaissir la sauce avec quelques cuillers à soupe de masa harina délayée dans un peu d'eau.
- Laisser mijoter quelques minutes de plus. Goûter et saler au besoin.
- Servir avec des tortillas chaudes.

FRIJOL DE OLLA
HARICOTS NOIRS MIJOTÉS

2 lb	haricots noirs secs
1	tête d'ail
2 c. soupe	épazote
	ou origan mexicain
1	chile habanero
	sel

Si la marmite vient à manquer d'eau, ajoutez de l'eau bouillante. Ne vous servez que d'une cuiller en bois pour mélanger les haricots. Cela évitera de les faire éclater et aussi de crever le chile, qui parfume les haricots sans les rendre piquants tant qu'il reste intact.

- Trier les haricots et les laver ensuite à l'eau courante.
- Les mettre dans une grande marmite et couvrir généreusement d'eau froide.
- Porter à ébullition et écumer. Réduire le feu.
- Griller la tête d'ail. L'ajouter à la marmite avec l'épazote et le chile.
- Mijoter à couvert jusqu'à ce que les haricots soient tendres, mais pas éclatés (1 h 15 à 2 h, selon l'âge des haricots).
- Retirer l'ail et le piment.
- Goûter et saler.
- Servir dans un bol avec du bouillon.

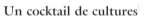

LES CARAÏBES

L'ART DE L'ASSAISONNEMENT

La cuisine des Caraïbes reflète bien l'histoire mouvementée que la région a connue, surtout dans les petites Antilles (qui n'incluent pas les grandes îles de Cuba et d'Hispañola). Habitées par les Indiens Arawaks et Caraïbes jusqu'à l'arrivée des Européens, les îles furent le site de disputes constantes entre Espagnols, Français, Anglais et Hollandais. Jusqu'à la fin du XVIIIᵉ siècle, les Antilles ont été le théâtre de guerres, pirateries et autres fourberies, mais c'est l'implantation de la canne à sucre par les Européens qui a le plus marqué les îles. Comme la fabrication du sucre demandait une main-d'œuvre importante, on importa à cette époque des esclaves africains en grand nombre. Plus tard, au XIXᵉ siècle, à la suite de l'abolition de l'esclavage, on continua, surtout dans les îles anglaises, à faire venir des Indes des travailleurs assujettis qui s'intégrèrent avec le temps au *melting-pot* antillais.

Un cocktail de cultures

Étudier la palette des saveurs antillaises, c'est regarder l'histoire de la région : véritable fusion réussie puisque la plupart des plats comprennent des éléments qui viennent de chaque cuisine mère. Les Arawaks et les Caraïbes y ont contribué avec les piments doux et forts, le quatre-épices, le rocou et le laurier antillais avec lesquels ils boucanaient la viande. Cette pratique, qu'ils ont enseignée aux flibustiers, a d'ailleurs valu aux pirates le nom de « boucaniers ». Les Européens ont apporté le thym, le poivre et la moutarde, en plus d'avoir implanté des épices asiatiques comme la casse, le girofle, la muscade, le gingembre et le curcuma. Les Africains ont apporté le thym à larges feuilles qu'on dit antillais, mais qui en fait est d'origine africaine, tout comme la maniguette. Cependant, c'est au fourneau que les Africains ont eu la plus grande influence. Ce sont eux qui, avec ces ingrédients nouveaux et un génie qui leur est propre, ont inventé ces plats créoles mitonnés. Les travailleurs des Indes, ne trouvant pas leurs épices habituelles, inventèrent, au plaisir de tous, des masalas très antillais comme le colombo des îles françaises et les *curry* de Jamaïque et de Trinidad.

Aujourd'hui, la cuisine des Antilles a atteint une maturité et une originalité fort intéressante. Chaque île a bien sûr ses spécialités et le répertoire de l'archipel est vaste, mais les recettes classiques choisies ici représentent bien les saveurs des Caraïbes.

Épices typiques

Casse, piment mara wee-wee, piment à assaisonner, quatre-épices, sapote, muscade, thym, thym antillais, tonka, cari, girofle, laurier antillais, cumin, chardon béni, piment antillais (habanero), rocou, poivre noir, feuille de bois d'Inde, macis.

JERK CHICKEN
POULET BOUCANÉ

Le jerk jamaïcain est le descendant direct des « boucans » des Indiens Arawaks et Tainos. La cuisson très lente à la fumée, sur une grille, est le secret du jerk, qui le plus souvent est fait avec du porc. En Jamaïque, on jette sur la braise des branches et des feuilles vertes de quatre-épices pour fumer la viande.

2	poulets entiers de 3 lb
1 recette	marinade à jerk (ci-dessous)
	POUR LA FUMÉE
2 tasses	copeaux de bois dur (mesquite, érable, pommier)
1/2 tasse	quatre-épices

Les épices à jerk peuvent s'intégrer à d'autres recettes. Le célèbre cari de chèvre jamaïcain est souvent relevé par l'ajout d'une cuiller ou deux de mélange à jerk. Les restes de jerk se conservent bien et servent à faire des plats mijotés.

- Couper le dos des poulets et les aplatir.
- Mariner les poulets au moins 2 h et jusqu'à 24 h si vous avez le temps.
- Faire tremper les copeaux et le quatre-épices durant quelques heures.
- Allumer le barbecue à feu doux.
- Placer les poulets égouttés sur la grille.
- Jeter un peu de copeaux et d'épices trempés sur la braise.
- Cuire très lentement (3-4 h) avec le couvercle fermé.
- À intervalles réguliers, retourner le poulet et le badigeonner de marinade. Jeter aussi un peu de copeaux et d'épices trempés sur la braise.
- Servir chaud.

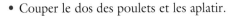

PEPPER RHUM
RHUM AU PIMENT

Ce condiment se conserve très longtemps. Une bonne manière d'avoir le parfum des Antilles sous la main en tout temps. Utilisez ce condiment pour relever vos plats mijotés ou les marinades. Dans certaines îles, on le fait avec du xérès.

1/4 tasse	piments mara wee-wee **ou** piments oiseaux
1 tasse	rhum brun

- Mettre tous les ingrédients dans une bouteille.
- Laisser reposer une semaine.
- Utiliser comme condiment piquant dans vos plats cuisinés.

JERK SEASONING
MARINADE À JERK

2-3 paquets	échalotes vertes
3-4	piments habaneros
10	branches de thym, hachées
6 c. soupe	quatre-épices, moulu
1	noix de muscade, râpée
3	feuilles de laurier antillais, concassées (p. 140)
1 c. soupe	sel
1/4 tasse	vinaigre **ou** jus de lime

- Pour obtenir une marinade moins piquante, retirer les graines et le placenta des piments.
- Placer tous les ingrédients dans un robot culinaire.
- Réduire en purée fine.
- Se conserve au réfrigérateur un mois et se congèle bien.

PÂTÉ CHINOIS D'ETHNÉ recette d'inspiration

Qu'est-ce qu'une Antillaise fait quand elle découvre ce classique québécois ?
Elle l'épice, bien sûr !

VIANDE

2 tasses	oignons, hachés
2 c. soupe	ghee (p. 103) **ou** huile et beurre
2 lb	mélange de bœuf, veau et porc maigres, hachés
6	gousses d'ail, hachées
2 c. thé	cumin
	poivre noir
	sel
1/2	tomate, hachée **ou** ketchup (2 c. soupe)
1 c. thé	vinaigre

PURÉE DE POMMES DE TERRE

3 lb	pommes de terre
1 tasse	lait
1 paquet	échalotes vertes, hachées
	poivre blanc
	sel
1/2	muscade, râpée
	beurre, au goût

MAÏS

2 tasses	maïs en grains
2 tasses	maïs en crème
	piment d'Alep, au goût

FINITION

	paprika, au goût

- Sauter l'oignon dans le ghee 3 min.
- Ajouter la viande et cuire jusqu'à ce qu'elle se détache.
- Incorporer les ingrédients restants de la viande et faire mijoter 10 min.
- Cuire les pommes de terre à l'eau salée. Les égoutter quand elles sont cuites.
- Chauffer le lait et l'échàlote. Au premier bouillon, retirer du feu.
- Piler les pommes de terre.
- Ajouter le lait chaud et les ingrédients restants de la purée.
- Fouetter le tout. Réserver.
- Mélanger le maïs en grains, le maïs en crème et le piment.
- Pour le montage, étaler la viande, puis le maïs, et finalement la purée dans un plat à gratin et saupoudrer de paprika.
- Cuire 45 min à 375 °F.

La vraie leçon ici, c'est qu'il n'est pas nécessaire d'apprendre des nouvelles recettes pour cuisiner avec des épices. Il suffit de connaître les combinaisons classiques et de les intégrer à son propre répertoire en tenant compte des goûts et des saveurs.

CREVETTES CRÉOLES GRILLÉES recette d'inspiration

Cette recette utilise une version simplifiée de la marinade créole tradition-nelle, tout en conservant les saveurs authentiquement antillaises.

24	grosses crevettes dans leur carapace
	MARINADE A
1/4 tasse	vin blanc
2 c. soupe	coriandre fraîche, hachée
1	gousse d'ail, hachée
1 c. thé	thym, haché
1 c. soupe	huile d'olive
	sel
	poivre noir
1 trait	Angostura
2	échalotes vertes, émincées
3 c. soupe	jus de lime
	rhum au piment, au goût (p. 202) **ou** piment antillais et rhum (1 c. soupe)

- Faire mariner les crevettes plusieurs heures dans tous les ingrédients de la **marinade A**.
- Embrocher les crevettes.
- Griller à feu vif en badigeonnant avec la marinade restante.
- Servir avec l'aïoli d'avocat (ci-dessous).

Cette marinade passe-partout doit son succès à la combinaison gagnante thym – coriandre – ail – échalote – piment – poivre, et à l'Angostura, qui contribue à l'équilibre des goûts par son amertume et sa douceur. Bien que sa composition exacte soit secrète, on sait que l'Angostura contient de l'orange amère, de la muscade et des herbes, ce qui en fait un correcteur de goût bien pratique.

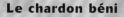

Le chardon béni

Le chardon béni est une herbe tropicale utilisée couramment aux Antilles et en Asie du Sud-Est. Sa saveur rappelle celle de la coriandre fraîche, mais est plus prononcée. De plus, contrairement à la coriandre, la saveur du chardon béni ne s'évente pas durant la cuisson. On l'utilise toujours fraîche, mais on peut la conserver en purée, congelée.

AÏOLI D'AVOCAT recette d'inspiration

1	avocat mûr
1 c. thé	jus de lime
3	gousses d'ail
	sel
	poivre noir
2 c. soupe	oignon, haché
	piment habanero, au goût **ou** sauce piment
3 c. soupe	coriandre fraîche
2	échalotes vertes
1/4 tasse	huile d'olive

- Placer tous les ingrédients, sauf l'huile, dans un robot culinaire.
- Réduire en purée fine, puis verser l'huile en filet pour émulsifier l'aïoli.

Bake'N Shark

Les Trinidadiens sont une espèce peu commune. D'aucuns prétendent qu'elle est le résultat du mélange racial – Africains, Indiens, Chinois, Arawaks, Portugais – et de toute combinaison de ce mélange, ce qui en fait des êtres uniques. Les habitants de Trinité doivent sans doute à leur dicton favori « Dieu est un Trini » leur conviction que rien de fâcheux ne peut frapper leur île paradisiaque.

Trempés jusqu'à l'os dans leurs traditions et farouchement déterminés à les conserver, les Trinidadiens sont aussi réputés pour leurs jugements parfois spontanés sur tous les sujets, opinions qu'ils expriment avec facilité et enthousiasme. Ils adorent bavarder ou « parler pour parler », ce qu'ils font avec un humour particulier. Jumelé à leur honnêteté désarmante, cet humour peut parfois mener à des situations cocasses et gênantes. Je me souviens d'avoir une fois été taquinée : « Qu'est-ce qui t'est arrivé ? Ils t'ont plongée dans du rocou ? » J'avais douze ans, j'arborais une paire de bas filet rougeâtres, et je me pensais très à la page. Le rocou, je

l'ai su peu après et ne l'ai jamais oublié depuis, est une épice. Plus utile pour cuisiner que pour lancer une mode !

La nourriture est une des seules choses que les Trinidadiens traitent rarement avec légèreté. Ils la considèrent avec gravité, révérence et respect. Voici quelques règles de ce qu'un Trinidadien tolérera (ou non) pour ce qui est de la nourriture.

1) La nourriture doit être bonne : elle doit goûter bon (saveur ET goût), elle doit être appétissante (la présentation est importante) et être cuisinée le jour même (les restes sont pour nos petits trésors – chiens ou chats – et pour les vagabonds, dans cet ordre).
2) Les Trinis doivent pouvoir identifier leur plat ; tout va bien du moment qu'il s'agit d'un plat « trini »-indien, « trini »-créole, « trini »-chinois ou d'un pelau (riz et pois).

Les sauces piquantes, bien que dignes d'avoir leur propre table, sont habilement rangées avec le reste des condiments.

3) Les épices doivent généreusement parfumer tout plat, et une bonne sauce très piquante et bien épicée doit toujours être à portée de main comme condiment.

4) Faire des expériences avec les recettes traditionnelles est mal vu. Philippe a été remis à sa place plus d'une fois pour avoir ajouté ceci ou substitué cela dans une recette. « Pourquoi dois-tu toujours tout changer ? »

Richard's Bake 'N Shark, un petit comptoir de nourriture sur la très populaire plage de Maracas, est l'endroit idéal pour manger sur le pouce, à la Trini. Chaque règle alimentaire locale est rigoureusement respectée : le requin frais est, à la Trini, mariné à la perfection avant d'être cuit sur place. Les *bake* maison (pains plats frits) sont chauds et croustillants ; une petite table ploie sous les condiments habituels, où oignons, laitue, mayonnaise à l'ail, tomates, etc., disputent la place aux indispensables chutneys au tamarin, à la mangue et, le meilleur, au chardon béni.

Quelques heures avant notre départ pour Montréal, on faisait la file devant *Richard's* avec les habitués et on attendait patiemment de passer nos commandes, une bière diablement froide à la main, en se balançant et en ondulant sur les tubes de calypso et de soca que projetaient des haut-parleurs stratégiquement placés.

« Donnez-m'en deux », «*Gimme four*», criaient les clients en désignant ce qu'ils voulaient. « J'en veux cinq ! » Alors que les gens semblaient hésiter, voilà que notre fils, bien jeune à cette époque, dans la file avec nous, savait, lui, exactement ce qu'il voulait : «*I want five*», finit-il par traduire. « Maman, on pourrait en emporter dans l'avion ce soir ! » On dit que la vérité sort de la bouche des enfants… *Richard's Bake 'N Shark* contre la bouffe d'Air Canada.
Le petit venait de marquer un point !

RHUM PUNCH
PUNCH TRINIDADIEN

Ce punch un peu traître descend tout seul avec sa muscade fraîchement râpée. L'Angostura est un condiment indispensable à la cuisine de Trinidad, où on l'utilise de l'apéro au dessert. Sa composition est le secret de la famille qui le fabrique depuis bientôt deux siècles. Quelques gouttes, amères et parfumées, équilibrent bien des goûts.

1/2 tasse	jus de lime frais
1/2 tasse	sucre roux
1/4 c. thé	Angostura
6 oz	rhum brun antillais
	noix de muscade

- Mettre le jus de lime, le sucre, l'Angostura et le rhum dans un pichet.
- Mélanger jusqu'à ce que le sucre soit dissous.
- Verser dans quatre verres de 6 oz remplis aux trois quarts de glace concassée.
- Râper un peu de muscade dessus et servir.

La fève de tonka

La fève de tonka est le noyau d'un fruit tropical originaire des Antilles et d'Amérique centrale ; sa saveur rappelle la vanille et l'amande. On l'utilise surtout pour les desserts en la râpant comme la muscade. Tout comme la muscade, la fève de tonka peut être toxique si l'on en consomme de grosses quantités. Utilisées depuis des siècles, ces deux épices sont toutefois sans danger si on respecte les quantités recommandées dans les recettes.

PUNCH ANANAS
PUNCH AUX ANANAS

Les punchs de fruits frais macérés sont typiques des îles françaises. Ils sont à leur meilleur après quelques jours de repos. On peut utiliser d'autres fruits tropicaux, comme le fruit de la Passion ou la mangue avec un peu de jus de lime.

1/2	ananas bien mûr
1/2 tasse	eau
1 tasse	sucre roux
2 tasses	rhum brun
2	gousses de vanille, fendues
1/8	fève de tonka, râpée (ci-contre)

- Éplucher et couper l'ananas en petits morceaux.
- Mettre les morceaux dans un bocal avec l'eau et le sucre. Mélanger doucement jusqu'à ce que le sucre soit dissous.
- Ajouter les ingrédients restants. Mélanger et couvrir.
- Placer près d'une fenêtre au soleil et faire macérer au moins deux jours.
- Servir sur glace, dans un verre, avec des morceaux d'ananas.

L'alcool extrait mieux les saveurs de la vanille que l'eau. Il n'est donc pas nécessaire de faire bouillir le sirop avec la gousse ; on conserve ainsi les notes les plus subtiles de cette épice.

SPICE POUND CAKE
CAKE AUX ÉPICES

GREEN SEASONING
MARINADE CRÉOLE TRINIDADIENNE

Cette version du quatre-quarts est relevée par une combinaison d'épices qu'on retrouve dans beaucoup de desserts des Antilles anglaises.

1/2 lb	beurre doux à la température de la pièce
2 tasses	sucre
2 tasses	farine non blanchie **ou** farine tout usage
5	œufs
1/2 tasse	rhum brun (opt.)
	ÉPICES **A**
1/2 c. thé	quatre-épices, moulu
1 c. soupe	extrait de vanille
1/2 c. thé	sapote, râpée (p. 180)
1 pointe	fève de tonka, râpée (p. 208)
1/2 c. thé	macis, moulu

- Préchauffer le four à 350 °F.
- Battre le beurre et le sucre au malaxeur jusqu'à ce que le mélange soit blanchi (5 min environ).
- Réduire la vitesse et ajouter la farine tamisée.
- Mélanger juste assez pour que la farine soit incorporée.
- Ajouter les *épices A*, puis intégrer complètement les œufs, un à la fois.
- Verser dans un moule à cake de 12 po x 4 po, beurré et fariné.
- Cuire au centre du four jusqu'à ce qu'un cure-dent en ressorte sec (environ 60 min).
- Après avoir sorti le gâteau du four, le laisser tiédir 5 min, puis l'arroser de rhum.
- Démouler le cake quand il n'est plus chaud.
- Le gâteau se conserve jusqu'à deux semaines dans un contenant hermétique.

Il est facile de préparer un extrait antillais pour vos desserts en réunissant dans un bocal 1 tasse de rhum brun, 4 gousses de vanille, 1 fève de tonka, 1 sapote concassée, un peu de macis et de quatre-épices. Laissez reposer un mois. Utilisez et conservez comme de l'extrait de vanille (p. 38).

Chaque foyer créole a sa version de cette marinade créole. Ce qu'elles ont en commun, c'est que les viandes y sont toujours marinées quelques heures avant d'être cuites. Essayez cette marinade avec votre dinde rôtie à Noël.

3	oignons
1 paquet	échalotes vertes
8	gousses d'ail
1 po	gingembre
1	piment habanero
2-3	piments doux antillais **ou** piment doux
1 c. soupe	thym antillais **ou** thym
4	tiges de chardon béni
4	brins de persil
1 c. soupe	Angostura (p. 204)
1/4 tasse	jus de lime **ou** vinaigre
1 c. thé	sel
3 c. soupe	huile d'olive
4 c. soupe	rhum au piment **ou** rhum
	ÉPICES MOULUES **A**
1 c. thé	poivre noir
1/2	muscade
5	clous de girofle
2	feuilles de laurier antillais
1/2 po	casse

- Placer tous les ingrédients dans un robot culinaire et réduire en purée.
- Cette marinade se congèle bien.

CURRY PUMPKIN
CARI DE CITROUILLE

Une recette indo-antillaise qu'on ne verra jamais en Inde.

4 tasses	citrouille antillaise **ou** courge musquée (butternut)
2 c. soupe	cari de Trinidad, moulu (p. 244) **ou** cari de Madras, moulu (p. 243) **ou** colombo, moulu (p. 244)
1/4 tasse	huile végétale
2 c. soupe	nigelle
2 paquets	échalotes vertes, hachées
2	feuilles de chardon béni, hachées (p. 204)
1	feuille de laurier antillais (p. 140)
	piment habanero, au goût
	sel

- Éplucher la citrouille et la couper en dés.
- Faire une pâte avec la poudre de cari en y ajoutant un peu d'eau.
- Chauffer l'huile dans une casserole à fond épais. Ajouter les graines de nigelle et cuire 5 sec. Ajouter la pâte de cari, les échalotes, le chardon béni et le laurier antillais. Cuire 2 min.
- Ajouter le piment et la citrouille. Saler.
- Faire revenir 2 min. Couvrir et mijoter à feu doux en remuant vigoureusement de temps en temps.
- Cuire jusqu'à ce que la citrouille se défasse en purée.

Ici, on voit bien les étapes d'un *tarka* indien. D'abord, les épices en graines sont roussies, suivies des épices fraîches et du cari, avec lequel on a fait une pâte pour empêcher la poudre de brûler. Les autres ingrédients sont ajoutés une fois que l'huile est infusée de toutes les épices.

OXTAIL STEW
QUEUE DE BŒUF AU RHUM

Cette recette peut très bien se faire avec du bœuf à bouillir, des morceaux de jarret ou du poulet. Le temps de cuisson est alors plus court.

3 lb	queue de bœuf, tranchée
1 tasse	marinade créole trinidadienne (p. 210)
4 c. soupe	huile végétale
1 c. soupe	sucre roux
2 tasses	tomates, hachées
	sel
1 verre	rhum brun
2 c. thé	Angostura (p. 204)

- Mélanger la viande avec la marinade créole et laisser reposer 3 ou 4 h, ou toute la nuit si possible.
- Retirer la viande de la marinade. Réserver la marinade.
- Verser l'huile et le sucre dans une casserole à fond épais. Chauffer à feu moyen fort. Surveiller et mélanger de temps en temps.
- Cuire jusqu'à ce que le sucre fonde dans l'huile chaude et caramélise.
- Quand le sucre est très foncé et commence à brûler, ajouter les morceaux de viande.
- Dorer la viande des deux côtés.
- Retirer la viande de la casserole et bien déglacer avec la marinade réservée.
- Remettre le bœuf dans la casserole et ajouter les ingrédients restants.
- Porter à ébullition et faire mijoter à feu doux à couvert jusqu'à ce que la viande soit tendre (2 h 30-3 h).
- L'*oxtail stew* est meilleur réchauffé.

LA LOUISIANE
LE *MELTING POT* DES ÉPICES

La Louisiane, située dans le delta du Mississippi, est bordée au sud par le golfe du Mexique et se distingue du reste des États-Unis par son passé turbulent et par la culture française qui l'a influencée à trois reprises. Ce fut d'abord au moment de la création de La Nouvelle-Orléans et de la colonisation du bas Mississippi. Puis, lors de la déportation des Acadiens, en 1755, lorsque les Cajuns (ou Cadiens en français louisianais) se sont établis dans les bayous marécageux du delta. Et finalement, vers la fin du XVIIIᵉ siècle, lorsque les Créoles d'origine française, fuyant les révolutions française et haïtienne, sont venus s'installer à La Nouvelle-Orléans. L'autre grand pôle d'influence culturelle en Louisiane est formé par les esclaves africains et leurs descendants, qui se sont distingués notamment par leur musique et leur cuisine.

Cuisines créole et cajun

En simplifiant un peu, la cuisine de Louisiane pourrait se résumer en un mariage des cuisines africaine et française. On distingue en fait deux écoles culinaires en Louisiane. La cuisine créole, née à La Nouvelle-Orléans des traditions française, antillaise et italienne, est plus riche et cosmopolite que sa cousine cajun. La cuisine cajun affiche ses origines rurales par ses plats rustiques et savoureux, où l'on reconnaît les influences canadienne-française et africaine.

L'éventail des épices utilisées en Louisiane est assez limité par rapport à bien des cuisines du monde, mais celles-ci sont employées de manière astucieuse et sont souvent combinées à des aromates comme l'oignon frais, le céleri, le piment doux et les échalotes vertes. Les piments, sous forme de paprika, de Cayenne et de sauces piquantes (comme la célèbre Tabasco), sont souvent associés au poivre noir et au poivre blanc pour donner toutes sortes de notes piquantes aux plats. Les herbes européennes comme le persil, le thym, l'origan et la sauge sont utilisées couramment.

En outre, deux épices bien américaines, l'ail et l'oignon séchés, sont incorporées dans la plupart des mélanges. Ces combinaisons passe-partout, mariées à des ingrédients comme le poisson et les fruits de mer du delta, l'andouille ou le boudin local, ont donné des plats comme les *jambalayas*. Les mêmes épices, unies à des ingrédients d'origine africaine et américaine et alliées à une bonne dose de savoir-faire culinaire français et africain, ont donné naissance entre autres au *gumbo* et à l'étouffé d'écrevisses. À ces plats riches et satisfaisants, ajoutez le jazz et une langueur typique du Sud et vous comprendrez pourquoi La Nouvelle-Orléans est souvent appelée *The Big Easy*.

Épices typiques

Cayenne, casse, vanille, oignon sec, ail sec, poivre noir, poivre blanc, paprika, gumbo, thym, origan, graine de céleri.

BLACKENED FISH
POISSON NOIRCI

Cette technique inventée par le chef cajun Paul Prud'homme a fait le tour du monde et est devenue une véritable icône de la cuisine louisianaise. Si la recette peut sembler compliquée, elle est en fait toute simple et très rapide. Cette recette se réalise aussi facilement avec des escalopes de viande ou de volaille qu'avec des petits steaks très minces.

1 1/2 lb	filets ou escalopes de poisson ferme de 1/2 po d'épaisseur
1/2 tasse	ghee (p. 103) ou huile de pépin de raisin
2 1/2 c. soupe	épices à noircir, moulues (p. 245)

Le paprika

Le paprika est fait de la poudre de piment. Les meilleurs viennent d'Espagne et de Hongrie, où l'on utilise des variétés de piment à chair épaisse et particulièrement savoureuse.

Une fois les piments séchés et moulus, on obtient une poudre qui est souvent assez sucrée, et c'est pour cette raison que les paprikas peuvent brûler facilement. Il existe des paprikas doux et piquants qu'on retrouve aussi en version fumée.

- Lire attentivement les conseils au bas de la page avant de commencer.

- Éponger le poisson avec un papier absorbant. Laisser reposer 15 min à la température de la pièce.

- Entre-temps, placer la poêle en fonte sur un brûleur à feu très vif à l'extérieur.

- Quand la poêle est très chaude (10 min), brosser généreusement un côté des filets de poisson avec le beurre clarifié fondu (ghee) et saupoudrer d'épices. Répéter de l'autre côté des filets.

- Poser les filets dans la poêle et cuire 90 sec. Retourner le poisson et verser 1 c. thé de ghee sur chaque filet. Cuire 1 min de plus.

- Retirer de la poêle et servir avec du beurre clarifié fondu.

Noircir consiste à former une croûte d'épices caramélisées et sucrées. La cuisson à vive température est très rapide et donne une chair juteuse. Si vous noircissez d'autres ingrédients, n'hésitez pas à changer l'origan des épices à noircir cajuns (p. 245) par d'autres qui conviennent mieux. De la sauge pour du porc, du romarin pour le poulet ou de la lavande pour du veau, par exemple.

CONSEILS

- Ce type de cuisson génère une fumée si dense et si âcre qu'il *faut* la faire à *l'extérieur*, sur un poêle de camping, par exemple.

- Servez-vous d'une poêle en fonte. Il *n'y a pas* de substitut.

- Utilisez du beurre clarifié ou de l'huile de pépin de raisin. Ce sont les *seuls* gras qui peuvent supporter une chaleur aussi intense.

- Assurez-vous que les aliments à cuire sont minces (1/2 po) et à la température ambiante, sinon les épices brûleront avant que la chair soit cuite.

- Essuyez la poêle avec un vieux torchon entre chaque cuisson pour enlever les épices et le gras brûlé. Laissez la poêle réchauffer 30 sec entre chaque cuisson.

- Faites attention de ne pas vous brûler : la poignée de la poêle sera très chaude.

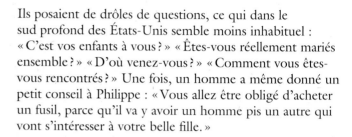

Le blues du bayou

Notre premier voyage en voiture fut de loin le plus instructif. Le trajet de Montréal à La Nouvelle-Orléans n'a pris que quatre jours ; toutefois, arrivés à destination, nous n'étions pas seulement dans un autre pays, nous entrions dans un autre temps.

Un couple multiracial flanqué de deux enfants café au lait, ça s'était apparemment rarement vu dans le bayou. Les gens nous dévisageaient, les yeux écarquillés, bouche bée, la mâchoire pendante, et se donnant des coups de coude dans les côtes en nous montrant du doigt.

Ils posaient de drôles de questions, ce qui dans le sud profond des États-Unis semble moins inhabituel : « C'est vos enfants à vous ? » « Êtes-vous réellement mariés ensemble ? » « D'où venez-vous ? » « Comment vous êtes-vous rencontrés ? » Une fois, un homme a même donné un petit conseil à Philippe : « Vous allez être obligé d'acheter un fusil, parce qu'il va y avoir un homme pis un autre qui vont s'intéresser à votre belle fille. »

Nous avions présumé que le mélange et l'intégration des cultures fondatrices des Afro-Américains, des Italiens, des Français et des Cajuns auraient produit un creuset d'identités, un vrai *melting-pot*. À notre grande surprise, toute intégration chez les « locaux » semblait être limitée à la cuisine, unique et variée, qui a fait le renom de La Nouvelle-Orléans.

Les pâtes ont peut-être vu le jour en Italie, mais dans le Sud elles ont grandi avec pour copains des épices et des piments. La viande et le poisson noircis, cuits selon une technique inventée pour simuler la cuisson au feu sur plaque de fonte typique de la cuisine campagnarde cajun, sont devenus emblématiques de l'expérience culinaire de la Louisiane. L'utilisation des poudres d'ail et d'oignon, ainsi que les inimitables fritures, sont sans contredit d'origine africaine. Les jus dorés et les sauces richement garnies qui nappent tout, des œufs pochés au poulet, sont manifestement héritées des Français.

Quelque peu troublés par l'incongruité entre la parfaite fusion des styles culinaires et la ségrégation raciale, nous avions décidé qu'un petit tour de pays s'imposait. Nous nous sommes arrêtés sur le bas-côté d'un chemin de terre près d'un *fry shack*. La cuisinière, une jeune Noire, petite et ronde, dont la face affichait la plus complète stupéfaction, sembla frappée par la foudre en nous voyant descendre de la voiture et approcher de sa cabane à friture.

Alors que nous regardions le menu, soudain visiblement embarrassée, elle laissa échapper : «Quelle sorte de langue que vous parlez?»

En nous entendant répondre que nous parlions français, elle éclata de rire, littéralement pliée en deux. Puis, elle commença à balancer la tête en se couvrant le visage de ses mains, rigolant comme une écolière.

En fin de compte, nous avons goûté aux spécialités : des écrevisses et des crevettes légèrement panées, frites à la perfection, croustillantes et tendres à souhait, avec tout juste ce qu'il faut d'épices cajuns.

La jeune femme ne nous quitta pas des yeux une seule seconde. Toujours en riant et en secouant la tête avec son meilleur accent du Sud : «Ch'uis bien contente que vous soyez venus pendant que j'étais au comptoir, parce que j'aurais pas cru personne qui m'aurait dit vous avoir vus ici aujourd'hui! Ciel, j'crois même pas ce que j'ai vu de mes propres yeux ici aujourd'hui!» dit-elle comme nous nous apprêtions à partir.

Notre voyage à La Nouvelle-Orléans a été une expérience qui nous a ouvert les yeux aussi et qui a valu la peine d'être partagée avec nos enfants. Ce malaise – notre étonnement et le sentiment d'impuissance indéfinissable que nous avons ressenti dans cette ville – a plus tard été reconnu et démasqué par la honte associée au contrecoup de l'ouragan Katrina.

CROSTINIS CRÉOLES *recette d'inspiration*

Voici une recette qui marie bien les influences créoles et italiennes de La Nouvelle-Orléans. Ces crostinis sont excellents à l'apéro ou sur une salade.

1	baguette de pain rassis
1 tasse	parmesan, râpé
1/2 c. soupe	sucre
1 tasse	huile d'olive
	ÉPICES À CROSTINI A
1 c. soupe	poivre noir, moulu
1 c. soupe	Cayenne, moulu
3 c. soupe	paprika
3 c. soupe	oignon séché, granulé
3 c. soupe	ail séché, granulé

- Préchauffer le four à 325 °F.
- Couper le pain en tranches de 3/8 po. Placer sur une tôle à biscuits.
- Mélanger les *épices à crostinis A* et les ingrédients restants dans un bol.
- Étaler très généreusement la pâte sur chaque tranche de pain.
- Cuire au four jusqu'à ce que les crostinis soient secs et la tartinade cuite (12-15 min).
- Servir chauds ou à la température de la pièce.

Cette tartinade d'épices et de fromage est très polyvalente. Servez-vous-en pour du chou-fleur gratiné ou pour former une croûte sur un carré d'agneau ou des suprêmes de volaille rôtis.

L'ail et l'oignon secs

Ces deux ingrédients sont probablement la plus grande contribution américaine au monde des épices. Comme beaucoup d'épices séchées, leurs saveurs sont complètement différentes de celles qu'elles présentent à leur état frais. L'ail sec est plutôt amer et l'oignon sec, plutôt sucré. Ces deux épices ont un effet liant. On les utilise surtout dans les mélanges. Comme c'est le cas pour presque toutes les épices, il est préférable de les acheter entières (en flocons ou en granules) et de les moudre soi-même plutôt que de les acheter en poudre ou sous forme de sel.

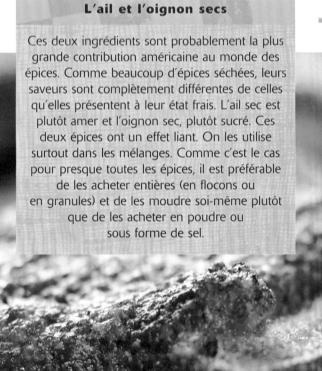

SPICED PECANS
PACANES ÉPICÉES

4 c. soupe	beurre fondu
1 c. soupe	casse, moulue
2 c. thé	sel
3 c. soupe	sauce Worcestershire
1/2 c. thé	Cayenne, moulu
1 c. thé	poivre noir, moulu
1 lb	pacanes

- Préchauffer le four à 350 °F.
- Mélanger tous les ingrédients dans un bol.
- Étaler les noix enrobées du mélange sur une plaque.
- Rôtir en surveillant attentivement (8-10 min).
- Servir à l'apéro ou sur une salade.

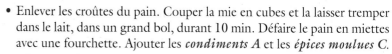

BBQ CAJUN MEAT LOAF
PAIN DE VIANDE CAJUN BARBECUE

Enfin un pain de viande pas ennuyant ! Cette recette se fait aussi bien sur le barbecue qu'au four.

3	tranches de pain rassis
1/2 tasse	lait
3 c. soupe	beurre
1 lb	bœuf maigre, haché
1 lb	porc mi-maigre, haché
2	œufs
1 tasse	sauce barbecue cajun (p. 222)
	CONDIMENTS A
1 c. soupe	sauce Tabasco
1 c. soupe	sauce Worcestershire
2 c. soupe	moutarde créole **ou** moutarde à l'ancienne
4 c. soupe	sauce barbecue cajun (p. 222)
	LÉGUMES B
2	oignons moyens, hachés fin
1/2	poivron vert, haché fin
6	échalotes vertes, hachées fin
1	branche de céleri, hachée finement
	ÉPICES MOULUES C
4 c. soupe	épices cajuns (p. 245)
2	feuilles de laurier, concassées
1 c. thé	cumin
1/4	muscade, râpée
1/2 c. thé	graines de céleri

- Enlever les croûtes du pain. Couper la mie en cubes et la laisser tremper dans le lait, dans un grand bol, durant 10 min. Défaire le pain en miettes avec une fourchette. Ajouter les *condiments A* et les *épices moulues C*.

- Cuire les *légumes B* avec le beurre dans une poêle chaude. Quand les légumes commencent à colorer (5-7 min), les verser sur les miettes de pain et laisser refroidir 5 min. Mélanger à la fourchette. Ajouter les viandes, les œufs et 1 c. soupe de sel.

- Pétrir le tout jusqu'à ce que le mélange soit homogène, puis le façonner en forme de pain de campagne de 2 po de haut. Placer sur une plaque jetable et brosser de sauce barbecue cajun.

- Poser la plaque sur la grille et fermer le couvercle du barbecue préchauffé. Surveiller la température en essayant de la maintenir autour de 375 °F. Badigeonner de sauce de temps et temps.

- Ce pain de viande peut aussi être cuit au four à 350 °F durant 45 min, puis 30 min à 400 °F.

- Servir avec de la sauce barbecue cajun en accompagnement.

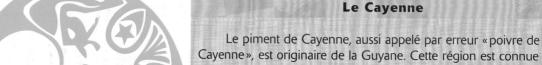

Notez qu'on a ajouté ici d'autres épices au mélange cajun traditionnel pour créer une combinaison unique. En fait, le génie des épices cajuns repose sur sa composition d'épices liantes (paprika, oignon séché) et d'épices piquantes (poivres, piments). L'amertume est pratiquement absente du mélange, ce qui permet de personnaliser chaque recette avec ses propres épices amères, comme on le fait ici avec le cumin et les graines de céleri.

Le Cayenne

Le piment de Cayenne, aussi appelé par erreur «poivre de Cayenne», est originaire de la Guyane. Cette région est connue pour ses piments particulièrement féroces. C'est d'ailleurs la caractéristique principale de ce piment, qui n'a pratiquement aucune saveur. Cette épice est très pratique quand on veut rendre un plat plus piquant sans changer sa saveur.

PUDDING AU PAIN «RETOUR DE NEW ORLEANS» recette d'inspiration

Cette recette m'a été inspirée lors d'un voyage en Louisiane où j'ai découvert des puddings au pain tout à fait spectaculaires. Dans toutes les variantes de pudding, il y a un alcool, de la casse et de la muscade. Cette version utilise la tire d'érable plutôt que le sirop de canne et on y ajoute de la fève de tonka, qui se marie toujours bien aux produits de l'érable.

1/2 tasse	raisins secs
1/2 tasse	bourbon **ou** whisky
3/4 tasse	tire d'érable
1/2	pain aux œufs rassis **ou** autre pain brioché
4 c. soupe	beurre
	LAIT INFUSÉ A
1 1/2 tasse	lait
1 1/2 tasse	crème 35 %
1/2 tasse	sucre
1	gousse de vanille, fendue
	ŒUFS B
4	jaunes d'œufs
1	œuf
1/4 tasse	sucre
	ÉPICES C
1/4	fève de tonka (p. 208), râpée
1/4	noix de muscade, râpée **ou** macis, moulu
1 c. soupe	cannelle, moulue

- Faire tremper les raisins dans l'alcool pendant 12 h.
- Préchauffer le four à 350 °F.
- Étaler la tire dans un moule de 10 po et le mettre au four.
- Surveiller la tire et la sortir du four quand elle bout vigoureusement (5-8 min).
- Laisser le moule refroidir 30 min.
- Entre-temps, faire réchauffer les ingrédients du *lait infusé A* dans une casserole. Laisser le lait frémir 10 min pour bien l'infuser. Réserver la gousse de vanille.
- Battre ensuite les ingrédients des *œufs B* avec les *épices C* (3-4 min).
- Verser le lait chaud infusé en un mince filet sur les œufs en battant constamment. Réserver.
- Placer les tranches de pain sur la tire durcie et répartir les raisins et l'alcool entre les tranches de pain.
- Verser le mélange aux œufs sur le pain et secouer légèrement le moule pour égaliser le tout.
- Garnir de noix de beurre et de la gousse de vanille.
- Cuire au four jusqu'à ce que le pudding soit bien doré et légèrement gonflé (35-45 min).
- Ce dessert est à son meilleur quand il est tiède.

Ce masala à desserts est réussi grâce à l'équilibre sucré (vanille, macis) – amer (tonka) – piquant (cannelle). De plus, les souvenirs évoqués par ses saveurs sont souvent ceux de desserts, ce qui assure son succès dans plusieurs autres plats sucrés.

CREOLE SEAFOOD PASTA
FETTUCCINIS CRÉOLES AUX FRUITS DE MER

« Laissez le bon temps rouler. » Une recette dont il faut abuser à l'occasion ! Une belle démonstration de la flexibilité des épices cajuns, qui ici sont simplement bouillies. Elles auront un effet liant et épaissiront légèrement la sauce. Cela aidera à stabiliser l'émulsion du beurre.

1 lb	crevettes, sans leur carapace
1 lb	fettuccinis secs
1 c. thé	jus de citron
1/2 lb	beurre doux froid
6	gousses d'ail, hachées
1 paquet	échalotes vertes, tranchées minces
1 tasse	chair de crabe
	ou huîtres, écaillées
	ou pétoncles crus
	FUMET A
	carapaces des crevettes
1	oignon, haché
2	gousses d'ail, hachées
1	branche de céleri, hachée
1	verre de vin blanc
	ÉPICES MOULUES B
2 c. thé	épices cajuns (p. 245)
1/2 c. thé	poivre blanc
1/2 c. thé	origan
1/2 c. thé	ail sec

- Mettre les ingrédients du *fumet A* dans une casserole avec 2 tasses d'eau. Faire bouillir et laisser mijoter 30 min à découvert. Filtrer et réserver le fumet.
- Cuire les fettuccinis dans l'eau bouillante salée.
- Entre-temps, placer une grande casserole sur un feu vif. Ajouter 1 1/2 tasse de fumet, les *épices moulues B* et le jus de citron.
- Porter à ébullition, ajouter le beurre froid en gros cubes, les crevettes décortiquées, l'ail et les échalotes.
- Mélanger sans arrêt jusqu'à ce que le beurre soit fondu et que la sauce crémeuse bout.
- Ajouter les fruits de mer restants et réchauffer (1-2 min).
- Vérifier la cuisson des fettuccinis. Lorsqu'ils sont presque cuits, les égoutter et les ajouter à la sauce. Bien mélanger, cuire 1 min et servir tout de suite.

CAJUN BBQ SAUCE
SAUCE BARBECUE CAJUN

Cette sauce a l'avantage d'être peu sucrée et de contenir de l'huile. Pour cette raison, elle carbonise moins que les autres sauces barbecue. Elle fait aussi un excellent condiment de table. Utilisez une marmite haute parce que cette sauce éclabousse beaucoup en cuisant.

1	citron bio
3 tasses	tomates épluchées
	ou tomates en conserve
1 1/2 tasse	huile végétale
1 c. soupe	sel
	LÉGUMES A
1	poivron vert
2	branches de céleri
3	oignons
15	gousses d'ail
	CONDIMENTS B
1 tasse	ketchup
1/2 tasse	moutarde créole
	ou moutarde à l'ancienne
1/2 tasse	sauce Worcestershire
	ÉPICES MOULUES C
1 c. soupe	Cayenne
2 c. soupe	épices cajuns (p. 245)

- Trancher le citron et enlever les pépins.
- Placer les tranches de citron dans un robot culinaire avec les *légumes A*. Hacher finement.
- Ajouter les tomates et hacher grossièrement.
- Placer tous les ingrédients dans une grande marmite.
- Porter à ébullition et faire mijoter 30 min à feu doux. Remuer souvent parce que la sauce colle facilement.
- Mettre en pot.
- Cette sauce se conserve bien durant des semaines au réfrigérateur. Comme l'huile remonte à la surface, il faut bien mélanger la sauce avant de l'utiliser.

ANNEXES

Lexique pratique des épices

Ce lexique vous permettra de trouver rapidement les épices citées dans ce livre ainsi que leurs principales caractéristiques. Notez que les piments, chiles et ajis ont été regroupés à la fin du lexique pour faciliter leur comparaison.

NOM	Goût / Saveur (intensité)	Meilleurs crus	Préparation	● Utilisation et mariages heureux / ❯ Épices complémentaires
Absinthe	Très amer / Très forte	Maroc	Entière, infusée à l'eau bouillante, infusée à l'alcool	● Pointe d'amertume aux plats, thé, liqueurs, boissons ❯ Menthe, fenouil, anis, réglisse, anis étoilé
Adjwain	Amer / Forte	Inde	Entier, moulu, grillé, rissolé, roussi	● Substitut du thym, cuisine indienne, légumes, caris, légumineuses, chutneys ❯ Fenugrec, nigelle, graine de moutarde, épices graines, herbes de Méditerranée
Ail sec	Peu amer / Moyenne	Iran, États-Unis	Moulu, granulé, en flocons	● Substitut d'ail frais, mélanges d'épices ❯ Épice liante, universelle
Amchoor	Acide / Douce	Inde	Moulu	● Finition acide des plats, poissons, fruits de mer, salades, marinades, vinaigrettes ❯ Cumin, curcuma, piments, sel noir, coriandre, fenouil, poivres
Anardana	Acide / Douce	Inde, Pakistan	Entier, moulu, infusé à l'eau	● Marinades, agneau, poissons, caris, noix, fromages ❯ Cannelle, cari, poivres, garam masala, cumin, graine d'angélique
Anis	Sucré / Forte	Syrie	Entier, moulu, grillé, rissolé	● Poissons, crevettes, viandes blanches, desserts, gâteaux, liqueurs ❯ Paprika, fenouil, poivres, herbes de Méditerranée, absinthe, réglisse
Anis étoilé	Sucré / Très forte	Chine	Entier, moulu, rissolé, infusé (bouillon)	● Viandes blanches, canard, poissons, desserts, fruits braisés ❯ Fenouil, écorce de mandarine, girofle, casse, poivres, poivre de Sichuan, garam masala, réglisse, cari
Asafœtida	Amer / Très forte	Inde	Moulu, rissolé	● Substitut d'ail, oignons, légumineuses, légumes, poissons ❯ Panch phoran, cari, cumin, coriandre, feuille de cari, épices graines
Basilic	Amer, sucré / Moyenne	Italie, Grèce, Inde	Frais, entier, en purée	● Tomate, sauce de poisson, lait de coco, poissons, crustacées, coquillages, volailles, ail frais ❯ Gingembre, galanga, curcuma, piments, bumbus, poivres, cari, herbes tropicales
Bouton de casse	Amer, sucré / Très forte	Viêt-nam	Entier, moulu	● Épices à marinade, charcuteries, bœuf, gibier, canard ❯ Cinq-épices chinois, girofle, muscade, poivres, poivre de Sichuan, poivre long, coriandre, moutarde
Cannelle	Peu piquant, sucré / Forte	Sri Lanka	Entière, moulue, rissolée, infusée (sirop)	● Universelle, viandes, volailles, légumes, desserts, gâteaux, pains, fruits, chocolats ❯ Muscade, girofle, gingembre, macis, poivres, chiles, ras el hanout, épices agrumes
Cardamome chinoise	Amer / Forte	Chine	Entière, en graines, moulue	● Bouillons, viandes, volailles, gibiers ❯ Cinq-épices chinois, poivre de Sichuan, gingembre, écorce de mandarine, casse, piments, fenouil, réglisse
Cardamome noire	Amer / Forte	Inde	Entière, en graines, moulue, rissolée	● Viandes, volailles, gibiers, marinades ❯ Garam masala, cari, gingembre, poivres, piments, citronnelle, curcuma, cumin, coriandre, chiles
Cardamome verte	Amer, sucré / Très forte	Sri Lanka, Inde, Guatemala	Entière, en graines, moulue, rissolée	● Viandes, volailles, marinades, desserts, café, chocolat, thé, fruits, carotte, crème ❯ Garam masala, cari, bumbus, quatre-épices, poivres, cannelle, muscade, macis
Carvi	Amer / Forte	Pays-Bas	Entier, moulu, grillé, rissolé, infusé à l'alcool	● Liqueurs, pains de seigle, poissons marinés, choux, fromages à pâte cuite, pommes de terre ❯ Aneth, poivres, quatre-épices, piments, paprika, cumin, ras el hanout, berbéré

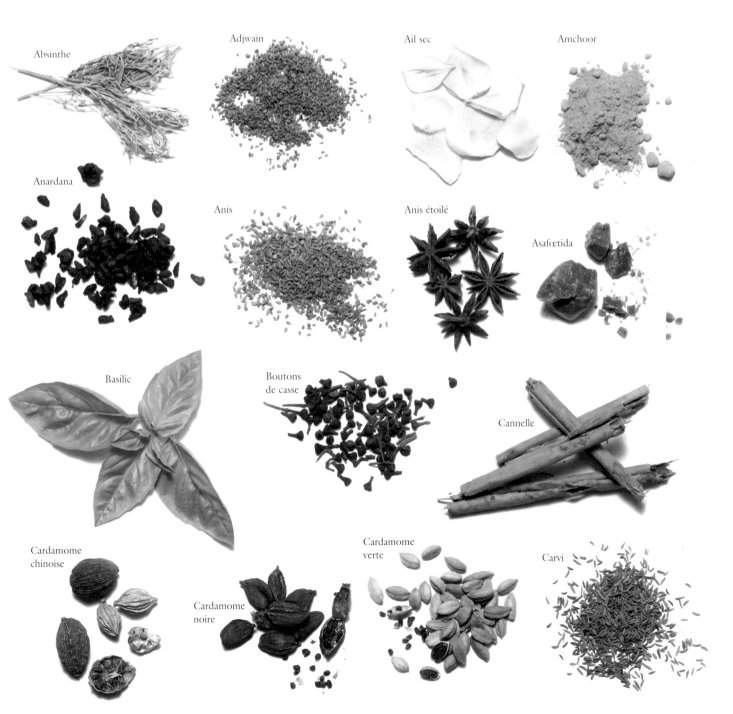

Absinthe

Adjwain

Ail sec

Amchoor

Anardana

Anis

Anis étoilé

Asafœtida

Basilic

Boutons
de casse

Cannelle

Cardamome
chinoise

Cardamome
noire

Cardamome
verte

Carvi

NOM	Goût Saveur (intensité)	Meilleurs crus	Préparation	☺ Utilisation et mariages heureux ❭ Épices complémentaires
Casse	Peu piquant, sucré Très forte	Viêt-nam, Sumatra	Moulue, entière, rissolée	☺ Viandes, volailles, légumes, desserts, lait de coco, noix, fruits ❭ Muscade, poivres, bumbus, piments, anis étoilé, gingembre, galanga, citronnelle, lime keffir, quatre-épices
Chardon béni	Amer Forte	Thaïlande, Trinidad	Haché, en purée	☺ Marinades créoles, viandes, poissons, lime, citron, lait de coco, tomate, ail frais ❭ Thym, gingembre, piments, cari, colombo, muscade, rocou
Citronnelle	Neutre Forte	Thaïlande, Viêt-nam	Entière, moulue, infusée (sirop), rissolée	☺ Poissons, bœuf, volailles, crustacés, coquillages, lait de coco, sauce tomate, desserts ❭ Galanga, gingembre, curcuma, basilic, piments, cari, bumbus, herbes tropicales, thym, cubèbe, poivre long
Coriandre	Sucré Faible	Inde, Maroc	Entière, moulue, grillée, rissolée	☺ Universelle, poissons, fruits de mer, légumes, viandes, volailles, riz, bière ❭ Cumin, cardamomes, zaatar, moutarde, fenouil, feuille de cari, réglisse, poivre long, cari
Cubèbe	Piquant Très forte	Indonésie	Moulu	☺ Viandes rouges, gibiers, sauce au vin rouge, chocolat ❭ Poivre long, maniguette, citronnelle, galanga, cardamome verte, bumbus, vanille
Cumin	Amer Moyenne	Inde	Entier, moulu, grillé, rissolé, roussi	☺ Tarka, viandes, volailles, barbecue, légumineuses, chili, pommes de terre, légumes, couscous ❭ Coriandre, cardamomes, cari, paprika, origan, piments, poivres, épazote, fenouil, nigelle, épices graines, chiles
Cumin noir	Peu amer Faible	Inde	Entier, rissolé	☺ Tarka, légumineuses, légumes, tomates, carottes, pois, ail frais ❭ Feuille de cari, asafœtida, piments, paprika, graine de moutarde, coriandre, gingembre
Curcuma	Peu amer Faible	Inde	Moulu (sec), en purée (frais)	☺ Universel, viandes, volailles, sauces, riz, légumes ❭ Garam masala, panch phoran, piments, poivres, ras el hanout, épices graines, épices rhizomes, herbes tropicales, herbes de Méditerranée
Écorce de mandarine	Amer Forte	Chine	Entière, moulue, réhydratée et grattée, rissolée, roussie	☺ Sauces aigres-douces, poulet, porc, canard, bœuf, agneau, poissons ❭ Anis étoilé, fenouil, poivre de Sichuan, piments, réglisse
Écorce d'orange amère	Amer Forte	États-Unis	Entière, moulue, rissolée, roussie	☺ Bœuf, canard, porc, oignons, compotes, muffins, scones ❭ Quatre-épices, poivres, laurier, herbes de Méditerranée, fenouil, macis, mastic, chiles
Épazote	Amer Moyenne	Mexique	Entière, moulue (sèche), hachée (fraîche)	☺ Barbecue, légumineuses, tomates, salsa, adobos, poissons ❭ Cumin, chiles, paprika, chiles fumés, feuille d'avocat
Fenouil	Sucré, amer Moyenne	Inde, Chine, Provence, Italie	Entier, moulu, rissolé, roussi, grillé	☺ Poissons, crustacés, poulet, porc, tomates, citron, orange, liqueurs ❭ Herbes de Méditerranée, moutarde, cumin, cari, fenugrec, nigelle, piments
Fenouil Luknow	Sucré, amer Forte	Inde	Entier, moulu, rissolé, roussi, grillé	☺ Poissons, crustacés, chèvre, agneau, légumes racines, légumineuses ❭ Moutarde, cumin, cari, fenugrec, feuille de cari, épices graines
Fenugrec	Amer Moyenne	Inde	Entier (roussi seulement), moulu	☺ Charcuteries, riz, poissons, choux, brocoli ❭ Moutarde, épices graines, curcuma, poivre noir, gingembre, quatre-épices, paprika, casse, piments, adjwain, cumin

Casse

Chardon béni

Coriandre

Cubèbe

Cumin

Citronnelle

Curcuma

Écorce de mandarine

Écorce d'orange amère

Cumin noir

Fenouil Luknow

Fenugrec

Épazote

Fenouil

NOM	Goût Saveur (intensité)	Meilleurs crus	Préparation	❷ Utilisation et mariages heureux ❩ Épices complémentaires
Feuille d'avocat	Peu amer Faible	Mexique	Entière, moulue	❷ Moles, maïs, tamales, sauce tomate, agneau braisé ❩ Chiles, cumin, paprika, origan, épazote, quatre-épices, adobos
Feuille de bois d'Inde	Amer Moyenne	Grenade, Trinidad, Jamaïque	Entière, moulue	❷ Colombo, crème brûlée, soupes de poisson, plats créoles, riz pilaf ❩ Quatre-épices, thym antillais, gingembre, piments, panch phoran, chiles
Feuille de cannelle	Peu amer Faible	Inde	Entière, moulue	❷ Caris, plats indiens mijotés, soupes, pilafs, lait de coco, crème ❩ Poivre, garam masala, gingembre, épices graines, curcuma, baharat
Feuille de cari	Amer Forte	Inde	Entière (fraîche ou congelée)	❷ Tarka, mijotés, noix de coco, légumineuses, soupes, légumes sautés ❩ Fenugrec, graine de moutarde, cumin, asafœtida, poivre noir, épices rhizomes, piments
Feuille de lime keffir	Peu amer Très forte	Thaïlande	Entière, moulue (sèche) ciselée (fraîche)	❷ Lait de coco, tomate, volailles, fruit de mer, caris, poissons, bœuf ❩ Curcuma frais, galanga, gingembre, piments, poivre vert, herbes tropicales, cubèbe, chiles
Feuille de salam	Neutre Faible	Indonésie	Entière, moulue	❷ Plats indonésiens et malais mijotés, lait de coco, ketjap, (sauce soya sucrée) ❩ Gingembre, poivre blanc, cubèbe, galanga, muscade, bumbus, citronnelle
Galanga	Peu amer, sucré Moyenne	Thaïlande, Viêt-nam	Entier, moulu (sec), en purée (frais)	❷ Poissons, bœuf, agneau, homard, crème, lait de coco ❩ Citronnelle, cubèbe, poivre blanc, piment, cumin, coriandre, épices rhizomes, herbes tropicales
Genévrier	Sucré Moyenne	Canada	Entier, moulu	❷ Gibiers, choucroute, liqueurs, choux, tomate séchée ❩ Poivre noir, laurier, thym, graine de moutarde, poivre long, coriandre, macis, quatre-épices, romarin
Gingembre	Amer, piquant Forte	Jamaïque, Chine	Moulu (sec), en purée, haché (frais)	❷ Universel, poissons, volailles, légumes, desserts ❩ Épices rhizomes, épices graines, épices classiques, herbes tropicales, épices agrumes, chiles, piments
Girofle	Amer Très forte	Zanzibar, Madagascar, Ternate	Entier, moulu, infusé (sirop), rissolé	❷ Universel, charcuteries, viandes, volailles, gibiers, oignons, desserts, fruits ❩ Cannelle, muscade, poivre, quatre-épices, chiles, caris, berbéré, bumbus
Goraka	Acide Moyenne	Inde	Entier, infusé à l'eau tiède	❷ Caris du Sri Lanka, poissons, bœuf, légumes, fruits de mer ❩ Masala du sud de l'Inde
Graine d'aneth	Amer Moyenne	Inde	Entière, moulue	❷ Marinades, goulash, bortsch, cornichons, légumes racines ❩ Poivre, coriandre, graine de moutarde, carvi, laurier, quatre-épices, raifort
Graine d'angélique	Amer Très forte	Iran	Moulue	❷ Plats iraniens, mélasse de grenade, noix, fromages, agneau, volailles, riz ❩ Rose, cumin, cannelle, poivre noir, sumac, anardana
Graine de céleri	Amer Forte	Inde	Entière, moulue	❷ Marinades, fromages à pâte dure, volailles, porc, tourtières ❩ Sauge, sarriette, poivre blanc, laurier, oignon sec, graine de moutarde, quatre-épices
Kentjur	Peu amer Douce	Indonésie, Chine	Moulu	❷ Poissons, agneau, coquillages, crustacés, desserts ❩ Safran, mastic, cumin, cannelle, quatre-épices, épices rhizomes, herbes tropicales, bumbus
Laurier	Amer Douce	Maroc, Turquie	Entier, moulu	❷ Braisés, bœuf, poulet rôti, sauces, crème brûlée, riz ❩ Poivre noir, herbes de Méditerranée, fenouil, safran, paprika
Laurier antillais	Amer Moyenne	Grenade, Trinidad	Entier, moulu	❷ Blaff, ragoûts, pilafs, poissons, viandes, colombo ❩ Thym, curcuma, épices racines, herbes de Méditerranée, piments, chardon béni

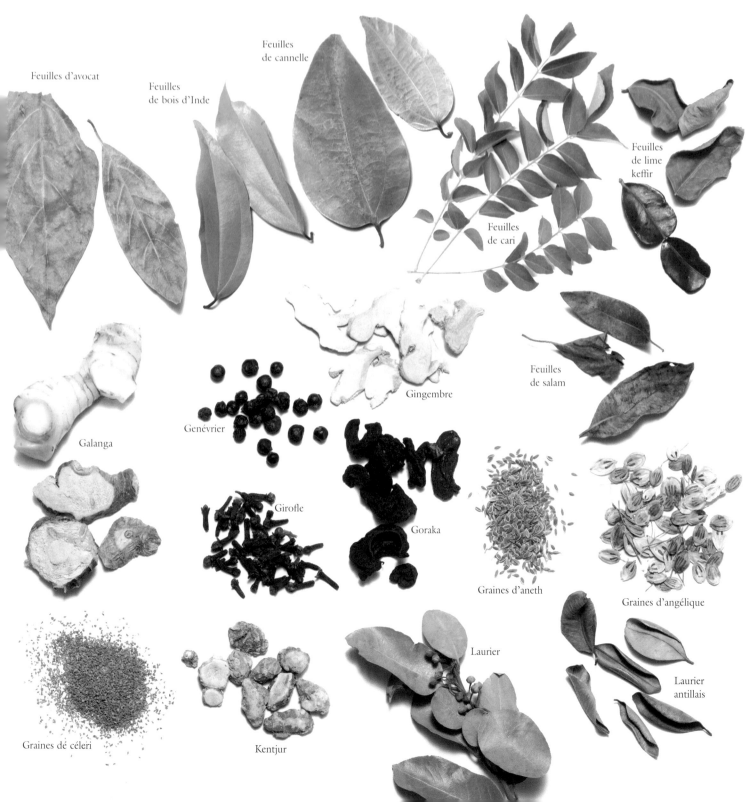

Feuilles d'avocat

Feuilles de bois d'Inde

Feuilles de cannelle

Feuilles de cari

Feuilles de lime keffir

Feuilles de salam

Galanga

Genévrier

Gingembre

Girofle

Goraka

Graines d'aneth

Graines d'angélique

Graines de céleri

Kentjur

Laurier

Laurier antillais

NOM	Goût Saveur (intensité)	Meilleurs crus	Préparation	☯ Utilisation et mariages heureux ☽ Épices complémentaires
Lavande	Amer Très forte	Provence	Entière, moulue	☯ Fruits jaunes, melons, abricot, pêche, miel, citron, volailles ☽ Herbes de Provence, fenouil, fleur d'oranger, vanille
Lime keffir	Amer Très forte	Thaïlande	En zeste, râpée	☯ Caris, poulet, poissons, fruits de mer, lait de coco, crème ☽ Épices rhizomes, piments, poivre noir, herbes tropicales, fenouil
Lime séchée	Acide, amer Forte	Iran	Moulue	☯ Soupes de poisson, grillades à l'indienne, chutneys, poulet ☽ Aneth, cumin, coriandre, poivre noir, graine d'angélique
Macis	Sucré Moyenne	Grenade, Sri Lanka	Moulu	☯ Sauce de poisson, sauces, crèmes, desserts, quatre-quarts, beignes ☽ Universelle
Mahleb	Amer Faible	Turquie	Moulu	☯ Pâtisseries, pains, desserts, puddings, crèmes ☽ Cannelle, vanille, cardamome verte, eau de rose
Maniguette	Très piquant Très forte	Trinidad	Moulue	☯ Gibiers, bœuf grillé, sauce au vin rouge, caris exotiques, fruits pochés, chocolat ☽ Poivre long, cubèbe, cari, cardamomes, vanille, berbéré
Marjolaine	Amer Moyenne	Provence	En feuilles, moulue	☯ Tourtière, porc rôti, poulet rôti, sauce tomate, fèves, lentilles ☽ Cannelle, quatre-épices, poivres, graine de céleri, fenouil, herbes de Méditerranée, chiles
Mastic	Sucré Moyenne	Chios	Moulu	☯ Loukoum, pâtisseries, viandes braisées, miel, glaces, olives, fruits, puddings ☽ Safran, salep, fenouil, cannelle, poivre noir, kentjur, épices agrumes
Menthe	Peu amer Forte	Maroc	En feuilles, moulue	☯ Agneau, ail frais, thé vert, salades, raïta, chocolat ☽ Fines herbes, cannelle, coriandre, cumin, paprika, piments, graine de pavot
Menthol	Amer Très forte	Maroc	En feuilles, moulu	☯ Olives, thé vert, légumes ☽ Cannelle, coriandre, cumin, piments, poivre noir, fenugrec, rose, lavande
Moutarde brune	Piquant Douce	Inde	Entière, moulue, grillée, rissolée, roussie	☯ Tarka, plats indiens, condiments, marinades ☽ Épices graines, curcuma, coriandre, gingembre, fenugrec, cumin, fines herbes, herbes tropicales
Moutarde jaune	Piquant Faible	Canada	Entière, moulue, rissolée, infusée au vinaigre	☯ Condiments, marinades, sauces, vinaigrettes ☽ Coriandre, curcuma, fines herbes, herbes de Méditerranée
Muscade	Sucré Forte	Grenade, Sri Lanka, Banda	Râpée	☯ Universelle, relève la plupart des mélanges, sauces au fromage, desserts, farces, pâtés, crèmes, cocktails ☽ Épices classiques
Nigelle	Amer Faible	Inde	Entière, rissolée, grillée, roussie	☯ Tarka, pains plats, caris de légumes, poissons ☽ Fenugrec, cumin, curcuma, sésame, moutarde
Noix de cheronji	Amer, sucré Faible	Inde	Entière, moulue	☯ Desserts indiens, crèmes, gâteaux ☽ Safran, cardamome verte, vanille, tonka, macis, muscade, cannelle
Noix de kemiri	Peu amer Faible	Indonésie	Moulue	☯ Gulaïs, lait de coco ☽ Épices rhizomes, épices classiques, herbes tropicales, épices rhizomes, bumbus
Oignon sec	Sucré Douce	États-Unis	En flocons, en granules, moulu	☯ Utilisé surtout dans les mélanges d'épices, substitut d'oignon frais ☽ Fines herbes, herbes de Méditerranée, paprika, moutarde, chiles
Origan	Amer Forte	Grèce, Italie, Turquie	En feuilles, moulu	☯ Grillades d'agneau, porc, poulet, poissons, sauces, *chile con carne* ☽ Cumin, paprika, herbes de Méditerranée, chiles, poivre noir

Lavande

Lime keffir

Lime séchée

Macis

Mahleb

Maniguette

Marjolaine

Mastic

Menthe

Menthol

Moutarde brune

Moutarde jaune

Muscade

Nigelle

Noix de cheronji

Noix de kemiri

Oignon sec

Origan

NOM	Goût Saveur (intensité)	Meilleurs crus	Préparation	☻ Utilisation et mariages heureux ❩ Épices complémentaires
Origan mexicain	Amer Forte	Yucatan, Mexique	En feuilles, moulu	☻ Adobos, salsas, soupes, barbecue, fèves ❩ Cumin, chiles, épazote, feuille d'avocat, quatre-épices, cannelle, anis, épices agrumes
Pandan	Neutre Forte	Thaïlande	En feuilles, ciselé, en purée	☻ Caris, desserts à base de riz, desserts à la noix de coco ❩ Épices graines, poisson séché, piments, épices rhizomes, masalas
Pavots blanc et noir	Sucré Faible	Inde	Entier, moulu	☻ Vinaigrettes, sauces, gâteaux, pains, viennoiseries, agrumes ❩ Cari, vanille, cannelle, amchoor, menthe, chiles, paprika, épices agrumes
Petit galanga	Peu amer Faible	Thaïlande, Viêt-nam	Entier, moulu (sec), en purée (frais)	☻ Soupe de poisson, lait de coco, légumes verts ❩ Épices rhizomes, herbes tropicales, bumbus
Poivre blanc	Très piquant Faible	Viêt-nam, Indonésie, Cameroun	Entier, concassé, moulu	☻ Sauces blanches, poissons blancs ❩ Universel
Poivre de Sichuan	Amer, piquant Très forte	Sichuan	Entier, moulu, grillé, roussi	☻ Canard, porc, tofu, poissons, nouilles ❩ Piments, cinq-épices chinois, anis étoilé, écorce de mandarine, poivres
Poivre long	Très piquant Forte	Inde	Entier, concassé, moulu	☻ Sauces aigres-douces, viandes rouges, chocolat, fruits pochés ❩ Citronnelle, vanille, quatre-épices, épices rhizomes, bumbus
Poivre noir	Très piquant Forte	Inde, Sri Lanka	Entier, moulu, concassé	☻ Universel
Poivre rose	Sucré, amer, piquant Moyenne	Madagascar, île Maurice	Entier, moulu	☻ Sauces aigres-douces, viandes blanches, poissons, fruits ❩ Poivre noir, poivre blanc, fines herbes, graine de moutarde
Poivre rouge	Très piquant Moyenne	–	Entier, en purée	☻ Sauces pour viandes, plats de fromages, poissons grillés ❩ Romarin, moutarde, poivres, épices rhizomes
Poivre sansho	Amer, piquant Forte	Japon	Moulu	☻ Grillades japonaises, consommé de fruits de mer, produits du soya, vinaigrettes ❩ Écorce de mandarine, piments forts, pavot, sésame
Poivre vert	Piquant Moyenne	Inde, Madagascar	Entier, en purée	☻ Sauces au poivre, vinaigrettes, échalote, crème, lait de coco, mayonnaise, poissons blancs ❩ Citronnelle, épices rhizomes, herbes tropicales, quatre-épices
Quatre-épices	Amer, sucré Très forte	Jamaïque	Entier, moulu	☻ Universel, marinades, desserts, jerk, charcuteries, riz ❩ Épices classiques, rocou, thym, herbes de Méditerranée, piments, paprika, chiles
Racine d'iris	Neutre Moyenne	Maroc, Italie	Moulue	☻ Crèmes, desserts, viandes blanches, glaces ❩ Rose, anis, quatre-épices, réglisse, safran, kentjur, cardamomes, ras el hanout
Réglisse	Sucré Forte	Chine, Espagne	Entière, moulue, infusée à l'eau	☻ Bonbons, desserts, fruits pochés, sauces au chocolat, vin rouge, canard, porc ❩ Anis étoilé, poivre de Sichuan, écorce de mandarine, anis, fenouil, poivre long, cubèbe, maniguette, baharat
Rocou	Neutre Douce	Mexique, Antilles, Pérou	Entier (infusé à l'huile chaude puis jeté), moulu fin	☻ Recados, marinades, porc, mérou, cœur de bœuf, ail frais, vinaigre ❩ Origan, cumin, quatre-épices, thym, herbes de Méditerranée, poivre noir, piments, baharat, ajis
Romarin	Amer Très forte	Provence, Italie	Entier, concassé, moulu, haché (frais)	☻ Volailles et viandes rôties et poêlées, ail frais, anchois, citron ❩ Herbes de Méditerranée, poivre noir, muscade, piments, paprika, genièvre, poivre rouge

Origan mexicain

Pavots blanc et noir

Petit galanga

Pandan

Poivre de Sichuan

Poivre long

Poivre noir

Poivre blanc

Poivre rouge

Poivre vert

Quatre-épices

Poivre rose

Poivre sansho

Racine d'iris

Réglisse

Rocou

Romarin

NOM	Goût Saveur (intensité)	Meilleurs crus	Préparation	✹ Utilisation et mariages heureux ☽ Épices complémentaires
Rose	Amer Très forte	Chine, Maroc	Entière, moulue	✹ Pâtisseries, crèmes, noix, fruits, ail, poulet, cailles, agneau ☽ Cannelle, quatre-épices, cumin, poivre long, safran, graine d'angélique, cubèbe, baharat
Safran	Amer Très forte	Iran, Espagne, Cachemire	Entier, moulu, infusé à l'eau chaude	✹ Riz, poissons, mollusques, crustacés, volailles, pains, crèmes, lait de coco ☽ Épices rhizomes, quatre-épices, rose, fleur d'oranger, fenouil, cardamomes, coriandre, citronnelle, laurier, épices agrumes, paprika, baharat
Salep	Sucré Faible	Turquie	Moulu	✹ Glaces, desserts, boissons, miel ☽ Mastic, vanille
Sapote	Amer Moyenne	Oaxaca, Trinidad	Râpé	✹ Gâteaux, crèmes, compotes, noix, rhum, bananes ☽ Vanille, tonka, macis, muscade, cardamomes
Sarriette	Amer Forte	Turquie, Grèce	Entière, concassée, moulue	✹ Viandes blanches, volailles blanches, légumes racines ☽ Poivre blanc, muscade, herbes de Méditerranée, quatre-épices, graine de moutarde
Sauge	Amer Très forte	Grèce, Turquie	Entière, concassée, moulue	✹ Porc, volailles blanches, agneau, légumineuses, légumes racines, ail, oignon, citron ☽ Herbes de Méditerranée, menthe, poivre noir, piments, graine de moutarde, chiles
Sésame	Neutre Faible	–	Entier, moulu, grillé,	✹ Vinaigrettes, pains, sauces, biscuits, miel, riz, fromage à la crème ☽ Piments, cari, sumac, poivre sansho, gingembre, vanille, cannelle, chiles
Sel noir	Salé, amer Forte	Inde	Moulu	✹ Chaat masala, pommes de terre, légumineuses ☽ Amchoor, cumin, poivres, piments, fenugrec, fenouil, graine de moutarde
Sumac	Acide Moyenne	Turquie	Moulu, infusé à l'eau chaude	✹ Viandes rouges, poissons, salades, oignon, huile d'olive ☽ Sésame, thym, herbes de Méditerranée, piments, menthe, baharat
Tamarin	Acide Moyenne	Inde, Thaïlande	Pulpe infusée à l'eau	✹ Acidifiant universel, marinades, vinaigrettes, salades, poissons, caris, desserts, bonbons, lait de coco ☽ Piments, herbes tropicales, cumin, épices rhizomes
Thym	Amer Forte	Crète, Provence	Entier, concassé, moulu	✹ Poissons, volailles, viandes, légumes, légumineuses, riz ☽ Herbes de Méditerranée, safran, fleur d'oranger, quatre-épices, piments, coriandre
Thym antillais	Amer Moyenne	Trinidad, Grenade	Entier, moulu, concassé	✹ Poissons, marinades, volailles, caris, légumes, sauces, échalote, ail ☽ Chardon béni, laurier, persil, chile habanero, quatre-épices, colombo
Tonka	Amer Très forte	Trinidad, Grenade	Râpé	✹ Glaces, gâteaux, produits de l'érable, noix, desserts, noix de coco, crème, chocolats ☽ Vanille, macis, sapote, muscade, cannelle, gingembre
Vanille	Amer, sucré Forte	Madagascar, Mexique, Tahiti, Nouvelle-Guinée	Entière, infusée au sirop chaud, infusée à froid à l'alcool	✹ Pâtisseries, compotes de fruits, crèmes, chocolat, crustacés ☽ Cardamomes, tonka, sapote, macis, fleur d'oranger, cannelle

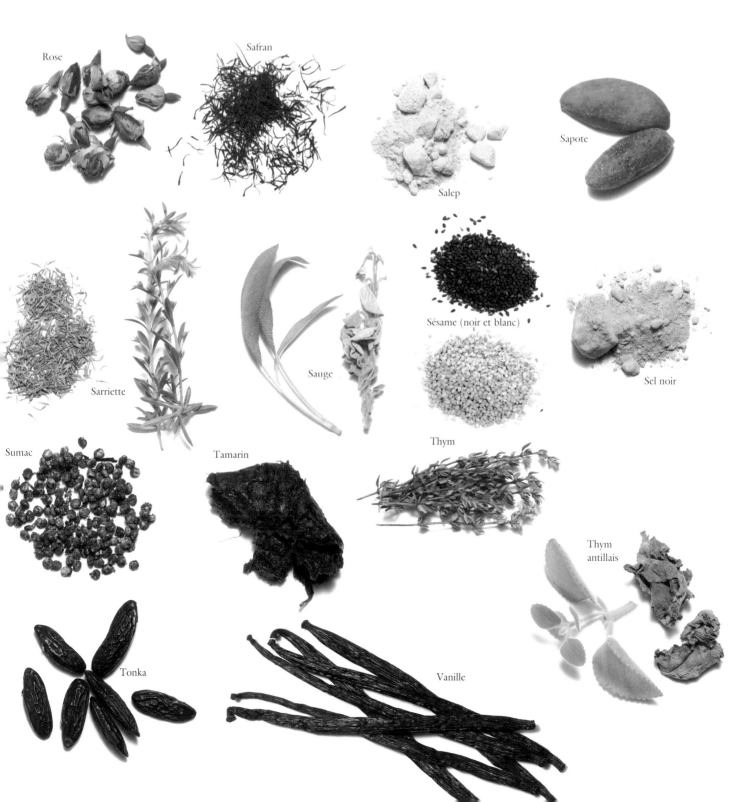

Rose

Safran

Salep

Sapote

Sarriette

Sauge

Sésame (noir et blanc)

Sel noir

Sumac

Tamarin

Thym

Thym antillais

Tonka

Vanille

Ajis, chiles et piments

NOM	Goût Saveur (intensité)	Meilleurs crus	Préparation	◉ Utilisation et mariages heureux ❭ Épices complémentaires
Aji amarillo	Piquant (7/10) Moyenne	Pérou	Entier, moulu, en purée	◉ Ceviche, causa, purée de pommes de terre, lime, mayonnaise ❭ Fines herbes, herbes de Méditerranée
Aji panca	Piquant (3/10) Forte	Pérou	Entier, moulu, en purée (réhydraté)	◉ Usage général, sauces, vinaigrettes, ragoûts, soupes ❭ Cumin, origan, persil, fines herbes
Aji rojo	Très piquant (9/10) Moyenne	Pérou	Entier, moulu, en purée, mariné	◉ Usage général, sauces piquantes ❭ Rocou, fines herbes, herbes de Méditerranée
Cayenne rouge	Piquant (7/10) Neutre	–	Moulu, en flocons	◉ Universel
Chile ancho negro	Sucré, piquant (2/10) Forte	Mexique	Moulu, en purée (réhydraté)	◉ Moles noirs, salsas, tomate, chocolat ❭ Cumin, origan, laurier, thym, feuille d'avocat, cannelle, chiles guajillo et pasilla, adobos, sésame
Chile ancho rojo	Sucré, piquant (2/10) Forte	Mexique	Moulu, en purée (réhydraté)	◉ Moles rouges, salsas, adobos, *chile con carne*, tomate ❭ Cumin, origan, quatre-épices, épazote, chiles guajillo et pasilla
Chile arbol	Piquant (7/10) Faible	Mexique	Moulu, entier	◉ Usage général, salsas, tomate, tomatillas, oignon ❭ Donne du piquant aux mélanges d'épices, chiles doux
Chile cascabel	Piquant (4/10) Moyenne	Mexique	Moulu	◉ Salsas, soupes, ragoûts, ail, tomates, oignon ❭ Chiles moyens
Chile chicuacle amarillo	Piquant (5/10) Moyenne	Oaxaca	Moulu, en purée (réhydraté)	◉ Moles jaunes, salsas, tomate jaune ❭ Épazote, feuille d'avocat, poivre, chiles jaunes
Chile chicuacle negro	Piquant (5/10) Moyenne	Oaxaca	Moulu, en purée (réhydraté)	◉ Moles noirs, tomatillas, chocolat, légumes grillés ❭ Cannelle, girofle, poivre noir, origan, épazote, laurier, feuille d'avocat
Chile chicuacle rojo	Piquant (5/10) Moyenne	Oaxaca	Moulu, en purée (réhydraté)	◉ Moles rouges, ragoûts, soupes, tomates ❭ Épazote, feuille d'avocat, cannelle, quatre-épices
Chile chimayo	Sucré Moyenne	Nouveau- Mexique	Moulu	◉ Chile con carne, salsas, soupes, ragoûts, fèves, tomates ❭ Cumin, origan, cannelle, anis, laurier, poivre, chiles piquants, sésame
Chile chipotle	Piquant (4/10) Forte	Mexique	Moulu, en purée (réhydraté), entier (réhydraté)	◉ Usage général, salsas, avocat, marinade, tomate ❭ Cumin, épazote, thym, origan, paprika, poivre noir, adobos
Chile du Nouveau- Mexique	Sucré, piquant (2/10), Moyenne	Nouveau- Mexique	Moulu en flocons, en purée (réhydraté)	◉ Usage général, *chile con carne*, ragoûts, salsas ❭ Cumin, cannelle, herbes de Méditerranée, chiles piquants, poivre noir, sésame

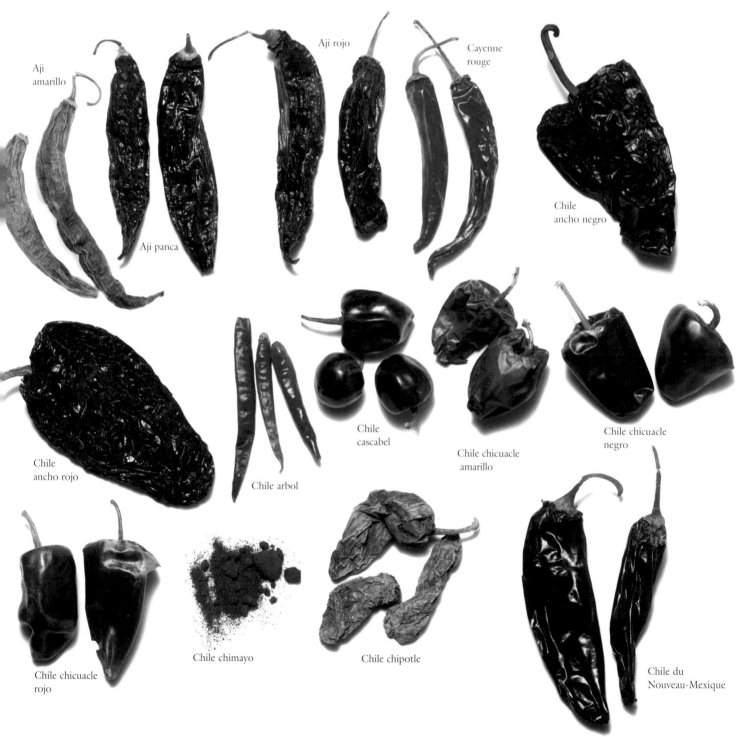

Aji
amarillo

Aji rojo

Aji panca

Cayenne
rouge

Chile
ancho negro

Chile
ancho rojo

Chile arbol

Chile
cascabel

Chile chicuacle
amarillo

Chile chicuacle
negro

Chile chicuacle
rojo

Chile chimayo

Chile chipotle

Chile du
Nouveau-Mexique

NOM	Goût Saveur (intensité)	Meilleurs crus	Préparation	☻ Utilisation et mariages heureux ❱ Épices complémentaires
Chile guajillo	Piquant (3/10) Forte	Mexique	Moulu, en purée (réhydraté), en flocons	☻ Usage général, moles, salsas, ragoûts, sautés ❱ Cumin, origan, épazote, chile ancho, adobos, sésame
Chile habanero	Piquant (9/10) Forte	Yucatan	Moulu, haché (frais), grillé (frais)	☻ Usage général, salsas, marinades, orange amère, ail grillé, oignon grillé ❱ Thym, chardon béni, quatre-épices, laurier, thym antillais
Chile mora	Piquant (5/10) Forte	Mexique	Moulu, en purée (réhydraté), entier (réhydraté)	☻ Usage général, barbecue, salsas, soupes, fèves ❱ Cumin, origan, poivre, anis, chiles peu piquant, adobos
Chile mulato	Sucré, piquant Forte	Mexique	En purée (réhydraté)	☻ Moles noirs, soupes, fèves, tomates grillées, chocolat ❱ Chiles ancho, guajillo et pasillas, cumin, herbes de Méditerranée, cannelle, girofle, quatre-épices, poivre noir, muscade
Chile pasado	Amer, piquant (3/10) Moyenne	Mexique	Moulu, en purée (réhydraté)	☻ Usage général, *chile con carne*, ragoûts, salsas ❱ Chile du Nouveau-Mexique, chiles piquants, cumin, herbes de Méditerranée, laurier
Chile pasilla	Piquant (3/10) Moyenne	Mexique	Moulu, en purée (réhydraté)	☻ Moles, salsas, adobos, fèves, tomates ❱ Chiles ancho, guajillo et mulato, cumin, origan, herbes de Méditerranée
Chile pasilla de Oaxaca	Piquant (6/10) Forte	Oaxaca	Moulu, en flocons, en purée (réhydraté)	☻ Usage général, sautés, salsas, tomatillas ❱ Cumin, feuille d'avocat, anis, chiles fruités, adobos
Chile piquin	Piquant (9/10) Faible	Mexique	Moulu	☻ Sel (pico de gallo), salsas, fruits, crudités ❱ Universel
Paprika espagnol	Sucré, piquant (2/10) Moyenne	Espagne	Moulu	☻ Usage général, riz, sauces, huile d'olive, marinades, ail ❱ Cumin, anis, herbes de Méditerranée, piments, poivres, épices classiques, épices graines
Peri-peri	Piquant (9/10) Faible	Zimbabwe, Mozambique	En flocons, moulu, mariné (au vinaigre)	☻ Usage général, sauces piquantes, poulet grillé portugais, ail frais ❱ Gingembre, cumin, herbes de Méditerranée, cari
Piment coréen	Piquant (3/10) Moyenne	Corée	En flocons	☻ Usage général, kim chi, ail, échalote, condiments, marinades ❱ Sésame, gingembre, épices classiques
Piment d'Alep	Sucré, piquant (2/10) Moyenne	Turquie, Syrie	En flocons, en purée (réhydraté à l'eau ou à l'huile)	☻ Usage général, mouhamara, soupes, sauces, kebab ❱ Quatre-épices, herbes de Méditerranée, fines herbes, baharat, zaatar
Piment indien reshampatti	Piquant (6/10) Faible	Inde	Entier, moulu	☻ Usage général, caris, tarka ❱ Épices indiennes, masalas
Piment marocain doux (niora)	Sucré, piquant (1/10) Moyenne	Maroc, Espagne	Moulu, en purée	☻ Couscous, marinades, tajines ❱ Gingembre, cumin, carvi, cannelle, poivres, safran, ras el hanout, piments forts, paprika
Piment thaï	Piquant (7/10) Faible	Thaïlande	Entier, moulu, mariné (au vinaigre), en purée (frais)	☻ Usage général, vinaigrettes, sauces, sambals ❱ Épices rhizomes, herbes tropicales, épices classiques

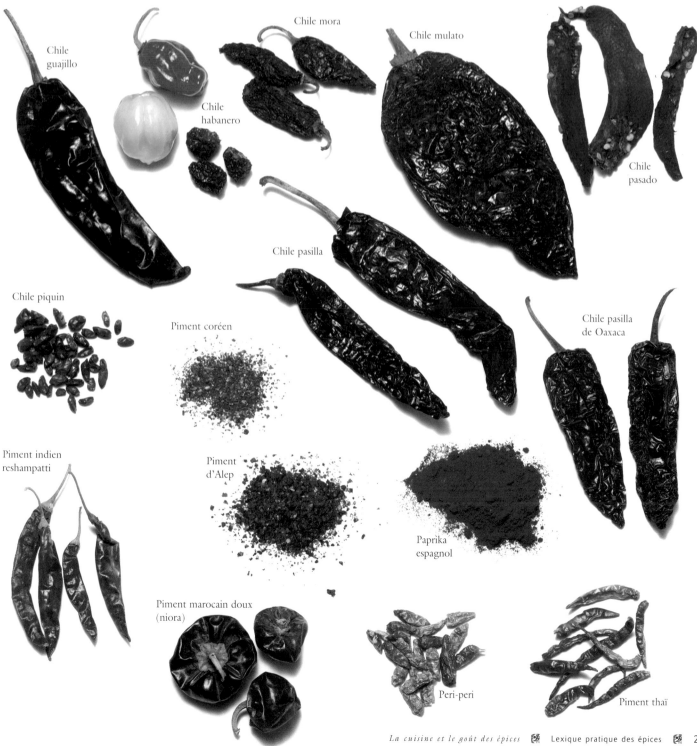

Chile guajillo

Chile habanero

Chile mora

Chile mulato

Chile pasado

Chile pasilla

Chile piquin

Piment coréen

Chile pasilla de Oaxaca

Piment indien reshampatti

Piment d'Alep

Paprika espagnol

Piment marocain doux (niora)

Peri-peri

Piment thaï

Lexique multilingue des épices

Ce lexique se veut pratique, et non exhaustif. Nous avons donc seulement cité les noms les plus couramment employés dans les ouvrages culinaires et dans les commerces. Notez que plusieurs mots étrangers sont des transcriptions phonétiques : leur orthographe peut donc varier.

Les entrées en caractères gras présentent l'orthographe utilisée dans ce livre.

Absinthe *Absinthium (lat.)*, wormwood *(ang.)*, chiba *(ar. Maroc)*.

Achiote *Voir Rocou*

Adjwain *Carum ajowan (lat.)*, adjowain *(fr.)*, bishop's weed, lovage, ajowan *(ang.)*, ajvain *(hin.)*.

Ahmud *Voir Graine de céleri*

Ail sec *Allium sativum (lat.)*, ail déshydraté *(fr.)*, dry garlic *(ang.)*, ajo seco *(esp.)*.

Aji *Voir Piment*

Ajo seco *Voir Ail sec*

Ajonjolí *Voir Sésame*

Ajowan *Voir Adjwain*

Adrak *Voir Gingembre*

Ajvain *Voir Adjwain*

Alcaravea *Voir Carvi*

Alholva *Voir Fenugrec*

Allspice *Voir Quatre-épices*

Allspice leaf *Voir Feuille de bois d'Inde*

Amchoor *Mangifers indica (lat.)*, poudre de mangue verte *(fr.)*, amchur, green mango powder *(ang.)*, aamchoor *(hin.)*.

Amchur *Voir Amchoor*

American wormseed *Voir Épazote*

Anardana *Punica granatum (lat.)*, graine de grenade séchée *(fr.)*, pomegranate seed *(ang.)*, anardana *(hin.)*.

Aneth doux *Voir Fenouil*

Angelica *Voir Graine d'angélique*

Anis *Pimpinella anisum (lat.)*, anis vert *(fr.)*, anis, aniseed, sweet cumin *(ang.)*, anis, matalahuga *(esp.)*, vilayait sanuf *(hin.)*, yanisun *(ar.)*, nafaâ *(ar. Maroc)*.

Anis chinois *Voir Anis étoilé*

Anis étoilé *Illicium anisatum (lat.)*, badiane, anis chinois *(fr.)*, star anise, badian, chinese anise *(ang.)*, badián, anis estrallado *(esp.)*, badayan *(hin.)*, ba jiao *(chin.)*.

Anise pepper *Voir Poivre de Sichuan*

Aniseed *Voir Anis*

Annatto *Voir Rocou*

Anrâr *Voir Origan*

Arksous *Voir Réglisse*

Asafœtida *Ferula asafœtida (lat.)*, crotte du diable, asefétide *(fr.)*, stinking gum, hing, heeng *(hin.)*.

Asefétide *Voir Asafœtida*

Assam *Voir Tamarin*

Avocado leaf *Voir Feuille d'avocat*

Aza *Voir Mastic*

Azafrán *Voir Safran*

Ba jiao *Voir Anis étoilé*

Babâsa *Voir Muscade*

Badayan *Voir Anis étoilé*

Badi mirch *Voir Poivre vert*

Badiane *Voir Anis étoilé*

Bahar *Voir Quatre-épices*

Baie de genévrier *Juniperus communis (lat.)*, genièvre *(fr.)*, juniper berry *(ang.)*, enebro *(esp.)*.

Baie rose *Voir Poivre rose*

Basilic thaï *Ocimum cannum (lat.)*, thai basil *(ang.)*, horapa *(thaï)*, rau que, húng qúê *(viet.)*, kemangi *(indo. et mal.)*, selaseh *(mal.)*.

Bengal pepper *Voir Poivre long*

Bergamot *Voir Lime keffir*

Bitter orange *Voir Orange amère*

Bishop's weed *Voir Adjwain*

Black cumin *Voir Cumin noir*

Black deshi *Voir Goraka*

Black onion seeds *Voir Nigelle*

Black pepper *Voir Poivre noir*

Black salt *Voir Sel noir*

Bois d'Inde *Voir Quatre-épices*

Bouton de casse *Cinnamomum cassia (lat.)*, fleur de casse *(fr.)*, cassia bud *(ang.)*, nagkeshar *(hin.)*.

Broad leaf thyme *Voir Thym antillais*

Brown cardamom *Voir Cardamome noire*

Bsibsa *Voir Macis*

Caloupilé *Voir Feuille de cari*

Candel nut *Voir Noix de kemiri*

Canela de la China *Voir Casse*

Cannelle *Cinnamomum zeylanicum (lat.)*, cannelle de Ceylan *(fr.)*, true cinnamon, cinnamon *(ang.)*, canela *(esp.)*, darchini, dalchini *(hin.)*.

Cannelle chinoise *Voir Casse*

Cannelle vietnamienne *Voir Casse*

Cao gua *Voir Cardamome chinoise*

Caraway *Voir Carvi*

Cardamome *Eletaria cardamomum (lat.)*, cardamome verte *(fr.)*, cardamom, green cardamom, small cardamom, white cardamom *(ang.)*, elaichi, illaichi, kapulga *(hin.)*, qâqulla *(ar. Maroc)*, hal *(ar.)*, cardamomo *(esp.)*.

Cardamome chinoise Chinese cardamom, false cardamom *(ang.)*, cao gua *(chin.)*.

Cardamomo *Voir Cardamome*

Cardamome noire *Cardamomum amomum (lat.)*, black cardamom, brown cardamom *(ang.)*, kali elaichi *(hin.)*.

Cardère *Voir Chardon béni*

Carvi *Carum carvi (lat.)*, caraway *(ang.)*, siya jeer *(hin.)*, krouiya *(ar. Maroc)*, karawya *(ar.)*, kummel *(all.)*, alcaravea *(esp.)*.

Casse *Cinnamomum cassia (lat.)*, cannelle vietnamienne, cannelle chinoise, fausse cannelle *(fr.)*, cassia, false cinnamon *(ang.)*, kulmie dalchini *(hin.)*, canela de la China *(esp.)*, darasini *(ar.)*, kuel, kwei *(chin.)*, kayu manis *(indo.)*.

Cassia bud *Voir Bouton de casse*

Cassia leaf *Voir Feuille de cannelle*

Celery seed *Voir Graine de céleri*

Cerisier de Sainte-Lucie *Voir Mahleb*

Chardon béni *Eryngium fœtidum (lat.)*, shadow beny *(créole)*, cardère, panicaut fétide *(fr.)*, saw tooth grass *(ang.)*, culantro *(Amérique lat.)*, ngo gai *(viet.)*.

Charnushka *Voir Nigelle*

Cherongi nut *Voir Noix de cheronji*

Chiba *Voir Absinthe*

Chile *Voir Piment*

Chinese parsley *Voir Coriandre*

Chinese pepper *Voir Poivre de Sichuan*

Choronji *Voir Noix de cheronji*

Cilantro *Voir Coriandre*

Cingkeh *Voir Clou de girofle*

Cinnamon leaf *Voir Feuille de cannelle*

Citronnelle *Cymbopogon citratus (lat.)*, lemongrass *(ang.)*, citronela *(esp.)*, sera *(hin.)*, takrai *(thaï)*, sereh *(indo. et mal.)*, xa *(viet.)*.

Clavalier de Chine *Voir Poivre de Sichuan*

Clou de girofle *Eugenia caryophyllata (lat.)*, girofle *(fr.)*, clove *(ang.)*, clavo *(esp)*, laung, lavang *(hin.)*, qaranful *(ar.)*, cingkeh *(indo.)*.

Clove *Voir Clou de girofle*

Cocum *Voir Goraka*

Cocumful *Voir Goraka*

Combava *Voir Lime keffir*

Comino *Voir Cumin*

Comino negro *Voir Cumin noir*

Coriandre *Coriandrum sativum (lat.)*, coriander, chinese parsley *(ang.)*, coriandro (graine), cilantro (feuille) *(esp.)*, dhanyia, kothimbir *(hin.)*, kuzbara *(ar.)*, cotomili *(Réunion et Maurice)*, kasbour *(ar. Maroc)*.

Coriandre vietnamienne *Polygonum odoratum (lat.)*, vietnamese coriander *(ang.)*, rau ram *(viet.)*, daun keson *(indo. et mal.)*.

Cotomili *Voir Coriandre*

Crotte du diable *Voir Asafœtida*

Cubèbe *Piper cubeba (lat.)*, poivre à queue, poivre de Java *(fr.)*, tailed pepper, cubeb, jawanese pepper *(ang.)*, cubebe *(esp.)*.

Culantro *Voir Chardon béni*

Cumin *Cuminum cyminum (lat.)*, faux anis *(fr.)*, jeera, cumin *(ang.)*, comino *(esp.)*, zeera, safed zeera *(hin.)*, karmoun *(ar. Maroc)*, kammun *(ar.)*.

Cumin noir *Bunium persicum (lat.)*, black cumin, royal cumin *(ang.)*, comino negro *(esp.)*, kala jeera, shah zerra, kasmiri jeera *(hin.)*.

Curcuma *Curcuma longa (lat.)*, safran des îles, safran des Indes *(fr.)*, turmeric, indian saffron *(ang.)*, cúrcuma *(esp)*, kurkum *(ar.)*, haldi *(hin.)*, kunyit *(indo.)*, nghe *(viet.)*, querkoub *(ar. Maroc)*.

Cúrcuma *Voir Curcuma*

Curcuma blanc *Voir Zéodaire*

Curry leaf *Voir Feuille de cari*

Dar felfel *Voir Poivre long*

Darasini *Voir Casse*

Daun keson *Voir Coriandre vietnamienne*

Daun pandan *Voir Pandan*

Daun salam *Voir Feuille de salam*

Dehydrated onion *Voir Oignon*

Dill weed *Voir Graine d'aneth*

Dried shallots *Voir Échalote sèche*

Dry garlic *Voir Ail sec*

Échalote sèche *Liliaceae alliacane (lat.)*, dried shallot *(ang.)*.

Écorce de mandarine Écorce de tangerine *(fr.)*, mandarine or tangerine peel *(ang.)*.

Écorce de tangerine *Voir Écorce de mandarine*

Elaichi *Voir Cardamome*

Elranj *Voir Orange amère*

Enebro *Voir Baie de genévrier*

Eneldo *Voir Graine d'aneth*

Épazote *Chenopodium ambrosioides (lat.)*, epazote, american wormseed *(ang.)*, epazote *(Mexique)*.

Faa jiu *Voir Poivre de Sichuan*

False cardamom *Voir Cardamome chinoise*

Fausse cannelle *Voir Casse*

Faux anis *Voir Cumin et Graine d'aneth*

Felfel *Voir Chile*

Fennel *Voir Fenouil*

Fenouil *Foeniculum vulgare dulce (lat.)*, aneth doux *(fr.)*, fennel, sweet cumin *(ang.)*, hinojo *(esp.)*, saunf *(hin.)*, shamâr *(ar.)*.

Fenouil bâtard *Voir Graine d'aneth*

Fenugrec *Trigonella foenum-graecum (lat.)*, trigonelle *(fr.)*, fenugreek *(ang.)*, alholva *(esp.)*, methi, ka beej *(hin.)*, hulba *(ar.)*.

Fenugreek *Voir Fenugrec*

Feuille d'avocat *Persea drymifolia (lat.)*, avocado leaf *(ang.)*, hoja de aguacate *(esp.)*.

Feuille de bergamote *Voir Feuille de lime keffir*

Feuille de bois d'Inde   *Pimenta dioica* (lat.), feuille de quatre-épices (fr.), pimento leaf (Jamaïque), allspice leaf (ang.).

Feuille de cannelle   *Cinnamomum cassia* (lat.), feuille de casse (fr.), cinnamon leaf, cassia leaf, indian bay leaf (ang.), tej patta (hin.).

Feuille de casse   *Voir Feuille de cannelle*

Feuille de Combava   *Voir Feuille de lime keffir*

Feuille de cari   *Murraya koenigii* (lat.), curry leaf (ang.), meetha neem, karipatter, karuvepillay, karapully (hin.), hoja de cari (esp.), karapillay (Malay), caloupilé (Maurice et Réunion).

Feuille de lime keffir   *Citrus hystrix* (lat.), feuille de bergamote (fr.), keffir lime leaf (ang.), som makrut (thaï), feuille de Combava (Maurice et Réunion).

Feuille de quatre-épices   *Voir Feuille de bois d'Inde*

Feuille de salam   *Eugenia polyantha* (lat.), laurier indonésien (fr.), salam leaf (ang.), daun salam (indo.).

Feuille de pandan   *Voir Pandan*

Fève de tonka   *Dipteryx odorata* (lat.), tonka (fr.), tonka bean, tonquin bean, tonca bean (ang.).

Fish tamarind   *Voir Goraka*

Fleur de casse   *Voir Bouton de casse*

Fliou   *Voir Menthol*

Florentine iris   *Voir Racine d'iris*

Galanga   *Alpinia Galanga* (lat.), gingembre thaïlandais, grand galanga (fr.), galanga, greater galangal (ang.), laos (indo.), galanga (esp.), lengkuas (Malay), khaa (thaï).

Galanga camphré   *Voir Petit galanga et Kentjur*

Genièvre   *Voir Baie de genévrier*

Gingembre   *Zingiber officinalis* (lat.), ginger (ang.), jengibre (esp.), adrak (frais) (hin.), sonth (sec) (hin.).

Gingembre blanc   *Voir Kentjur*

Gingembre thaïlandais   *Voir Galanga*

Ginger   *Voir Gingembre*

Girofle   *Voir Clou de girofle*

Gomme mastic   *Voir Mastic*

Goraka   *Garcinia purpurea/indica* (lat.), cocum (fr. et esp.), kokam, black deshi, fish tamarind (ang.), cocumful, goraka (hin.).

Gouza sahraouia   *Voir Maniguette*

Graine d'angélique   *Angelica archangelica* (lat.), angelica, holy ghost (ang.).

Graine d'aneth   *Anethum graveolens* (lat.), faux anis, fenouil bâtard (fr.), dill weed (ang.), eneldo (esp.), sowa (hin.), shibith (arab.).

Graine d'oignon noir   *Voir Nigelle*

Graine de céleri   *Apium graveolens* (lat.), celery seed (ang.), semilla de apio (esp.), ahmud (hin.).

Graine de paradis   *Voir Maniguette*

Grain of paradise   *Voir Maniguette*

Grand galanga   *Voir Galanga*

Greater galangal   *Voir Galanga*

Green mango powder   *Voir Amchoor*

Green pepper   *Voir Poivre vert*

Grenade séchée   *Voir Anardana*

Guinea pepper   *Voir Maniguette*

Gum mastic   *Voir Mastic*

Hal   *Voir Cardamome*

Haldi   *Voir Curcuma*

Hierbabuena   *Voir Menthe*

Hing   *Voir Asafœtida*

Heeng   *Voir Asafœtida*

Hinojo   *Voir Fenouil*

Hoja de aguacate   *Voir Feuille d'avocat*

Hoja de cari   *Voir Feuille de cari*

Holy ghost   *Voir Graine d'angélique*

Horapa   *Voir Basilic thaï*

Horseradish   *Voir Raifort*

Hulba   *Voir Fenugrec*

Húng quê   *Voir Basilic thaï*

Imli   *Voir Tamarin*

Indian bay leaf   *Voir Feuille de cannelle*

Iris root   *Voir Racine d'iris*

Jaffatry   *Voir Macis*

Jaiphal   *Voir Muscade*

Jamaica pepper   *Voir Quatre-épices*

Japanese horseradish   *Voir Wasabi*

Javanese long pepper   *Voir Poivre long*

Javatri   *Voir Macis*

Jawanese pepper   *Voir Cubèbe*

Jeera   *Voir Cumin*

Jengibre   *Voir Gingembre*

Jethi madh   *Voir Réglisse*

Juniper berry   *Voir Baie de genévrier*

Kababchini   *Voir Quatre-épices*

Ka beej   *Voir Fenugrec*

Kaffir lime   *Voir Lime keffir*

Kaffir lime leaves   *Voir Feuille de lime keffir*

Kala jeera   *Voir Cumin noir*

Kala namak   *Voir Sel noir*

Kali elaichi   *Voir Cardamome noire*

Kali mirch   *Voir Poivre noir*

Kalonji   *Voir Nigelle*

Kammun   *Voir Cumin*

Kan ts`ao   *Voir Réglisse*

Kapulga   *Voir Cardamome*

Karapully   *Voir Feuille de cari*

Karawya   *Voir Carvi*

Karipatter   *Voir Feuille de cari*

Karmoun   *Voir Cumin*

Karuvepillay   *Voir Feuille de cari*

Kasbour   *Voir Coriandre*

Kasmiri jeera   *Voir Cumin noir*

Kayu manis   *Voir Casse*

Ke beenjrai   *Voir Moutarde brune*

Kemangi   *Voir Basilic thaï*

Kemiri   *Voir Noix de kemiri*

Kentjur   *Kaempferia galanga* (lat.), galanga camphré, gingembre blanc (fr.), white tumeric (ang.), kentjur, kiencur (indo. et mal.), shan mai (chin.), skinjbir bide (Maroc).

Kervare   *Voir Pandan*

Kesari   *Voir Safran*

Khaa   *Voir Galanga*

Khardal   *Voir Moutarde jaune*

Khus khus   *Voir Pavot noir et blanc*

Khzama   *Voir Lavande*

Kiencur   *Voir Kentjur*

Kokam   *Voir Goraka*

Kothimbir   *Voir Coriandre*

Kra chai   *Voir Petit galanga*

Krouiya   *Voir Carvi*

Kuel   *Voir Casse*

Kulmie dalchini   *Voir Casse*

Kummel   *Voir Carvi*

Kunyit   *Voir Curcuma*

Kurkum   *Voir Curcuma*

Kuzbara   *Voir Coriandre*

Kwei   *Voir Casse*

La dua   *Voir Pandan*

Lal sarson   *Voir Moutarde brune*

Laos   *Voir Galanga*

Laurel   *Voir Laurier*

Laurier   *Laurus nobilis* (lat.), laurier sauce (fr.), bay leaf (ang.), laurel (esp.), ourka sidna Moussa (ar. Maroc).

Laurier antillais   *Pimenta racemosa* (lat.), bay leaf, West Indian bay leaf (ang.).

Laurier indonésien   *Voir Feuille de salam*

Laurier sauce   *Voir Laurier*

Lavande   *Lavandula dentata* (lat.), lavender (ang.), khzama (ar. Maroc).

Lavang   *Voir Clou de girofle*

Lavender   *Voir Lavande*

Lemongrass   *Voir Citronnelle*

Lengkuas   *Voir Galanga*

Lentisco   *Voir Mastic*

Lesser galangal   *Voir Petit galanga*

Licorice root   *Voir Réglisse*

Lime keffir   *Citrus hystrix* (lat.), keffir lime, bergamot (ang.), combava (Maurice et Réunion), jeruk purut (indo.), makrut (thaï).

Lime séchée   *Citrus aurantifolia* (lat.), dried lime (ang.).

Limoncillo   *Voir Citronnelle*

Mace   *Voir Macis*

Macis   *Myristica fragrens* (lat.), mace (ang.), macis (esp.), jaffatry, javatri (hin.), bsibsa (ar. Maroc).

Mahaleb   *Voir Mahleb*

Mahleb   *Prunus mahaleb* (lat.), mahaleb, cerisier de Sainte-Lucie (fr.), St-Lucy cherry, mahlab (ang.), mahaleb (esp.), mahlab, mahleb (ar.).

Makrut   *Voir Lime keffir*

Malaguia   *Voir Maniguette*

Malatahuga   *Voir Anis*

Mandarin peel   *Voir Écorce de mandarine*

Maniguette   *Afromomum Meleguata* (lat.), poivre de Guinée, graine de paradis (fr.), melegueta pepper, grain of paradise (ang.), Guinea pepper (Trinidad), malagueta (esp.), gouza sahraouia (ar. Maroc).

Marjolaine   *Origanum marjolana* (lat.), marjoram (ang.).

Mastic   *Pistacia lentiscus* (lat.), gomme mastic (fr.), lentisco, mastique (esp.), aza (ar.), mastic, gum mastic (ang.).

Meetha neem   *Voir Feuille de cari*

Meg   *Voir Muscade*

Melegueta pepper   *Voir Maniguette*

Menthe   *Mentha piperita officinalis* (lat.), mint (ang.), hierbabuena (esp.).

Menthol   Menthol (ang.), fliou (Maroc).

Methi   *Voir Fenugrec*

Mexican oregano   *Voir Origan mexicain*

Mexican tea   *Voir Épazote*

Mint   *Voir Menthe*

Mirch   *Voir Chile*

Mostaza india   *Voir Moutarde brune*

Mostaza silvestre   *Voir Moutarde jaune*

Moutarde blanche   *Voir Moutarde jaune*

Moutarde brune   *Brassica Juncea* (lat.), moutarde indienne (fr.), brown mustard seed (ang.), mostaza india (esp.), rai, lal sarson, ke beenjrai (hin.).

Moutarde indienne   *Voir Moutarde brune*

Moutarde japonaise   *Voir Wasabi*

Moutarde jaune   *Brassica alba* (lat.), moutarde blanche (fr.), yellow mustard seed (ang.), mostaza silvestre (esp.), khardal (ar.).

Muscade   *Myristica fragrans* (lat.), noix de muscade (fr.), nutmeg (ang.), nuez moscada (esp.), babása (ar.), jaiphal (hin.), pala (indo.), meg (Antilles anglaises).

Nafaã   *Voir Anis*

Nagkeshar   *Voir Bouton de casse*

Neguilla   *Voir Nigelle*

Nghe   *Voir Curcuma*

Ngo gai   *Voir Chardon béni*

Nigella   *Voir Nigelle*

Nigelle   *Nigella sativa* (lat.), graine d'oignon noir (fr.), nigella, black onion seed (ang.), neguilla (esp.), kalonji, charnushka (hin.).

Noix de bancoul   *Voir Noix de kemiri*

Noix de cheronji   *Buchanania lanzan* (lat.), choronji, cheronji nut (ang.).

Noix de kemiri   *Aleurites moluccana* (lat.), kemiri, noix de bancoul (fr.), candel nut, kemiri nut (ang.), kemiri (indo.).

Noix de muscade   *Voir Muscade*

Nuez moscada   *Voir Muscade*

Nutmeg   *Voir Muscade*

Oignon   *Allium cepa* (lat.), oignon déshydraté (fr.), onion powder, dehydrated onion (ang.).

Oignon déshydraté   *Voir Oignon*

Onion powder   *Voir Oignon*

Orange amère   *Citrus sinensis* (lat.), orange de Séville (fr.), Seville orange, bitter orange (ang.), elranj (ar. Maroc).

Orange de Séville   *Voir Orange amère*

Oregano   *Voir Origan*

Oreganón   *Voir Thym antillais*

Origan *Origanum vulgare (lat.)*, oregano *(ang.)*, orégano *(esp)*, anrār *(ar.)*.

Origan mexicain *Lippia graveolens (lat.)*, mexican oregano *(ang.)*, oregano *(esp. Mexique)*.

Orozuz *Voir Réglisse*

Orris (root) *Voir Racine d'iris*

Ourka sidna moussa *Voir Laurier*

Pala *Voir Muscade*

Pandan *Pandanus amary lifolius (lat.)*, feuille de pandan *(fr.)*, pandanus, pandan leaf *(ang.)*, kervare *(hin.)*, daun pandan *(indo. et mal.)*, la dua *(viet.)*.

Pandanus *Voir Pandan*

Panicaut fétide *Voir Chardon béni*

Paprika *Capsicum annuum (lat.)*, paprika *(ang.)*, Pimentón *(esp.)*

Pavot noir et blanc *Papaver somniferum (noir) (lat.)*, *papaver somniferum var. album* (blanc) *(lat.)*, poppy seed (blanc ou noir) *(ang.)*, khus khus *(hin.)*.

Pepe di anis *Voir Poivre de Sichuan*

Pepper *Voir Piment*

Petit galanga *Alpina officinarum*, *(lat.)*, galanga camphré *(fr.)*, kra chai *(thai)*, lesser galangal *(ang.)*, temu kunci *(indo.)*.

Piment *Capsicum annum (piment, chiles)*, *capsicum frutensins (tabasco)*, *capsicum baccatursm (aji)*, *capsicum chinenea (habanero)*, *capsicum oubescens (lat.)*, piment fort *(fr.)*, pepper, red pepper, chile *(ang.)*, chile *(Mexique)*, aji *(Perou)*, pimenton, chili *(esp.)*, felfel *(ar.)*, mirch *(hin.)*.

Piment de Jamaïque *Voir Quatre-épices*

Piment giroflé *Voir Quatre-épices*

Pimento *Voir Quatre-épices*

Pimento leaf *Voir Feuille de bois d'Inde*

Pimenton *Voir Piment*

Pimentón *Voir Paprika*

Pimienta blanca *Voir Poivre blanc*

Pimienta de Jamaica *Voir Quatre-épices*

Pimienta dulce *Voir Quatre-épices*

Pimienta gorda *Voir Quatre-épices*

Pimienta larga *Voir Poivre long*

Pimienta negra *Voir Poivre noir*

Pimienta roja *Voir Poivre rouge*

Pimienta verde *Voir Poivre vert*

Pink peppercorns *Voir Poivre rose*

Pipal *Voir Poivre long*

Pipli *Voir Poivre long*

Pixle *Voir Sapote*

Poivre à queue *Voir Cubèbe*

Poivre arid *Voir Poivre de Sichuan*

Poivre blanc *Piper nigrum (lat.)*, poivre gris *(fr.)*, white pepper *(ang.)*, pimienta blanca *(esp.)*, safed mirch *(hin.)*.

Poivre de guinée *Voir Maniguette*

Poivre de Jamaïque *Voir Quatre-épices*

Poivre de Java *Voir Cubèbe*

Poivre de sansho *Voir Sansho*

Poivre de Sichuan *Zanthoxylum piperitum (lat.)*, poivre arid, clavalier de Chine *(fr.)*, red sechuan peppercorns, anise pepper, chinese pepper *(ang.)*, pepe di anis *(esp.)*, faa jiu *(chin.)*.

Poivre gris *Voir Poivre blanc*

Poivre long *Piper longum (lat.)*, bengal pepper, javanese long pepper *(ang.)*, pipli, pimienta larga *(esp.)*, pipal *(hin.)*, dar felfell *(ar. Maroc)*.

Poivre noir *Piper nigrum (lat.)*, black pepper *(ang.)*, pimienta negro *(esp)*, kali mirch *(hin.)*.

Poivre rose *Schinus terebinthifolius (lat.)*, baie rose *(fr.)*, pink peppercorns *(ang.)*.

Poivre rouge *Piper nigrum (lat.)*, red pepper *(ang.)*, pimienta roja *(esp.)*.

Poivre vert *Piper nigrum (lat.)*, green pepper *(ang.)*, pimienta verde *(esp.)*, badi mirch *(hin.)*.

Pomegranate seed *Voir Anardana*

Poppy seed *Voir Pavot noir et blanc*

Poudre de mangue verte *Voir Amchoor*

Pulee *Voir Tamarin*

Qâqulla *Voir Cardamome*

Qaranful *Voir Clou de girofle*

Quatre-épices *Pimenta dioica (lat.)* toute-épice, bois d'Inde, piment de la Jamaïque, poivre de la Jamaïque, piment giroflé *(fr.)*, allspice, Jamaica pepper, pimento *(ang.)*, pimento, pimienta gorda, pimienta dulce, pimienta de jamaica *(esp.)*, kababchini *(hin.)*, bahar *(ar.)*.

Querkoub *Voir Curcuma*

Racine d'iris *Iris germanica florentina (lat.)*, iris *(fr.)*, florentine iris, orris, iris root *(ang.)*, raiz de iris florentina *(esp.)*.

Rai *Voir Moutarde brune*

Raifort *Cochlearia armoracia (lat.)*, horseradish *(ang.)*, wasabi *(jap.)*.

Raifort japonais *Voir Wasabi*

Raiz de iris florentina *Voir Racine d'iris*

Rau que *Voir Basilic thaï*

Rau ram *Voir Coriandre vietnamienne*

Red pepper *Voir Piment et Poivre rouge*

Regaliz *Voir Réglisse*

Réglisse *Glycyrrhiza Glabra (lat.)*, licorice root *(ang.)*, orozuz, regaliz *(esp.)*, jethi madh *(hin.)*, arksous *(ar. Maroc)*, kan ts'ao *(chin.)*.

Rocou *Bixa orellana (lat.)*, roucou, *(fr.)*, annatto, roucou *(ang.)*, achiote, annatto *(esp.)*.

Romarin *Rosmarinus officinalis (lat.)*, rosemary *(ang.)*.

Rose *Rosa damascena (lat.)*, rose de Damas *(fr.)*, rose *(ang.)*.

Rose de Damas *Voir Rose*

Rosemary *Voir Romarin*

Roucou *Voir Rocou*

Royal cumin *Voir Cumin noir*

Saafrane beldi *Voir Safran*

Safed mirch *Voir Poivre blanc*

Safed zeera *Voir Cumin*

Saffron *Voir Safran*

Safran *Crocus sativus (lat.)*, saffron *(ang.)*, azafrán *(esp.)*, zaffron, kesari *(hin.)*, za'farān *(ar.)*, saafrane beldi *(ar. Maroc)*.

Safran des îles *Voir Curcuma*

Safran des Indes *Voir Curcuma*

Sage *Voir Sauge*

Sahlab *Voir Salep*

Salam leaf *Voir Feuille de salam*

Salep *Orchis mascula (lat.)*, salep *(ang.)*, sapep *(turc)*, sahlab *(ar.)*.

Sapep *Voir Salep*

Sancho *Voir Sansho*

Sansho *Zanthozylum piperitum (lat.)*, poivre de sansho *(fr.)*, sansho pepper *(ang.)*.

Sansho pepper *Voir Sansho*

Sapote *Sapote (ang.)*, pixle *(Mexique)*, sapote *(ant.)*.

Sarriette *Satureia hortensis (lat.)*, savory *(ang.)*.

Sauge *Salvia officinalis (lat.)*, sage *(ang.)*.

Saunf *Voir Fenouil*

Savory *Voir Sarriette*

Saw tooth grass *Voir Chardon béni*

Sechuan peppercorn *Voir Poivre de Sichuan*

Sel noir Black salt *(ang.)*, kala namak *(hin.)*.

Selaseh *Voir Basilic thaï*

Semillas de apio *Voir Graine de céleri*

Sera *Voir Citronnelle*

Sereh *Voir Citronnelle*

Sésame *Sesamum indicum (lat.)*, sesame *(ang.)*, ajonjolí *(esp)*, til *(hin.)*.

Seville orange *Voir Orange amère*

Shadow béné *Voir Chardon béni*

Shah zerra *Voir Cumin noir*

Shamār *Voir Fenouil*

Shan mai *Voir Kentjur*

Shibith *Voir Graine d'aneth*

Siya jeer *Voir Carvi*

Skinjbir bide *Voir Kentjur*

Som makrut *Voir Feuille de lime keffir*

Sonth *Voir Gingembre*

Sowa *Voir Graine d'aneth*

Spanish thyme *Voir Thym antillais*

Stinking gum *Voir Asafœtida*

St-Lucy cherry *Voir Mahleb*

Sumac *Rhus coriaria (lat.)*, vinaigrier *(fr.)*, sumac *(ang.)*, zumaque *(esp.)*.

Sweet cumin *Voir Anis et Fenouil*

Tailed pepper *Voir Cubèbe*

Takrai *Voir Citronnelle*

Tamarin *Tamarindus indica (lat.)*, tamarind *(ang.)*, tamarindo *(esp.)*, pulee, imli *(hin.)*, assem *(indo.)*.

Tamarind *Voir Tamarin*

Tamarindo *Voir Tamarin*

Tangerine peels *Voir Écorce de mandarine*

Tej patta *Voir Feuille de cannelle*

Temu kunci *Voir Petit galanga*

Thym *Thymus oficinalis (lat.)*, thyme *(ang.)*.

Thym large feuille *Voir Thym antillais*

Thym antillais *Plectranthus Aboinilus (lat.)*, thym à large feuille, thym espagnol *(fr.)*, spanish thyme, broad leaf thyme *(ang.)*, oreganón *(Antilles espagnoles)*.

Thym espagnol *Voir Thym antillais*

Thyme *Voir Thym*

Til *Voir Sésame*

Tonca bean *Voir Fève de tonka*

Tonka *Voir Fève de tonka*

Tonquin bean *Voir Fève de tonka*

Toutes-épices *Voir Quatre-épices*

Trigonelle *Voir Fenugrec*

Turmeric *Voir Curcuma*

Vainilla *Voir Vanille*

Vanilla beans *Voir Vanille*

Vanille *Vanilla planifolia (lat.)*, vanilla bean, vanilla *(ang.)*, vainilla *(esp.)*.

Vilayait sanuf *Voir Anis*

Vinaigrier *Voir Sumac*

Wasabi *Wasabi japonica, wasabi pugens (lat.)*, moutarde japonaise, raifort japonais *(fr.)*, japanese horseradish *(ang.)*, wasabi *(jap.)*.

West indian bay leaf *Voir Laurier antillais*

White pepper *Voir Poivre blanc*

White turmeric *Voir Kentjur*

Wormwood *Voir Absinthe*

Xa *Voir Citronnelle*

Yanisun *Voir Anis*

Yellow mustard seed *Voir Moutarde jaune*

Yerba de Santa Maria *Voir Épazote*

Za'farān *Voir Safran*

Zaffron *Voir Safran*

Zeera *Voir Cumin*

Zéodaire *Curcuma zeodaire (lat.)*, curcuma blanc *(fr.)*, white tumeric, zeodary *(ang.)*.

Zeodary *Voir Zéodaire*

Zumaque *Voir Sumac*

Note : Les termes régionaux sont suivis du pays d'origine.

Exemple :
... combava (Maurice et Réunion)
... yanisun (ar.), nafaâ (ar. Maroc)

Abréviations :

all. : allemand
ang. : anglais
ar. : arabe
chin. : chinois
esp. : espagnol
fr. : français
hin. : hindi
indo. : indonésien
jap. : japonais
lat. : latin
mal. : malais
viet. : vietnamien

Recettes de mélanges d'épices

Cette liste contient tous les mélanges d'épices utilisés dans ce livre, et d'autres, classiques, dont nous ne parlons pas faute d'espace. Si aucun renvoi n'est indiqué, il suffit de mélanger les épices et, au besoin, de les moudre.

ADOBO DE OAXACA

4	chiles ancho
8	chiles guajillo
1/2 c. thé	cumin
1 c. thé	origan mexicain
4	feuilles d'avocat (opt.)
1/2 c. thé	anis
8	gousses d'ail
1/4 tasse	jus de lime
1 c. thé	sel

BAHARAT
Turquie

1 1/2 c. soupe	poivre noir
1/2 c. soupe	girofle
1	noix de muscade
2 po	casse
3 c. soupe	quatre-épices

BAHARAT
Six-épices syrien

2 c. soupe	cardamome
2 c. thé	girofle
4 c. soupe	cannelle
2 c. soupe	quatre-épices
4 c. soupe	poivre blanc
4 c. soupe	poivre noir

BERBÉRÉ
Éthiopie

2 c. soupe	gingembre
2 c. thé	cardamome verte
1 c. thé	girofle
1 po	cannelle
1 po	casse
2 c. thé	fenugrec
1/2	noix de muscade
1 c. thé	quatre-épices
2 c. thé	poivre noir
1 c. thé	cardamome noire
2 c. soupe	coriandre
1 c. thé	adjwain
3	Cayenne
3/4 tasse	piment d'Alep **ou** paprika

BUMBU À COCHON DE LAIT
Bali (voir méthode p. 166)

6	citronnelles
3	noix de kemiri **ou** amandes (6)
1	gousse d'ail
1/4 c. thé	trassi (p. 154) **ou** sauce de poisson (1/2 c. thé)
3	piments thaïs **ou** sambal œlek (1 c. thé)
1/4 po	galanga
1/4 po	gingembre
1/2 tasse	échalotes françaises
3	grains de poivre long **ou** poivre noir (1/4 c. thé)
1 c. thé	coriandre
1/4 c. thé	curcuma
1/2 c. thé	kentjur **ou** gingembre sec

BUMBU PASSE-PARTOUT
Bali

3	gousses d'ail
6	échalotes françaises
3	piments forts thaïs **ou** sambal œlek (1 c. thé)
1/2 po	galanga
1/2 po	gingembre
2 po	curcuma frais
1/2	citronnelle, émincée
1/2 c. thé	cumin, grillé et moulu

CARI DE JAMAÏQUE

3 c. soupe	curcuma
2 c. soupe	coriandre
1 c. thé	cumin
2 c. thé	fenugrec
1 c. soupe	gingembre
1 c. soupe	piment jamaïcain sec **ou** piment habanero
1/2	noix de muscade
6	clous de girofle
1/2 c. thé	quatre-épices

CARI DE MADRAS

4 c. soupe	coriandre
3 c. soupe	curcuma
1 c. soupe	fenouil
2	Cayenne
2 c. thé	poivre noir
2 c. thé	fenugrec
2 c. thé	cumin
3	feuilles de laurier
2 c. thé	gingembre
1 po	casse

CARI DE SINGAPOUR

4 c. soupe	curcuma
3 c. soupe	coriandre
1 c. soupe	fenugrec
1 c. soupe	cumin
2	Cayenne
2 c. thé	poivre blanc
1 po	casse
1 c. soupe	gingembre
2	anis étoilés
2 c. thé	fenouil
1/2 c. thé	girofle
1/2	noix de muscade

CARI DE TRINIDAD

3 c. soupe	curcuma
2 c. soupe	coriandre
2 c. thé	cumin, grillé
2 c. soupe	dahl, grillé
1 c. soupe	ail sec
1/2 c. soupe	fenugrec
1/2 c. thé	poivre noir
1	feuille de laurier antillais
1/2 c. thé	macis

CARI NOIR SRI LANKAIS
(voir méthode p. 130)

1 c. soupe	riz
3 c. soupe	coriandre
2 po	cannelle
5	clous de girofle
6	cardamomes vertes
20	feuilles de cari
1 c. thé	poivre noir
1 c. soupe	fenouil
2 c. soupe	cumin
1 c. soupe	noix de coco, rapée
1 c. soupe	graines de moutarde brune
3 morceaux	macis

CARI ROUGE DU SRI LANKA
Pour la viande

1 c. thé	riz sec
6 c. soupe	piment fort
2 c. soupe	coriandre
2 c. thé	cumin
1 c. thé	fenugrec
1/2 c. thé	poivre noir
1/4 c. thé	curcuma
6	cardamomes vertes
1 1/2 po	cannelle
4	clous de girofle

CARI ROUGE DU SRI LANKA
Pour le poisson

1 c. thé	riz sec
6 c. soupe	piment fort
2 c. soupe	coriandre
1 c. thé	fenugrec
1 c. thé	poivre noir
1/4 c. thé	curcuma
3	cardamomes
1/2 po	cannelle
2	clous de girofle
2 c. thé	fenouil

CHAAT MASALA

2	piments reshampatti **ou** Cayenne
2 c. thé	poivre noir
2 c. thé	gingembre
1 1/2 c. soupe	cumin
1 c. soupe	sel noir
1 c. soupe	sel
2 c. soupe	amchoor
1 pincée	asafœtida

CHERMOULAH
(voir méthode p. 72)

1/2 tasse	persil
1/2 tasse	feuilles de coriandre
6	gousses d'ail
1/2	oignon
4 c. soupe	jus de citron
1/2 tasse	huile d'olive
1 c. thé	poivre noir, moulu
1/2 c. soupe	piment noir, moulu **ou** paprika
1	Cayenne, moulu
1/2 c. thé	cumin, moulu
1/2 c. thé	cannelle, moulue
1/4 gr	safran (opt.)
1 c. thé	sel

CINQ-ÉPICES CHINOIS

6	anis étoilés
2 po	casse
1/2 c. thé	girofle
1 c. thé	poivre de Sichuan
1 c. soupe	fenouil
1/2 c. thé	réglisse (opt.)

COLOMBO

3	piments oiseau **ou** Cayenne (1)
3 c. soupe	curcuma
5 c. soupe	coriandre
6 c. soupe	graines moutarde brune
2 branches	thym antillais
1 1/2 c. soupe	quatre-épices
2	feuilles de bois d'Inde
4	feuilles de laurier antillais
3 c. soupe	poivre noir

ÉPICES À BROCHETTE ANDALOUSE

1 c. thé	anis
1/2 c. soupe	fenouil
1 c. soupe	coriandre
1 c. soupe	cumin
1/2 c. soupe	poivre noir
1	feuille de laurier
1/2 c. soupe	origan
1 c. soupe	paprika fumé **ou** paprika espagnol

ÉPICES À CHILE

12	piments du Nouveau-Mexique
6	chiles arbol
2	chiles ancho rojo
3 c. soupe	origan mexicain, grillé
2 c. soupe	cumin, grillé
1/4 c. thé	anis
3	feuilles de laurier, concassées
1 c. thé	thym
1/2 c. thé	quatre-épices
2 c. soupe	ail sec

ÉPICES À KEBAB
Turquie

4 c. soupe	piment d'Alep
1 c. soupe	poivre noir
2 c. thé	cumin
2 c. thé	origan
2 c. soupe	menthe

ÉPICES À KOFTE
Turquie

1/2 po	casse
1/2 tasse	piment d'Alep
1/2 c. thé	poivre noir
3	clous de girofle
1/2 c. thé	cumin
1 c. thé	coriandre (suite ↑)

1/4 c. thé	fenugrec
1/4 c. thé	quatre-épices

ÉPICES À NOIRCIR CAJUNS

2 c. soupe	sel
2 c. soupe	oignon déshydraté en flocons
2 1/2 c. thé	ail déshydraté en granules
2 1/2 c. soupe	paprika
2 c. thé	Cayenne
2 c. thé	poivre noir
1 1/2 c. thé	poivre blanc
2 c. thé	origan

ÉPICES À POISSON
Turquie

1 c. thé	nigelle
1 c. thé	cumin
1 c. soupe	coriandre
1 pincée	safran turc

ÉPICES CAJUNS

3 c. soupe	paprika
1 c. thé	Cayenne
2 c. thé	poivre noir
2 c. thé	poivre blanc
3 c. soupe	oignon déshydraté en flocons
1/2 c. soupe	thym

ÉPICES YUNNANAISES

1/2 tasse	piment moyen fort sichuannais **ou** Cayenne
1/4 tasse	petit piment fort sichuannais **ou** piment thaï
1 c. thé	poivre blanc
1 c. soupe	poivre de Sichuan
3	anis étoilés (suite ↑)

20	graines de cardamomes chinoises noires **ou** cardamomes (noires ou vertes)
2 c. soupe	arachides, grillées et hachées très fin **ou** sésame, grillé
2 c. thé	sel
2 c. thé	sucre

EXTRAIT ANTILLAIS

1 tasse	rhum brun
4	gousses de vanille
1	fève de tonka
1	sapote concassée
1 c. soupe	macis
4	grains de quatre-épices

GARAM MASALA
Inde du Nord

4 po	cannelle
6 c. soupe	poivre noir
3 c. soupe	cumin
2 c. thé	girofle
2 c. soupe	cardamome verte
1	noix de muscade

GARAM MASALA
Inde du Sud

1 c. soupe	anis étoilé
1 c. soupe	cannelle
1/2 c. soupe	girofle
1 c. soupe	cardamome verte
2 c. soupe	fenouil
1 c. thé	muscade
2 c. soupe	graines de pavot blanc

GREEN SEASONING
Marinade créole Trinidad
(voir méthode p. 210)

3	oignons
1 paquet	échalotes vertes
8	gousses d'ail
1 po	gingembre
1	piment habanero
2-3	piments doux antillais **ou** piments doux
1 c. soupe	thym antillais **et/ou** thym
4 tiges	chardon béni
4 brins	persil
1 c. soupe	Angostura
1/2 tasse	jus de lime **ou** vinaigre
1 c. thé	sel
3 c. soupe	huile d'olive
4 c. soupe	rhum au piment **ou** rhum
1 c. thé	poivre noir
1/2	noix de muscade
5	clous de girofle
2	feuilles de laurier antillais
1/2 po	casse

HERBES DE PROVENCE

1 c. soupe	thym
1 c. soupe	romarin
1 c. soupe	sarriette
1 c. soupe	marjolaine
1 c. soupe	origan
2	feuilles de laurier, concassées (opt.)
1/4 c. thé	lavande (opt.)
1/2 c. thé	fenouil (opt.)

JERK SEASONING
Marinade à jerk
(voir méthode p. 202)

2-3 paquets	échalotes vertes
3-4	piments habaneros
10 branches	thym, haché
6 c. soupe	quatre-épices, moulu
1	noix de muscade, râpée
3	feuilles de laurier antillais, concassées
1 c. soupe	sel
1/4 tasse	vinaigre **ou** jus de lime

MASALA À CANARD SYRIEN
Inde du Sud

5	piments reshampatti **ou** Cayenne
1/4 c. thé	curcuma
1 c. soupe	poivre noir
1 po	cannelle
6	clous de girofle
2	anis étoilés
6	gousses d'ail
1 po	gingembre
10	feuilles de cari (opt.)
2 c. soupe	vinaigre
	sel

MASALA À POISSON ET FRUITS DE MER
Inde du Sud

6 c. soupe	piment kashmiri **ou** paprika
6 c. soupe	coriandre
1 c. soupe	curcuma
2 c. thé	graines de moutarde brune
1 c. thé	fenugrec
1 c. soupe	gingembre sec

MASALA À SAMBAR

4 c. soupe	coriandre
1 c. soupe	cumin
1/2 c. soupe	fenugrec
1/2 c. soupe	piment reshampatti
1/2 c. soupe	curcuma
1/2 c. soupe	poivre noir
1 c. thé	asafœtida

MASALA À VIANDE
Inde du Sud

6 c. soupe	coriandre
1 c. soupe	anis
3	anis étoilés
1 c. thé	cumin
2 c. thé	graines de moutarde brune
1/2 c. thé	fenugrec
2 c. thé	chana dahl, grillé
1 c. thé	curcuma
1 c. thé	poivre noir
2 po	cannelle
8	clous de girofle
1/2	noix de muscade
8	cardamomes
3 c. soupe	piment kashmiri **ou** paprika
3	piments reshampatti **ou** Cayenne

MASALA À VOLAILLE
Inde du Sud

4 c. soupe	coriandre
2 c. soupe	cumin
1 c. soupe	fenugrec
3 c. soupe	poivre noir
1/2 c. soupe	gingembre
6	clous de girofle
4	cardamomes vertes
1 po	cannelle
1/4	noix de muscade
3 morceaux	macis

MASALÉ MAURICIEN

1 c. soupe	curcuma
4 c. soupe	coriandre, grillée
1 c. thé	poivre noir
1 c. thé	macis
1 c. soupe	gingembre
1	Cayenne
6	clous de girofle
3	cardamomes vertes
1 po	cannelle

MOLE COLORADITO
Mole rougeâtre
(voir méthode p. 187)

6	chiles ancho rojo
8	chiles chilcosle rojo **ou** chiles guajillo
2 po	cannelle
5	clous de girofle
10	grains de poivre
2 c. thé	origan mexicain **ou** origan
3 c. soupe	sésame, grillé

PANCH PHORAN

2 c. soupe	cumin
2 c. soupe	graines de moutarde brune
2 c. soupe	fenouil
1 c. soupe	nigelle
1 c. soupe	fenugrec

PÂTE DE CARI JAUNE THAÏ

1 c. soupe	coriandre
1	anis étoilé
1 c. thé	cumin
1 po	casse
6	clous de girofle
4	cardamomes
6	échalotes
4	gousses d'ail (suite ↑)

1/2 po	galanga
1/4 po	citronnelle, hachée
1 po	curcuma
2	feuilles de lime keffir
1 c. thé	pâte de crevettes
1 c. thé	sel

PÂTE DE CARI ROUGE THAÏ

1 c. thé	poivre blanc
1 c. thé	coriandre
1/2 c. thé	cumin
1	bâton de citronnelle, tranché
6	piments rouges forts
1 po	galanga
2	racines de coriandre
1	feuille de lime keffir, en julienne
1 c. thé	pâte de crevettes
1 c. thé	sel

PÂTE DE CARI VERT THAÏ

3	piments verts semi-forts (jalapeños)
5	piments verts thaïs
1/4 tasse	citronnelle, hachée
4	échalotes vertes
4	gousses d'ail
1 poignée	coriandre avec les racines
1 po	galanga
1	feuille de lime keffir
1 c. thé	coriandre
1/2 c. thé	cumin
1 c. thé	sel
1 c. thé	pâte de crevettes

PÂTE VINDALOO

1 c. thé	cumin
1 c. thé	graines de moutarde
1/4 c. thé	curcuma (suite ↑)

1 c. thé	poivre noir
2 c. soupe	garam masala du sud de l'Inde
10-20	piments reshampatti **ou** Cayenne
8	gousses d'ail
2 po	gingembre
1/2 tasse	vinaigre de palme **ou** vinaigre blanc

QUATRE-ÉPICES
France

3 c. soupe	poivre blanc
1/2	noix de muscade
1 c. soupe	gingembre
1/2 c. thé	girofle

RAS EL HANOUT

Chaque maison a sa recette, qui peut contenir de 8 à 40 épices. Cette liste peut vous aider à créer votre propre mélange.

Cayenne	Niora
Cardamome verte	Cannelle
Casse	Boutons de casse
Girofle	Quatre-épices
Muscade	Macis
Maniguette	Poivre long
Cubèbe	Poivre noir
Poivre blanc	Gingembre
Kentjur	Curcuma
Lavande	Rose
Racine d'iris	Safran
Lissan etir	Menthe
Menthol	Laurier
Réglisse	Fenugrec
Cumin	Cumin noir
Nigelle	

Ras el Hanout
Recette de base

1	Cayenne
1 c. soupe	paprika
2 c. thé	cardamome verte
2 po	cannelle
1/2 c. thé	girofle
1 c. thé	quatre-épices
1	noix de muscade
2 c. thé	poivre noir
1 c. soupe	gingembre
1 c. thé	curcuma
2 c. soupe	rose
3	feuilles de laurier
1 c. thé	cumin

Recado de especie
Recado d'épices
(voir méthode p. 194)

2 c. soupe	origan
1/2 c. thé	cumin
1 1/2 po	cannelle
10	clous de girofle
2 c. soupe	poivre noir
12	graines de quatre-épices
1/2 g	safran (opt.)

Recado colorado
Recado rouge
(voir méthode p. 194)

1/4 tasse	rocou
1 c. thé	quatre-épices
1/2 c. thé	girofle
1 c. thé	poivre noir
2 c. thé	origan

Recado negro
Recado noir
(voir méthode p. 195)

6	graines de quatre-épices
2	clous de girofle
1/2 po	cannelle
1 c. thé	poivre noir
1 c. soupe	origan yucatèque
4 oz	chile seco **ou** piment thaï sec
1	tête d'ail, grillée
2	tortillas de maïs, grillées
1/4 tasse	vinaigre blanc
2 c. thé	rocou

Shichimi togarashi

3 c. soupe	piment japonais
2 c. thé	poivre sansho
2 c. thé	écorce de mandarine **ou** yuzu
2 c. thé	graines de chanvre
2 c thé	graines de pavot blanc
1	feuille de nori, finement déchiquetée
1 c. soupe	graines de sésame noir, grillées

Tandori masala

6	piments reshampatti
1/4 tasse	paprika
2 c. soupe	curcuma
1 c. soupe	fenugrec, grillé
1 c. thé	cumin
2 c. soupe	graines de moutarde brune, grillées
1 c. soupe	gingembre
1 c. thé	poivre noir
1 po	cannelle
1 c. thé	fenouil

Zaatar
Jordanie

4 c. soupe	thym
1 1/2 c. soupe	sumac
1 1/2 c. soupe	sésame, grillé
1/2 c. thé	anis
1/2 c. thé	fenouil
1 c. thé	sel
1/4 c. thé	cumin

Zaatar
Recette de base

4 c. soupe	sumac, moulu
2 c. thé	thym
2 c. thé	sésame, grillé

Zaatar syrien

2 c. soupe	sumac
2 c. thé	thym
1/2 c. thé	poivre noir
2 c. thé	graines de sésame, grillées
2 c. thé	pistaches
1/2 c. thé	sel

Index des recettes

Ailes de raie rôties au fenouil et aux herbes de Provence, 61
Aïoli d'avocat, 204
Ala badun, 131
Avial, 115

Babi guling, 166
BBQ cajun meat loaf, 220
Beignets de maïs et de crevettes, 167
Biryani d'agneau, 102
Blackened fish, 214
Bœuf au masala mappila, 112
Boissons
  Café au lait à la cardamome, 121
  Chocolat chaud, 180
  Chocolate, 180
  Pani masala, 109
  Punch ananas, 208
  Punch aux ananas, 208
  Punch trinidadien, 208
  Rhum punch, 208
  Tisane d'épices du Cachemire, 109
Brochettes maures, 68
Bumbu base gede, 168
Bumbu passe-partout balinais, 168

Cadju curry, 128
Café au lait à la cardamome, 121
Cajun BBQ sauce, 222
Cake aux épices, 210
Camarones enchiladas, 185
Canard à la façon syrienne, 113
Cari à l'anglaise, 134
Cari de bœuf et nouilles de Singapour, 139
Cari de cerf mauricien, 135
Cari de citrouille, 211
Cari de noix de cajou, 128
Cari noir de bœuf, 130
Cari noir sri lankais, 130
Cari rouge de crabe, 124
Carré d'agneau sichuanais, 144
Cebollas encurtidas, 191

Champignons étuvés aux épices et à l'ail, 94
Chermoulah, 72
Chocolate, 180
Chocolat chaud, 180
Chutney à l'ananas, 163
Chutney de tomates au panch phoran, 101
Çiğ köfte, 90
Cinq-épices chinois (le), 139
Clavelado à la prouvençalo, 61
Cochon de lait braisé à l'achiote, 191
Cochon de lait rôti, 166
Cochonita pibil, 191
Colombo, 140
Condiments et sauces
  Aïoli d'avocat, 204
  Cajun BBQ sauce, 222
  Cebollas encurtidas, 191
  Chutney à l'ananas, 163
  Chutney de tomates au panch phoran, 101
  Green seasoning, 210
  Haydari, 89
  Jerk seasoning, 202
  Marinade à jerk, 202
  Marinade créole trinidadienne, 210
  Oignons rouges marinés, 191
  Pecri nanas, 163
  Pepper rhum, 202
  Piments marinés yunnanais, 151
  Raïta, 102
  Rhum au piment, 202
  Rouille, 60
  Roulo, 60
  Salsa fraîche yucatèque, 191
  Salsa xi ni pek, 191
  Sambal badjak, 154
  Sambal des pirates, 154
  Sambal du mortier, 154
  Sambal œlek, 154
  Sauce barbecue cajun, 222
  Suan la tiaw, 151

Tamatar chaatni, 101
Tiaw yien, 151
Vinaigrette thaïe, 18
Yogourt à l'ail, 89
Yogourt aux herbes, 102
Couscous aux sept légumes, 67
Creole seafood pasta, 222
Crevettes aux pasillas de Oaxaca, 185
Crevettes créoles grillées, 204
Crevettes d'Essie (les), 66
Crostinis créoles, 219
Curry pumpkin, 211

Desserts
  Cake aux épices, 210
  Dondurma, 77
  Glace turque au salep et au mastic, 77
  Halva badan, 109
  Nage de fruits à la provençale, 63
  Pâte d'amandes au safran, 109
  Pêches rôties à la lavande, 63
  Pot de crème parsi, 108
  Pudding au pain « Retour de New Orleans », 221
  Pudding au riz noir, 168
  Spice pound cake, 210
  Tarte aux figues au laurier et aux pignons, 78
Dinde aux chiles brûlées, 199
Dondurma, 77

Eğirdir balik yahnise, 84
Éliés sto fourno, 58
Épices à crostinis, 219

Feta psiti, 58
Feta rôtie aux herbes de Crète, 58
Fettucini créoles aux fruits de mer, 222
Filet de porc au rocou et lait de coco, 193
Fragrant black curry, 130
Frijol de olla, 199

Glace turque au salep et au mastic, 77

Gosht korma, 103
Green seasoning, 210
Grelots « pilés » au ras el hanout, 70
Gulaï ayam, 162

Halva badam, 109
Haricots noirs mijotés, 199
Haydari, 89
Hors d'œuvre et mezzes
  Beignets de maïs et de crevettes, 167
  Brochettes maures, 68
  Champignons étuvés aux épices et à l'ail, 94
  Crostinis créoles, 219
  Éliés sto fourno, 58
  Feta psiti, 58
  Feta rôtie aux herbes de Crète, 58
  Hummus chaud, 92
  Mouhamara, 91
  Olives chaudes au vin rouge, 58
  Pacanes épicées, 219
  Pekedel jagung, 167
  Pinchos moruños, 68
  Salade de carottes au cumin, 71
  Salade d'oignons, 94
  Sarmisakli mantar, 94
  Slatta khizou bel kamoun, 71
  Soğan piyazi, 94
  Spiced pecans, 219
  Tereyağli humus, 92
  Têtes de violon et saumon fumé à la façon de Sumatra, 161
  Trempette de noix à la mélasse de grenade, 91
Hummus chaud, 92
Hydebaradi biryani, 102

Ikan bakar pedas padang, 157
Irachi mappila, 112

Jerk chicken, 202
Jerk seasoning, 202

Kakuluwo curry, 124
Kali mirch murgh, 108

Kalu mas curry, 130
Korma d'agneau, 103
Kuzy ve ayva yahnési, 76

Lapin sichuanais, 148
Leek temperadu, 131
Légumes étuvés à la noix de
    coco, 115
Légumes étuvés au panch
    phoran, 101
Légumineuses
    Frijol de olla, 199
    Haricots noirs mijotés, 199
    Lentilles aux épinards, 104
    Ma Po dofu, 150
    Mijoté de lentilles et
        légumes, 120
    Nohut yahnisé, 85
    Ragoût de pois chiches et
        d'épinards, 85
    Sambar, 120
    Soupe de lentilles, 96
    Tofu de grand-mère Po, 150
    Lentilles aux épinards, 104

Ma Po dofu, 150
Marinade à jerk, 202
Marinade créole trinidadienne,
    210
Marinades (voir Condiments et
    sauces)
Masala mo poro, 107
Masalé de cerf mauricien, 135
M'chmal, 72
Mélanges d'épices (voir aussi
    p. 243-248)
    Bumbu base gede, 168
    Bumbu passe-partout
        balinais, 168
    Cari noir sri lankais, 130
    Cinq-épices chinois (le), 139
    Épices à crostinis, 219
    Fragrant black curry, 130
    Panch phoran, 101
    Recado colorado, 194
    Recado de especie, 194
    Recado d'épices, 194
    Recado negro, 195
    Recado noir, 195

Recado rouge, 194
    Sel de poivre chinois, 151
Zaatar, 96
Menemen, 82
Mezzes (voir Hors d'œuvre et
    mezzes)
Mijoté de lentilles et légumes, 120
Mole coloradito, 187
Mole rougeâtre, 187
Mouhamara, 91
Moules au cari, 136
Moules au cari à la belge, 136

Nage de fruits à la provençale, 63
Nohut yahnisé, 85

Oignons rouges marinés, 191
Olives chaudes au vin rouge, 58
Omelette indienne, 107
Oxtail stew, 211

Pacanes épicées, 219
Pain de viande cajun barbecue,
    220
Panch phoran, 101
Pani masala, 109
Pâté chinois d'Ethné, 203
Pâte d'amandes au safran, 109
Pavo en chilmole, 199
Pêches rôties à la lavande, 63
Pecri nanas, 163
Pekedel jagung, 167
Pepper rhum, 202
Pilaf de pâtes aux chiles, 179
Pilaf de raisins secs, de pistaches
    et d'agneau, 89
Pilau, 109
Piments marinés yunnanais, 151
Pinchos moruños, 68
Pintade aux chiles mulato et
    cacao, 178
Plats végétariens
    Ala badun, 131
    Avial, 115
    Cadju curry, 128
    Cari de citrouille, 211
    Cari de noix de cajou, 128
    Champignons étuvés aux
        épices et à l'ail, 94

Chutney à l'ananas, 163
Curry pumpkin, 211
Fetapsiti, 58
Feta rôtie aux herbes de
    Crète, 58
Frijol de olla, 199
Grelots «pilés» au ras el
    hanout, 70
Haricots noirs mijotés, 199
Hummus chaud, 92
Leek temperadu, 131
Légumes étuvés à la noix de
    coco, 115
Légumes étuvés au panch
    phoran, 101
Lentilles aux épinards, 104
Masala mo poro, 107
Menemen, 82
Mijoté de lentilles et
    légumes, 120
Mouhamara, 91
Nohut yahnisé, 85
Omelette indienne, 107
Pecri nanas, 163
Pilau, 109
Poireaux sautés, 131
Pommes de terre à
    l'indienne, 32
Pommes de terre sautées
    cingalaises, 131
Ragoût de légumes et
    d'œufs, 82
Ragoût de pois chiches et
    d'épinards, 85
Riz basmati aux épices, 109
Salade de carottes au cumin,
    71
Salade d'oignons, 94
Salade d'olives vertes et de
    grenade, 95
Salade tomate et avocat, 18
Sambar, 120
Sarmisakli mantar, 94
Slatta khizou bel kamoun, 71
Soğan piyazi, 94
Soupe de lentilles, 96
Tereyağli humus, 92
Trempette de noix à la
    mélasse de grenade, 91

Zeytin salatasi, 95
Poc chuc, 198
Poc chuc au cumin et coriandre,
    198
Poireaux sautés, 131
Poisson aux épices fraîches, 172
Poisson grillé piquant padang,
    157
Poisson noirci, 214
Poissons et fruits de mer
    Ailes de raie rôties au fenouil et
        aux herbes de Provence, 61
    Beignets de maïs et de
        crevettes, 167
    Blackened fish, 214
    Camarones enchiladas, 185
    Cari rouge de crabe, 124
    Clavelado à la prouvençalo,
        61
    Creole seafood pasta, 222
    Crevettes aux pasillas de
        Oaxaca, 185
    Crevettes créoles grillées, 204
    Crevettes d'Essie (les), 66
    Eğirdir balik yahnisé, 84
    Fettucini créoles aux fruits de
        mer, 222
    Ikan bakar pedas padang,
        157
    Kakuluwo curry, 124
    Moules au cari, 136
    Moules au cari à la belge,
        136
    Pekedel jagung, 167
    Poisson aux épices fraîches,
        172
    Poisson grillé piquant
        padang, 157
    Poisson noirci, 214
    Ragoût de poisson des
        pêcheurs d'Eğirdir, 84
    Sambal de calmars à la lime,
        156
    Tajine de poisson à la
        chermoulah, 72
    Tajin el hout m'chmal, 72
    Têtes de violon et saumon
        fumé à la façon de
        Sumatra, 161

Pollo adobado, 184
Pommes de terre à l'indienne, 32
Pommes de terre sautées cingalaises, 131
Pommes de terre yunnanaises, 151
Porc à la mode de Goa, 118
Porc grillé à l'orange amère, 198
Pot de crème parsi, 108
Poulet au poivre noir, 108
Poulet boucané, 202
Poulet favori d'Alejandra, 174
Poulet parfumé au lait de coco, 162
Poulet rôti à l'adobo, 184
Poulet rôti au berbéré, 50
Pudding au pain « Retour de New Orleans », 221
Pudding au riz noir, 168
Punch ananas, 208
Punch aux ananas, 208
Punch trinidadien, 208

Queue de bœuf au rhum, 211

Ragoût d'agneau et de coings, 76
Ragoût de légumes et d'œufs, 82
Ragoût de pois chiches et d'épinards, 85
Ragoût de poisson des pêcheurs d'Eğirdir, 84
Railway curry, 134
Raïta, 102
Rassam, 121
Recado colorado, 194
Recado de especie, 194
Recado d'épices, 194
Recado negro, 195
Recado noir, 195
Recado rouge, 194
Rhum au piment, 202
Riz basmati aux épices, 109
Rouille, 60
Roulo, 60

Salade de carottes au cumin, 71
Salade d'oignons, 94
Salade d'olives vertes et de grenade, 95

Salade tomate et avocat, 18
Salsa fraîche yucatèque, 191
Salsa xi ni pek, 191
Sambal badjak, 154
Sambal de calmars à la lime, 156
Sambal des pirates, 154
Sambal du mortier, 154
Sambal œlek, 154
Sambar, 120
Sarmisakli mantar, 94
Sauce barbecue cajun, 222
Sauces (voir Condiments et sauces)
Sel de poivre chinois, 151
Singapour beef curry noodles, 139
Slatta khizou bel kamoun, 71
Soğan piyazi, 94
Sopa seca de orzo, 179
Soupe au poivre noir, 121
Soupe de lentilles, 96
Soupes
    Soupe au poivre noir, 121
    Soupe de lentilles, 96
    Lentilles aux épinards, 104
Spiced pecans, 219
Spice pound cake, 210
Steak haché à la turque, 85
Suan la tiaw, 151

Taám sbaâ bel hodra, 67
Tajine de poisson à la chermoulah, 72
Tajin el hout m'chmal, 72
Tamatar chaatni, 101
Tartare d'agneau, 90
Tarte aux figues au laurier et aux pignons, 78
Tereyağli humus, 92
Têtes de violon et saumon fumé à la façon de Sumatra, 161
Tiaw yien, 151
Tisane d'épices du Cachemire, 109
Tofu de grand-mère Po, 150
Too chow chi hiux, 148
Trempette de noix à la mélasse de grenade, 91

Varutha tharavu, 113
Viandes
    Babi guling, 166
    BBQ cajun meat loaf, 220
    Biryani d'agneau, 102
    Bœuf au masala mappila, 112
    Brochettes maures, 68
    Cari à l'anglaise, 134
    Cari de bœuf et nouilles de Singapour, 139
    Cari de cerf mauricien, 135
    Cari noir de bœuf, 130
    Carré d'agneau sichuanais, 144
    Çiğ köfte, 90
    Cochon de lait braisé à l'achiote, 191
    Cochon de lait rôti, 166
    Cochonita pibil, 191
    Colombo, 140
    Couscous aux sept légumes, 67
    Filet de porc au rocou et lait de coco, 193
    Gosht korma, 103
    Hydebaradi biryani, 102
    Irachi mappila, 112
    Kalu mas curry, 130
    Korma d'agneau, 103
    Kuzy ve ayva yahnési, 76
    Lapin sichuanais, 148
    Ma Po dofu, 150
    Masalé de cerf mauricien, 135
    Oxtail stew, 211
    Pain de viande cajun barbecue, 220
    Pâté chinois d'Ethné, 203
    Pilaf de raisins secs, de pistaches et d'agneau, 89
    Pinchos moruños, 68
    Poc chuc, 198
    Poc chuc au cumin et coriandre, 198
    Porc à la mode de Goa, 118
    Porc grillé à l'orange amère, 198
    Queue de bœuf au rhum, 211

Ragoût d'agneau et de coings, 76
Railway curry, 134
Singapour beef curry noodles, 139
Steak haché à la turque, 85
Taám sbaâ bel hodra, 67
Tartare d'agneau, 90
Tofu de grand-mère Po, 150
Too chow chi hiux, 148
Vindaloo, 118
Vindaloo, 118
Volailles
    Canard à la façon syrienne, 113
    Dinde aux chiles brûlées, 199
    Gulaï ayam, 162
    Jerk chicken, 202
    Kali mirch murgh, 108
    Mole coloradito, 187
    Mole rougeâtre, 187
    Pavo en chilmole, 199
    Pilaf de pâtes aux chiles, 179
    Pintade aux chiles mulato et cacao, 178
    Pollo adobado, 184
    Poulet au poivre noir, 108
    Poulet boucané, 202
    Poulet favori d'Alejandra, 174
    Poulet parfumé au lait de coco, 162
    Poulet rôti à l'adobo, 184
    Poulet rôti au berbéré, 50
    Sopa seca de orzo, 179
    Varutha tharavu, 113
Vinaigrette thaïe, 18

Yogourt à l'ail, 89
Yogourt aux herbes, 102

Zaatar, 96
Zeytin salatasi, 95

Index thématique

« 3 C », (les), (cumin, coriandre, cardamome), 167, 198

Achat des épices, 26
Acide, 11, 12, 14, 16, 18
Adaptation d'une recette, 193, 198
Adaptation sensorielle, 21, 23
Adjwain, 31, 107
Adobos mexicains, 33, 72, 177, 179, 184
Agrumes, 57, 60
Ail, 37, 219
Aji(s), 33, 34
Amchoor, 36, 107
Amer (amertume), 11, 12, 14, 15, 16, 18, 61
Anardana, 36
Aneth, 31, 35
Angélique, 31, 35
Angostura, 204, 208, 210, 211
Anis, 31, 57
Anis étoilé, 28, 112, 139
Antioxydant(e), 31
Aromatique, *voir Épices aromatiques*
Asafœtida, 37, 121
Aspartame, 14
Astringence, 15, 16

Baghar, 104
Baharat, 75, 89, 90, 91, 112, 128
Baies de genièvre, 37
Base d'un mélange, 157
Basilic, 35
Bataks, 153
Berbéré, 48, 49, 50, 52, 107, 136
Bloc(s) d'épices (de construction), 51, 52, 90, 96, 112, 113, 133, 161, 198
Bouillon de viande, 17

Bulbe olfactif, 13
Bumbu, 163, 165, 166, 168, 174

Cacao créole, 178, 180, 187
Café, 121
Cajun(s), 213
Canard, 113, 166
Cannelle, 28, 123
Capsaïsine, 17, 33, 35, 195
Cardamome, 27, 28, 111, 121, 167
Cari, 99, 112, 120, 123, 124, 128, 130, 133, 134, 139, 162, 189
  Cari blanc, 123
  Cari chinois, 139
  Cari de Madras, 48, 139, 211
  Cari de Singapour, 139
  Cari du Yucatan, 189
  Cari jaune thaï, 162
  Cari noir, 123, 128
  Cari noir sri lankais, 128, 130
  Cari rouge, 120, 124
Catégories d'épices, 38, 39
Carvi, 31, 75
Casse, 28, 75, 76, 84, 85, 153
Cayenne (piment de)), 220
Cerfeuil, 35
Chaat masala, 48
Chardon béni, 35, 204
Cheronji, 36
Chile(s), 33, 34, 65, 96, 177, 179, 185, 189, 199
  Chile ancho, 34
  Chile cascabel, 34
  Chile chimayo, 34
  Chile chiplote, 34, 96
  Chile chiuacle, 34
  Chile con carne, 184
  Chile du Nouveau-Mexique, 34
  Chile habanero, 189
  Chile mulato, 34

Chile pasado, 34
Chile pasilla de Oaxaca, 34
Chile piquin, 34
Chiles réhydratés, 187
Chiles secs, 185, 195
Chocolat, 13, 177, 180
Chocolat mexicain, 180, 187
Choix des épices, 26, 39
Choix d'un piment, 33
Chutney, 111, 163
Ciboulette, 35
Cinq-épices chinois, 139, 144
Citronnelle, 35, 66, 123, 124, 166, 172
Classe d'épices, 27, 47
Coco, 128
Colombo, 140, 201, 211
Combinaison classique, 198, 203
Combinaison de goûts, 16, 19, 220
Combinaison de saveurs, 22, 23, 46
Combinaisons de piments, 143
Condiments, 21, 143, 148, 150
Confiseries, 77
Conservation des épices, 27
Coriandre, 31, 35, 44, 45, 75, 94, 167, 198
Cortex cérébral, 13, 21
Cortex olfactif, 13, 21
Couscous, 70
Crème caramel, 78
Croûte d'épices, 48, 219
Cru(s), 26, 28
Cubèbe, 26, 66
Cugénol, 28
Cuisson des épices, 31, 39
Cuisson des pâtes d'épices, 135
Cumin, 31, 47, 71, 75, 85, 92, 167, 198
Cumin entier grillé, 71
Cumin noir, 31
Curcuma, 30, 48
Curry, 201

Dahl, 121
Dessert(s), 77, 121, 168
Dosage, 166

Eau de rose, 67, 109
Échelle d'intensité des piments, *voir aussi Échelle Scoville*, 33
Échelle Scoville, 33
Écorces d'agrumes, 36, 57
Entreposage des épices, 39
Épazote, 35, 189, 195, 199
Épices
  Épices à chili, 48
  Épices acides, 36, 44, 48, 96
  Épices à dessert, 121, 168, 210
  Épices agrumes, 36, 38
  Épices à jerk, 202
  Épices à kofte, 85
  Épices amères, 36, 44, 47, 174, 220
  Épices américaines, 65
  Épices aromatiques, 28, 46, 47, 48, 58, 68
  Épices brûlées, 39
  Épices cajuns, 220, 222
  Épices caramélisées, 214
  Épices classiques, 28, 29, 38, 63, 94, 124
  Épices d'appoint, 136
  Épices de finition, 67, 71, 96
  Épices d'Extrême-Orient, 111
  Épices du monde arabe, 65
  Épices entières, 29, 39
  Épices feuilles, 36, 38
  Épices fleurs, 35, 38
  Épices fraîches, 165, 168, 172, 211
  Épices fruits, 36, 38
  Épices graines, 31, 38
  Épices grillées, 120, 123, 128, 130
  Épices hors catégorie, 37, 38
  Épices indiennes, 135
  Épices infusées à l'huile, 70
  Épices liantes, 48, 91, 94, 133, 219, 220, 222

Épices maures, 68
Épices moulues, 32, 39
Épices natures, 128, 130
Épices noircies et brûlées, 32
Épices noix, 36, 38
Épices piquantes, 44, 47, 220
Épices pour le riz, 89
Épices pour poissons, 157
Épices rhizomes, 30, 38, 172
Épices rissolées, 31, 39, 85, 113, 120
Épices rôties, 31
Épices roussies, 32, 101, 121, 211
Épices sucrées, 36, 44
Épices typiques, 57, 65, 75, 87, 99, 111, 123, 143, 153, 165, 177, 189, 201, 213
Équilibre des goûts, *voir aussi Point d'équilibre*, 16, 18, 19, 22, 28, 29, 42, 46, 47, 48, 68, 140, 143, 154, 174, 198

Estragon, 35
Exhausteur de goût, 17
Extraction de l'alcool, 63, 208
Extrait antillais, 210
Extrait de vanille, 38, 210

Fabrication d'un mélange, 50, 51
Fagara, 27
Faux poivre, 27
Fenouil, 31, 57, 61, 124
Fenugrec, 31, 90
Feuille d'avocat, 36, 184
Feuille de bois d'Inde, 36, 140
Feuille de cannelle, 36
Feuille de cari, 35, 130
Feuille de lime keffir, 35, 168
Feuille de salam, 36, 163
Fève de tonka, 45
   voir aussi Tonka
Filé, 37
Filet de porc à la sauce moutarde, 22

Fines herbes, 38, 72, 85
Flaveur, 12
Fleur de jasmin, 35
Fleur de sel, 48
Fleur d'oranger, 35
Floral, 46
Fond, 17
Fromage, 219

Galanga, 30
Garam masala, 32, 49, 103, 107, 118, 123, 128, 144
Garam masala indien, 48
Ghee, 103
Gibier, 135, 162
Gingembre, 27, 30
Girofle, 28, 35, 76
Glucose, 14
Glutamate, 14, 15
Glutamate monosodique, 15
Goa, 111, 118
Goût, 11, 12, 15, 21, 42, 43, 47, 53
   Goût des épices, 44, 47, 53, 191
   Goût juste, 18, 45
Graines de céleri, 31, 47
Graines de moutarde, 31
Grand galanga, 174
Grillade(s), 85
Gulaï(s), 153, 162
Gyomaso, 48
Habanero(s), 191
Harmonie des saveurs, 22, 23, 46, 53, 162, 165
Herbes de Provence, 61
Herbes fraîches, 167
Herbes méditerranéennes, 35, 38, 57, 58
Herbes nordiques, 35
Herbes sauvages, 57, 58
Herbes tropicales, 35, 38, 130
Homard, 22
Huile de moutarde, 101
Huile infusée, 211
Huiles volatiles, 28, 29, 31, 32, 38, 57, 58, 61

Indépendance du goût et de la saveur, 12, 22, 23, 47, 53, 144, 178
Intensité des goûts et des saveurs, 15, 18, 19, 21, 22, 23, 46, 48, 50, 53, 193
Intuition, 22, 23, 47

Jeux de saveurs, 109

Kemiri, 36
Kentjur, 30, 174

Laurier, 35, 36, 57, 78
Laurier antillais, 36, 140
Lavande, 35, 47, 63, 214
Légumes sautés, 131
Lime keffir, *voir aussi Feuille de lime keffir*, 35, 36, 168
Lime séchée, 36
Livèche, 31, 35
Lucknow, 61

Macis, 28, 36
Maïs, 22, 167
Malheb, 36, 108
Maniguette, 26, 66, 201
Marinade, 72, 135, 144, 191, 193, 194, 202, 204, 210
Marinade au rocou, 191, 193
Marjolaine, 35
Masala, 99, 108, 111, 112, 120, 121, 136, 201, 210, 221
Masala à dessert, 108, 210, 221
Mastic, 37, 57, 58, 75, 77
Mélange d'épices classiques, 47
Mélange sans épices liantes, 48
Mélasse de Grenade, 91, 95
Mélisse, 63
Mémoire des saveurs et des odeurs, 12, 13, 19, 21, 22, 46, 221
Menthol, 70
Métallique, 15
Mezze, 58, 91, 94
Minéral, 15
Mole, 33, 35, 65, 177, 187

Mortier, 30, 60
Moulin, 30
Moutarde, 28, 44
Muscade, 28, 36, 168

Nigelle, 31, 75
Noircir, 214
Noix de cheronji, 108
Noix de Kemiri, 162, 174
Noyau d'abricot, 36

Odeur (odorat), 12, 13, 14, 19, 21, 22
Œlek, 30, 154, 165, 172
Oignon, 37
Oignon sec, 219
Ordre des goûts, 15, 16
Origan, 35
Origan mexicain, 194, 195
Oseille, 35

Padang, 153, 156, 157, 158, 165
Panch phoran, 99, 101, 107
Pandan, 35, 130, 131, 168
Papilles gustatives, 12, 14, 16, 17, 21, 23
Papilles gustatives (réarmer les), 16, 156
Paprika, 33, 50, 65, 66, 124, 214
Pâte de cari, 134, 135
Pâte de fèves au piment, 150
Pâte de fèves fermentées, 150
Pâte d'épices, 161, 166, 168, 211
Pâtes d'épices fraîches, 172
Pâte de piment piquante, 148
Pâtes de piments turcs, 82, 91, 94
Pâtes de soja fermenté, 143
Pavot, 31
Pekmez, 76, 85
Perception, 12, 14, 17
Persil, 35
Pesto, 91
Pico de gallo, 48, 49
Piment(s), 33, 38, 75, 201
   Piment d'Alep, 34, 82, 91

Piment brûlé, 35, 195
Piment coréen, 34
Piment du Cachemire, 34
Piment en poudre, 33
Piment frais, 33
Piment fumé, 96
Piment grillé, 35
Piment infusé, 185
Piment niora, 34
Piment noirci, 35
Piment réhydraté, 33
Piment roussi, 148
Piment séché, 33
Piment trempé, 91
Piment turc, 82
Pimenton fumé, 34
Piments (préparation des), 33
Pipérine, 17
Piquant, 11, 15, 17, 18, 26, 124, 220
Placenta (des piments), 33, 35
Point d'équilibre des goûts, 19, 21, 22, 23, 45, 63, 76, 84, 101, 118, 156, 221
Pois chiches, 85
Poison, 12
Poisson, 84
Poisson des Maldives, 131
Poisson séché, 123
Poivre, 26, 27, 38, 45, 111, 139, 143, 144, 153
Poivre anesthésiant, 143
Poivre blanc, 26, 153
Poivre de Cayenne, 220
Poivre de Guinée, 26
Poivre de Sancho, 26
Poivre de Sichuan, 26, 139, 143, 144
Poivre de Tasmanie, 27
Poivre long, 26, 66, 168
Poivre noir, 26, 42
Poivre rose, 26
Poivre rouge, 26
Poivre vert, 26
Pollen de fenouil, 35
Poulet à la provençale, 12
Poulet grillé à la portugaise, 118

Profils de goûts, 20
Proverbe, 11, 25, 41, 51, 111, 143
Purée de chiles, 179

Quatre-épices, 28, 75

Racine d'iris, 37, 70
Ras el hanout, 48, 66, 67, 70, 71, 136, 144
Rau ram, 35
Recado, 191, 193, 194, 195, 199
Réglisse, 28, 37, 71
Répertoire, 22, 46, 53
Rétro-olfaction, 11, 13
Rhum, 202
Rocou, 37, 189, 191, 193, 194, 201
Romarin, 35, 57, 75, 214
Rose, 35, 58, 67
Rotchart, 18
Roussir, 32, 39, 101
Route des épices, 87, 111, 123

Safran, 35, 57, 58, 60, 68, 109
Salade césar, 20
Salé, 11, 14, 16
Salep, 77
Salsa mexicaine, 179
Sambal(s), 153, 154, 156
Santé, 16, 25, 30
Sapote, 180, 210
Sarriette, 35, 57
Sauce de poisson, 18
Sauge, 35, 214
Saveur, 11, 12, 14, 22, 23, 46, 47, 162
Sel, 15, 18
Sels aromatisés, 48
Sensations tactiles, 15, 17, 23
Sensations thermiques, 23
Sept goûts (règle des), 143, 144, 150, 178
Sichimi, 48
Sichuan, 143
Six goûts, 18, 19, 21, 23

Solubilité, 63, 71
Steak au poivre, 21
Sucre artificiel, 14
Sucré, 11, 12, 14, 15, 16
Sumac, 36, 75, 92, 96
Système chinois du goût, 16
Système de classement des saveurs, 21
Système français du goût, 15
Système japonais du goût, 17
Système olfactif, 12
Système thaï du goût, 18

Tabasco, 213
Tajine, 19, 70
Tamarin, 36, 156
Tapas, 58, 68
Tarka, 32, 70, 104, 121, 128, 185, 211
Terroir, 26, 28, 39
Texture, 11
Thé, 28
Thym, 35, 57, 75
Thym antillais, 35, 136
Tonka, 36, 208, 210
voir aussi Fève de tonka
Toxique, 37
Transposer les épices, 89, 107, 108
Trassi, 154, 168
Truffe, 13

Umami, 14, 15, 17, 18, 19, 150, 162

Vanille, 28, 38, 42, 45
Variété, 26
Verveine, 35
Verveine citronnée, 63
Viande sauvage, 191
Vin, 13, 16, 21, 28
Vinaigrette thaïe, 18, 20
Vindaloo, 185

Wasabi, 37

Zaatar, 48, 49, 75, 96
Zéodaire, 30
Zestes d'agrumes, 60

Remerciements

Les prêteurs :

Gloria Harewood, tante et maître-céramiste ; le cari de cajous et le « chocolat » n'ont jamais été si bons. Rick Brown ; quelle chance d'avoir un accessoiriste professionnel dans la famille ! Marché Istanbul, l'adresse gourmande turque numéro un de Montréal. Cornelia et Peter Brown de *Woven Gardens*, pour votre amour de l'Inde et des belles choses.

Les chasseurs d'épices :

Abder Mimouni, pour les traductions et le meilleur du Maroc. Alan Harewood, pour sa loyauté et son acharnement à trouver l'épice rare. Roger Leeon, ami dévoué et principal fournisseur de chiles et de… mescal ! Deepa et Sanath de Silva, des amis généreux et bienveillants, et sans équivoque les planteurs de la meilleure cannelle au monde. Lyris Peters de Grenade ; même l'ouragan du siècle ne l'a pas arrêté. Madame Yi So Chao (So) du marché Hawaï, votre générosité surpasse toutes vos autres qualités. Dewa Sudana, nos yeux et nos oreilles à Bali. Sudheer, pour nous avoir montré les merveilles des monts Cardamome. Angela Lankford ; comme quoi les rencontres fortuites sont parfois les plus fructueuses.

Nos supporteurs :

Lorna Andrews, mère d'Ethné, matriarche de notre clan à qui nous devons tout. Sylvain de Margerie, le meilleur conseiller et ami. Arik de Vienne, « fiston » gentleman et ange gardien. Marika de Vienne, notre fille qui voit toujours à ce que « le bateau ne coule pas ». Feu sœur Monique Chevrier, mentor. Josée di Stasio, pour sa bienveillance et sa générosité peu commune. Anne Fortin, de la *Librairie gourmande*, pour ses conseils et sa patience. Ryk Edelstein, « guerrier de la bonne bouffe » ; heureusement pour nous, on est de ton côté. Nouella Grimes, la grande sœur indulgente d'Ethné. Jack Harewood, grand conteur d'histoires ; peut-être qu'un jour nous serons aussi doués que « Uncle Jack ». Stéphan Ricci, car sans *Olives et Épices* et *La Dépense* il n'y aurait jamais eu un livre. Maruca et Raphaël Ponce ; les repas que vous avez préparés sont parmi les meilleurs que nous ayons eu le privilège de manger. Constance Pathy, généreuse et photogénique. Lawrence Pathy, mécène loyal et gourmand. Essie Schubert, inspirante et toujours de bon goût. Timur, tu es sans aucun doute la meilleure raison pour retourner à Gaziantep. Eliane et Pierluigi Ventura, plus que des voisins, des âmes sœurs. André Bastien et Johanne Guay, vous avez fait exactement ce qui était nécessaire, avec humanité et professionnalisme, on vous remercie énormément. Annie Goulet, la dernière de cette liste et non la moindre, qui nous a secondés avec brio, dévouement et compétence.

Nos employés :

À tous ceux qui travaillent et ont travaillé chez nous. Rien de bien ne se fait seul et nous savons déjà ce que nos clients nous disent tous les jours : « Vous êtes les meilleurs. »

Finalement, merci à tous ceux qui nous ont aidés dans ce projet et qui pour toutes sortes de raisons préfèrent rester anonymes.

Cet ouvrage a été achevé d'imprimer sur les presses
de Solisco Imprimeurs, Canada, en octobre 2010.